Mark Zahel

Harzer-Hexen-Stieg

mit Harzer BaudenSteig, Brockenaufstiegen und Extratouren

45 Touren

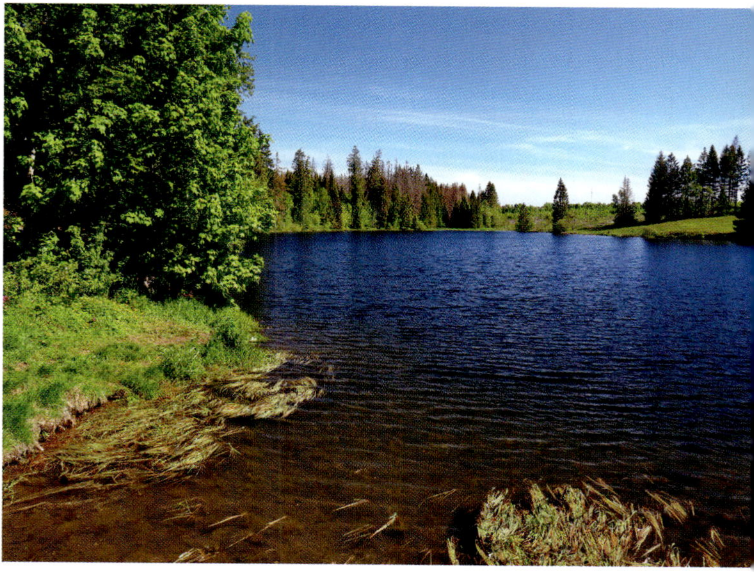

ROTHER
BERGVERLAG

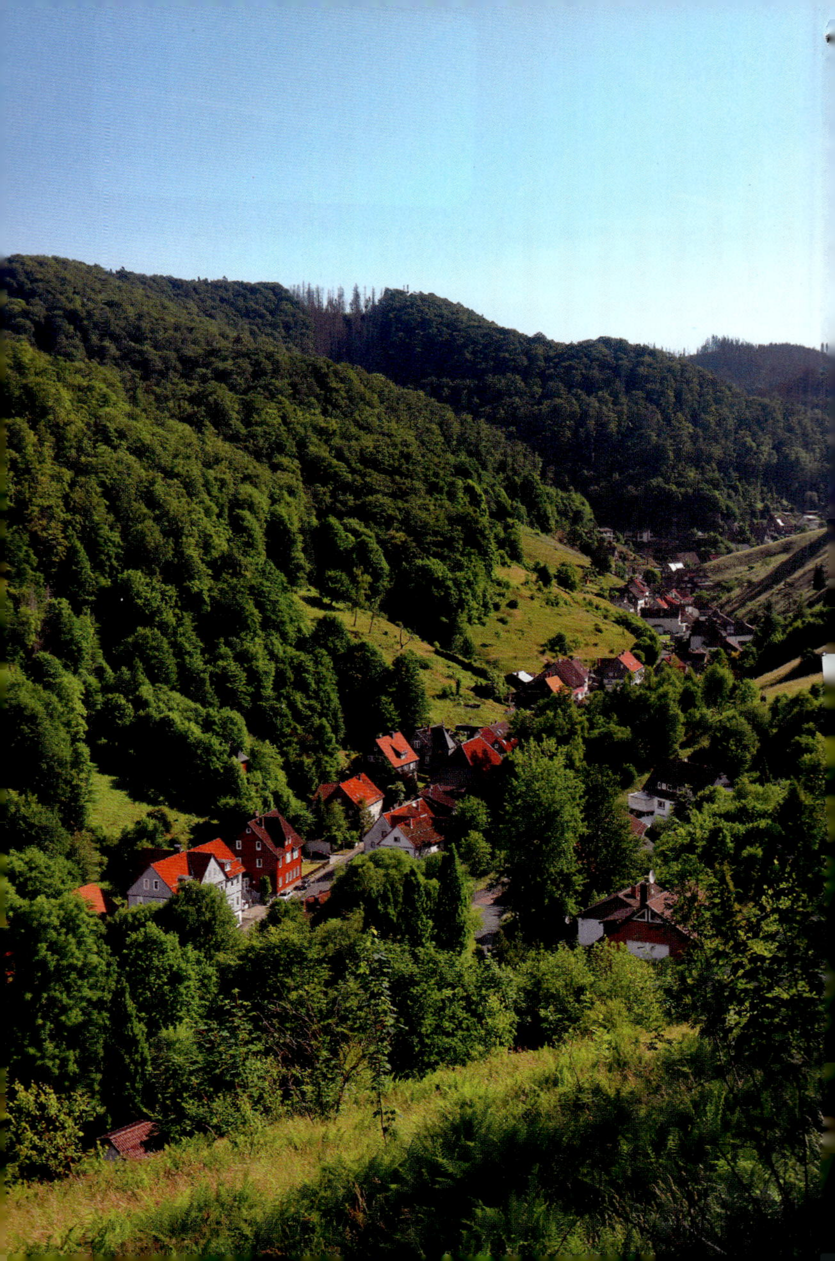

VORWORT

Seit seiner Einrichtung im Jahr 2003 hat sich der Harzer-Hexen-Stieg rasch zu einem der populärsten Weitwanderwege in deutschen Mittelgebirgen entwickelt. Auf der knapp 100 Kilometer langen Strecke zwischen Osterode und Thale, zu der noch einige Varianten kommen, werden überwiegend vom Harzklub unterhaltene Wege genutzt und zu einem vielfältigen mehrtägigen Wandererlebnis zusammengefügt. Dieses reicht von der Clausthaler Hochfläche mit den historischen Errungenschaften der Oberharzer Wasserwirtschaft (heute UNESCO-Welterbe) über den alles beherrschenden Brocken bis ins wildromantische Bodetal, welches den Ostharz ganz wesentlich prägt. Die Route kann damit als ideale West-Ost-Durchquerung des Harzes angesehen werden.
In diesem Band werden nicht nur alle Kernetappen und Varianten des Hexen-Stiegs ausführlich beschrieben und illustriert, sondern auch etliche »Seitenblicke« gewährt, sprich kleinere Extratouren, die das Bild von der Region abrunden. Zudem werden die gängigen Brockenaufstiege und mit dem Harzer BaudenSteig eine weitere Mehrtagesroute vorgestellt, welche zwischen Bad Grund und Walkenried durch die südlichen Bereiche des Westharzes führt. Namengebend hierfür sind die diversen Berggaststätten, die man auf Iberg, Ackerkamm, Großem Knollen, Kummelberg bei Bad Lauterberg und Ravensberg bei Bad Sachsa findet. Der BaudenSteig misst ebenfalls fast 100 Kilometer und wird wie der Hexen-Stieg in durchschnittlich fünf bis sechs Tagesetappen absolviert.
Nachdem schon berühmte Literaten des 18. und 19. Jahrhunderts, wie Johann Wolfgang von Goethe und Heinrich Heine, von ihren naturbezogenen Aufenthalten im Harz berichteten, tritt das höchste Bergland Norddeutschlands über Generationen als ein bevorzugtes Wandergebiet ins öffentliche Blickfeld. Die tiefen Wälder sind nicht nur ein Charakteristikum der Landschaft, sondern auch ein zentrales Element unserer Landeskultur. Oder sollte man angesichts des aktuellen Wandels diesbezüglich eher in der Vergangenheitsform sprechen? Wandern im Harz stellt sich heute vielerorts anders dar als noch vor einigen Jahren – tatsächlich ist man nun häufig in offenem, entwaldetem Gelände unterwegs und vernimmt Eindrücke vermeintlicher Zerstörung. Doch einseitiges Schwarzsehen zielt womöglich an der Realität vorbei. Denn ökologisch besteht damit die Chance einer echten Walderneuerung, vor allem im Nationalpark, wo die Natur sich selbst überlassen bleiben darf und keinen Wirtschaftsinteressen genügen muss. So können wir in den kommenden Jahren aufmerksame Beobachter dieser Prozesse sein …

Mark Zahel, im Sommer 2024

Lerbach wird vom Hexen-Steig tangiert und liegt direkt am BaudenSteig.

INHALTSVERZEICHNIS

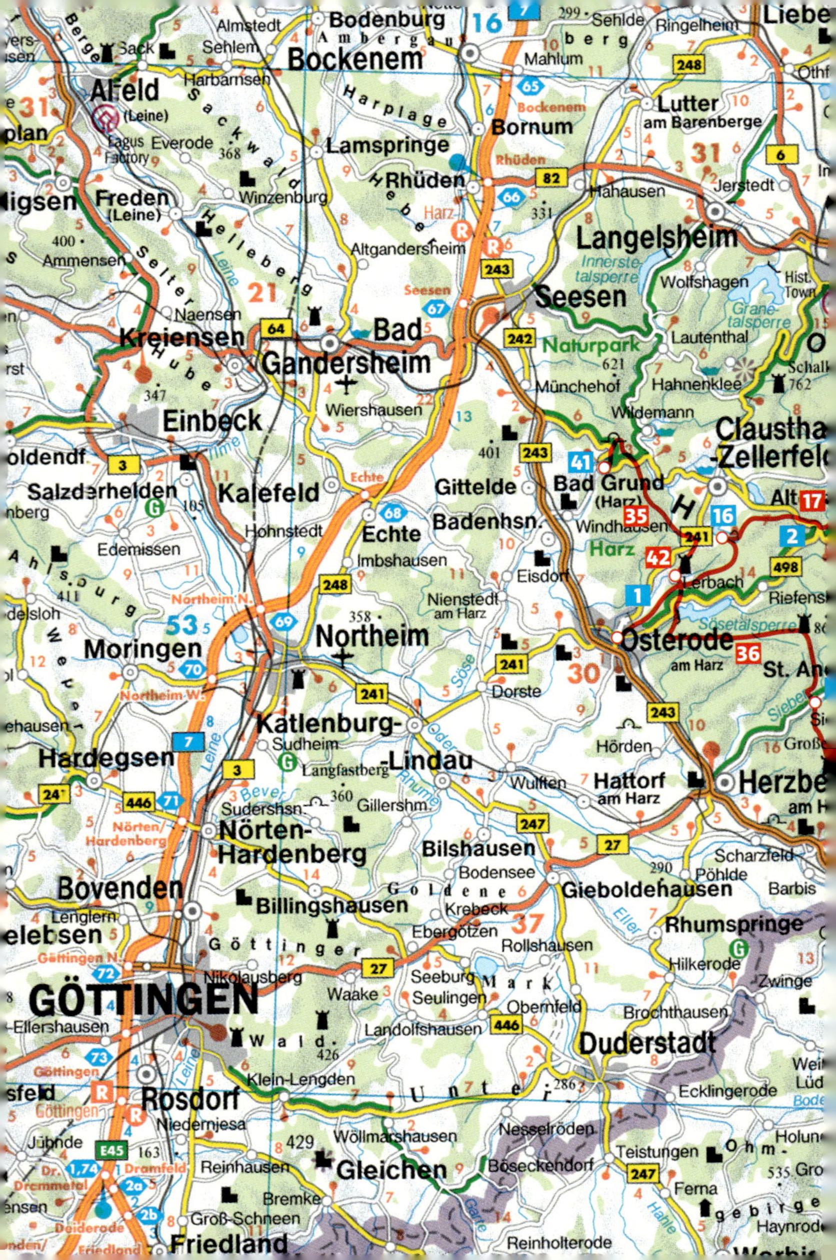
Bodenburg
Almstedt
Sack
Sehlem
Bockenem
Ambergau
Alfeld
(Leine)
Harbarnsen
Sackwald
Harplage
Fagus Factory
Everode
Lamspringe
Bornum
Bockenem
Mahlum
Sehlde
Ringelheim
Lutter am Barenberge
Rhüden
Heber
Winzenburg
Freden (Leine)
Hahausen
Jerstedt
Langelsheim
Ammensen
Selter
Helleberg
Leine
Altgandersheim
Harz
Innerstetalsperre
Wolfshagen
Seesen
Granetalsperre
Lautenthal
Naturpark
Naensen
Kreiensen
Hube
Bad Gandersheim
Münchehof
Hahnenklee
Wiershausen
Wildemann
Einbeck
Ilme
Clausthal-Zellerfeld
Salzderhelden
Kalefeld
Echte
Gittelde
Bad Grund (Harz)
Badenhsn.
Windhausen
Hohnstedt
Edemissen
Imbshausen
Eisdorf
Ahlsburg
Northeim N.
Lerbach
Riefensbeek
Nienstedt am Harz
Sösetalsperre
Northeim
Osterode am Harz
Moringen
Weper
Northeim W.
Söse
Dorste
St. Andreasberg
Katlenburg-Lindau
Sudheim
Langfastberg
Oder
Rhume
Hörden
Hardegsen
Wulften
Hattorf am Harz
Herzberg am Harz
Sieber
Sudershsn.
Gillershm.
Bever
Nörten-Hardenberg
Bilshausen
Bodensee
Scharzfeld
Pöhlde
Barbis
Gieboldehausen
Bovenden
Goldene
Billingshausen
Lenglern
Krebeck
Ebergötzen
Rollshausen
Rhumspringe
Eller
Göttingen N.
Göttinger
Nikolausberg
Seeburg
Mark
Hilkerode
Zwinge
GÖTTINGEN
Waake
Seulingen
Obernfeld
Brochthausen
Ellershausen
Landolfshausen
Wald
Duderstadt
Göttingen
Klein-Lengden
Unter
Ecklingerode
Rosdorf
Niedernjesa
Wöllmarshausen
Nesselröden
Teistungen
Ohm
Jühnde
Reinhausen
Gleichen
Böseckendorf
Dramfeld
Bremke
Ferna
Gebirge
Dreieck Drammetal
Groß-Schneen
Haynrode
Deiderode
Friedland
Reinholterode
Garte
Hahle
Harz
Duderstadt

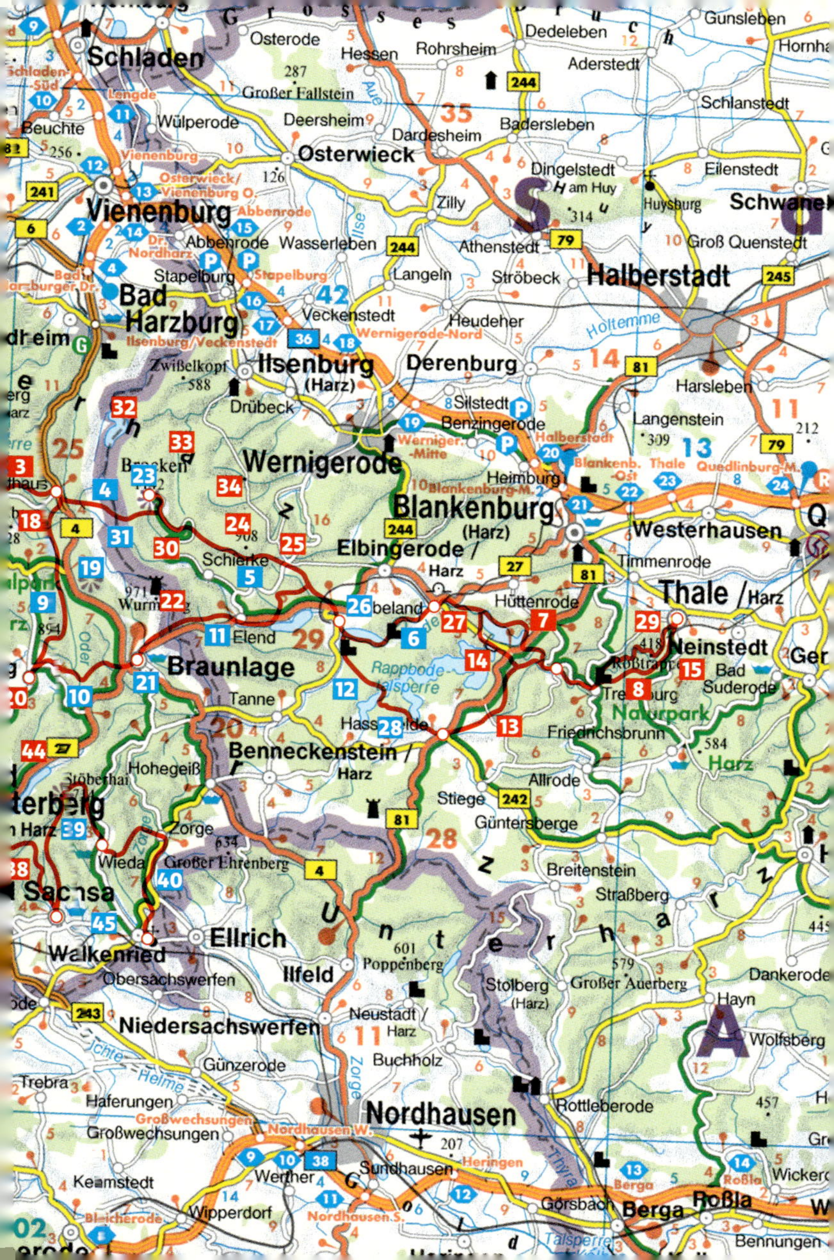

Schladen
Osterode
Hessen
Rohrsheim
Dedeleben
Gunsleben
Aderstedt
Großer Fallstein
Lengde
Beuchte
Wülperode
Deersheim
Dardesheim
Badersleben
Schlanstedt
Vienenburg
Osterwieck
Dingelstedt
Ham Huy
Huysburg
Eilenstedt
Osterwieck/Vienenburg O.
Abbenrode
Wasserleben
Zilly
Athenstedt
Ströbeck
Halberstadt
Groß Quenstedt
Bad Harzburg
Stapelburg
Langeln
Veckenstedt
Heudeher
Wernigerode-Nord
Holtemme
Ilsenburg/Veckenstedt
Zwißelkopf
Ilsenburg (Harz)
Derenburg
Harsleben
Drübeck
Silstedt
Benzingerode
Langenstein
Halberstadt
Wernigerode
Wernigerode-Mitte
Blankenb.-Ost
Thale
Quedlinburg-M.
Heimburg
Blankenburg-M.
Blankenburg (Harz)
Westerhausen
Elbingerode / Harz
Schierke
Timmenrode
Hüttenrode
Thale / Harz
Wurmberg
Elend
Neinstedt
Braunlage
Rappbode-Talsperre
Roßtrappe
Bad Suderode
Tanne
Treseburg
Naturpark
Hasselfelde
Friedrichsbrunn
Benneckenstein / Harz
Harz
Hohegeiß
Allrode
Stiege
Güntersberge
Zorge
Großer Ehrenberg
Wieda
Breitenstein
Straßberg
Walkenried
Ellrich
Ilfeld
Poppenberg
Obersachswerfen
Stolberg (Harz)
Großer Auerberg
Dankerode
Hayn
Niedersachswerfen
Neustadt / Harz
Wolfsberg
Günzerode
Buchholz
Trebra
Helme
Haferungen
Nordhausen
Rottleberode
Großwechsungen
Nordhausen W.
Heringen
Werther
Sundhausen
Kehmstedt
Wipperdorf
Nordhausen S.
Görsbach
Berga
Roßla
Wickerode
Bennungen
Talsperre
Thyra
Zorge

ALLGEMEINE HINWEISE

Die einzelnen Tourenkapitel beinhalten jeweils einen animierenden Einführungstext, in dem auf den Charakter der Wanderung, Besonderheiten und Hintergründiges eingegangen wird, einen Infoblock als wichtige Planungshilfe sowie die ausführliche Wegbeschreibung, visuell unterstützt durch Kartenausschnitt und Höhenprofil, welches die Steigungsverläufe sowie detaillierte Gehzeiten bzw. Distanzen wiedergibt. Dabei sind wichtige Wegpunkte, die auch in der Routenbeschreibung kenntlich gemacht werden und mit dem downloadbaren GPS-Track korrespondieren, verortet. Die einzelnen Stichpunkte im Infoblock sollen an dieser Stelle kurz erklärt werden.

Gehzeiten

Angegeben wird immer ein Richtwert für die reine Marschzeit, Pausen sind dabei also nicht berücksichtigt, auch wenn sie faktisch natürlich bei jeder Wanderung anfallen. Dies gestaltet sich allerdings individuell sehr unterschiedlich. Auf hindernislosen und nicht besonders steilen Wegen bewältigt ein flotter Wanderer ohne allzu sportlichen Ansporn rund vier Kilometer in der Stunde, wobei je nach Leistungsvermögen in der Praxis natürlich eine gewisse Streuung auftritt. Man wird seinen persönlichen Zeitmaßstab nach ein paar Erfahrungen bald herausfinden und kann diesen dann bei der Anwendung des Wanderführers berücksichtigen. Die Gesamtgehzeit steht als essenzielle Größe sofort erkennbar in der Titelzeile.

Höhenmeter und Distanz

Diese Werte wurden anhand GPS-Aufzeichnungen und digitaler Karten ermittelt und dürfen für die Planung als hinreichend genau angesehen werden. Gemeinsam mit der Gehzeit kennzeichnen sie den konditionellen Anspruch einer Tour bzw. Etappe.

Ausgangs- und Endpunkt

Auf dem Hexen-Stieg und dem BaudenSteig ergeben sich Start- und Zielort kapitelweise fortlaufend, während bei den Extratouren meistens ein Rundkurs abgelaufen wird und somit der Endpunkt entfällt. Stets erscheint ein Hinweis auf den ÖPNV, um auch die Durchführbarkeit ohne Auto zu erleichtern.

Anforderungen

Es wird über die Beschaffenheit der Wege sowie über etwaige besondere Merkmale Auskunft gegeben. Darin drückt sich letztlich auch die Farbe der Tourennummer aus, die je nach wandertechnischem und konditionellem Anspruch in zwei Kategorien unterschieden werden. Die Einstufung »schwarz«, die man in alpiner Literatur standardmäßig findet, entfällt hier angesichts fehlender Geländeschwierigkeiten.

SCHWIERIGKEITSKATEGORIEN

■ = Leicht

Diese Routen verlaufen überwiegend auf breiten bzw. hindernisarmen Trassen und sind höchstens kurzfristig mal steil. Das absolute Streckenlimit beträgt 20 Kilometer. Wer sich der jeweilig geforderten Ausdauerleistung bewusst ist, kann sie problemlos auch bei mäßigem Wetter begehen.

■ = Mittel

Diese Routen verlaufen streckenweise deutlich schmaler, holpriger oder steiler und lassen zumindest eine elementare Trittsicherheit vorteilhaft erscheinen. Außerdem werden Strecken von mehr als 20 Kilometern stets hier eingeordnet, zumal die Anforderung an die Ausdauer bei typischen Mittelgebirgswanderungen meist das wichtigste Kriterium darstellt. Die Touren eignen sich für trainierte Wanderer bzw. anderweitig sportliche Menschen.

Einkehr und Unterkunft

Gelegentlich existieren entlang unserer Wanderrouten auch abseits der Ortschaften Einkehrmöglichkeiten. Diese werden immer genannt. Die weitaus meisten Restaurants, Gaststätten und Imbisse befinden sich freilich in den Siedlungen. Falls Angebote sehr zahlreich sind, wird aus Platzgründen auf explizite Erwähnung verzichtet und eine Verallgemeinerung getroffen.

Beschilderung und Wegzeichen für unsere Weitwanderwege im Harz.

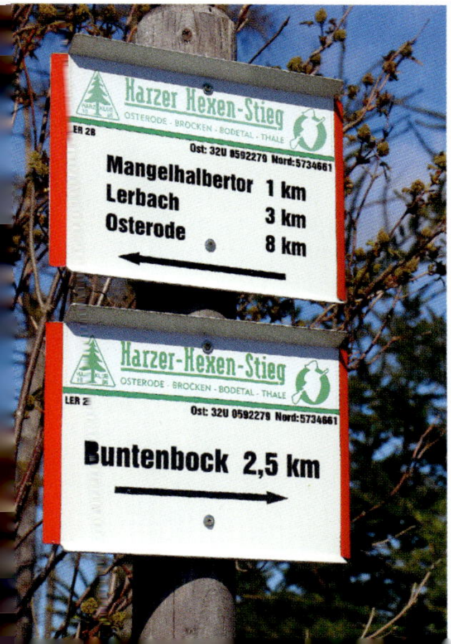

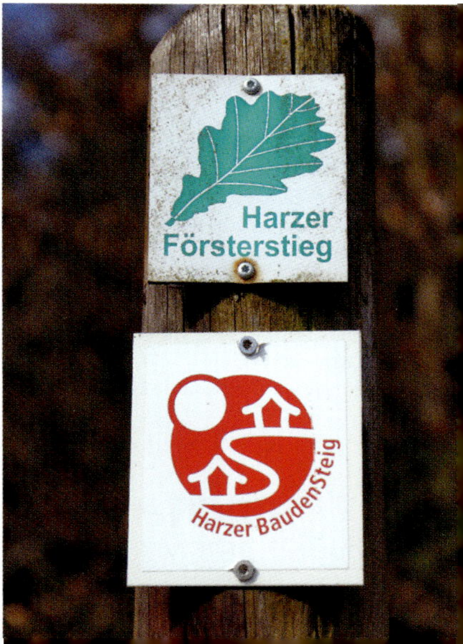

Der Umwelt zuliebe …

Auch beim Wandern hinterlassen wir einen ökologischen Fußabdruck, aber im Einklang mit der Natur unterwegs zu sein, ist gar nicht so schwer!

VORBEREITUNG UND ANFAHRT

- Sich vorab informieren, worauf in Bezug auf Natur und Umwelt in der jeweiligen Wanderregion besonders zu achten ist.
- Soweit möglich mit Bahn und Bus anreisen, Wander- und Rufbusse nutzen.
- Ist eine Anfahrt mit dem Auto nötig, Fahrgemeinschaften bilden.
- Bei weiten Anfahrten Mehrtagestouren planen oder von einem Quartier vor Ort aus mehrere Touren absolvieren.
- Flugreisen möglichst reduzieren und durch Beiträge zu Klimaschutzprojekten kompensieren.

KLEIDUNG UND AUSRÜSTUNG

- Beim Kauf von Outdoor-Kleidung auf umweltfreundliche und faire Herstellung achten und Kleidungsstücke möglichst viele Jahre nutzen.
- Ausrüstung kann man eventuell auch gebraucht kaufen oder ausleihen.
- Reparieren statt neu kaufen.

VERPFLEGUNG

- Beim Einkauf Bio-Ware, regionale und saisonale Erzeugnisse bevorzugen.
- Hütten und Gasthäuser auswählen, die regionale Produkte verwenden.
- Auf Einwegflaschen und Plastikverpackungen verzichten, stattdessen wiederverwendbare Trinkflaschen und Brotzeitboxen benutzen.

ÜBERNACHTUNG

- Bei lokalen Anbietern buchen, damit Menschen vor Ort profitieren.
- Auf Hütten und in anderen Unterkünften Strom und Wasser sparen.

UNTERWEGS

- Wege benutzen und Abkürzer vermeiden.
- Sperrungen von Wegen und Schutzgebieten respektieren.
- Keine Blumen pflücken und keine Pflanzen entnehmen.
- Waldbrandgefahr beachten.
- Müll wieder mit nach Hause nehmen und dort entsorgen.
- Toilettengänge in freier Natur möglichst vermeiden.
- Lärm vermeiden.
- Hunde an die Leine nehmen.

ROTHER
BERGVERLAG

Öffnungszeiten sind aktuell recherchiert, können sich aber natürlich ändern. Deshalb sei vor einem konkreten Besuch angeraten, sich via Internet oder Telefon darüber zu vergewissern.
Beim Harzer-Hexen-Stieg sowie beim BaudenSteig wird üblicherweise in Hotels, Gasthöfen und Pensionen übernachtet, welche sich zumeist in den Ortschaften befinden. Eine gewisse Ausnahmestellung besitzt das Brockenhotel auf dem höchsten Berg des Harzes.

Varianten und Tipps

Hier geht es um kleinere Abweichungen innerhalb des Verlaufs, zum Beispiel eine Abkürzung oder einen zusätzlichen Schlenker. Große Hexen-Stieg-Varianten erhalten stets ein eigenes Tourenkapitel (Touren 9–15).
Bei den Tipps wird in der Regel auf interessante touristische Angebote aufmerksam gemacht. Damit lässt sich eine Wanderung oft noch gehaltvoll abrunden.

Stempel

Die begehrte Harzer Wandernadel umfasst insgesamt 222 nummerierte Stempelstellen (plus einige Sonderstempel). Für passionierte Sammler, die ihr Stempelheft mitführen (es gibt auch ein spezielles nur für den Hexen-Stieg) sind die am jeweiligen Weg befindlichen aufgeführt.

Szene in Sankt Andreasberg.

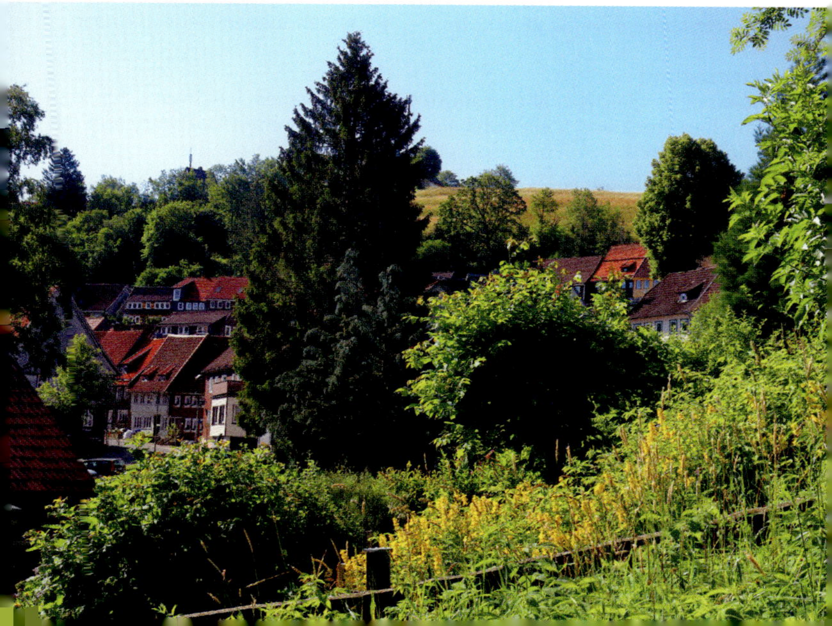

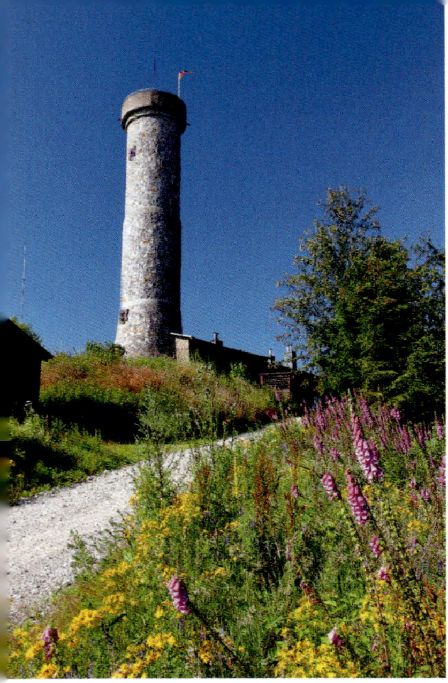

Aussichtsturm auf dem Großen Knollen.

ÖPNV-RECHERCHE

Niedersachsen: vbn.de bzw. efa.de
Sachsen-Anhalt: insa.de
Überregional: bahn.de

Karten

Der Schmidt-Verlag hat in Kooperation mit dem Harzklub ein aus vier Blättern bestehendes Kartenset im Maßstab 1:30.000 herausgegeben (wasser- und reißfeste Folie). Die einzelnen Blätter Oberharz, Mittlerer Harz, Südharz und Ostharz sind auch einzeln erhältlich. Wer sich nur für den Hexen-Stieg interessiert, kann auch ein extra zugeschnittenes Blatt »Harzer Hexen-Stieg« erwerben. Von den Landesvermessungsbehörden sind wie üblich topografische Karten im regelmäßigen Blattschnitt erhältlich (Maßstäbe 1:25.000 und 1:50.000 ohne hervorgehobenen Wegeaufdruck).

Ausrüstung

Man wähle gleichermaßen robustes wie bequemes Schuhwerk, für Routen über Stock und Stein durchaus einen sogenannten Trekkingschuh mit griffiger Profilsohle. Für ausgedehnte Wanderungen gehören wetterfeste

GPS-TRACKS UND KOORDINATEN DER AUSGANGSPUNKTE

Auf **gps.rother.de** stehen zu diesem Wanderführer GPS-Tracks und die Koordinaten der Ausgangspunkte zum kostenlosen Download bereit. Dieser QR-Code führt direkt zum Download.
1. Auflage, Passwort: 475301arh
Die GPS-Tracks können in die **Rother App** importiert werden. In der App kann man unterwegs stets sehen, wo man gerade ist und wo es langgeht. **Anleitungen dazu: rother.de/gps**
Trotz sorgfältiger Prüfung können wir Fehler und zwischenzeitliche Veränderungen nicht ausschließen. Verlassen Sie sich für die Orientierung niemals einzig und allein auf die GPS-Daten, sondern beurteilen Sie die Verhältnisse vor Ort.

SYMBOLE

- Ort mit Einkehrmöglichkeit
- Einkehrmöglichkeit
- Übernachtungsmöglichkeit
- Unbewirtschaftete Hütte, Alm
- Parkplatz
- Bushaltestelle
- Bahnhof / S-Bahn-Haltestelle
- Gipfel
- Kirche, Kapelle
- Burg, Schloss, Ruine
- Aussichtsturm
- Aussichtsplatz
- Wasserfall
- Rast-/Picknickplatz
- Brücke
- Abzweigung

Kleidung (angepasst an Jahreszeit und Wetterprognose) sowie ausreichend Getränke und Proviant in den Rucksack. Auch an Sonnenbrille, Sonnenschutzcreme und ein Taschenmesser sollten wir denken, nicht zuletzt an eine Wanderkarte, ein GPS-fähiges Gerät (sofern vorhanden) und natürlich diesen Wanderführer. Bei Mehrtagestouren müssen wir alle Dinge für den persönlichen Bedarf im Zuge der Übernachtungen mitführen. Aber: Man sollte stets das Gesamtgewicht im Auge behalten!

Zauberhafte Stimmung am Silberteich bei Braunlage.

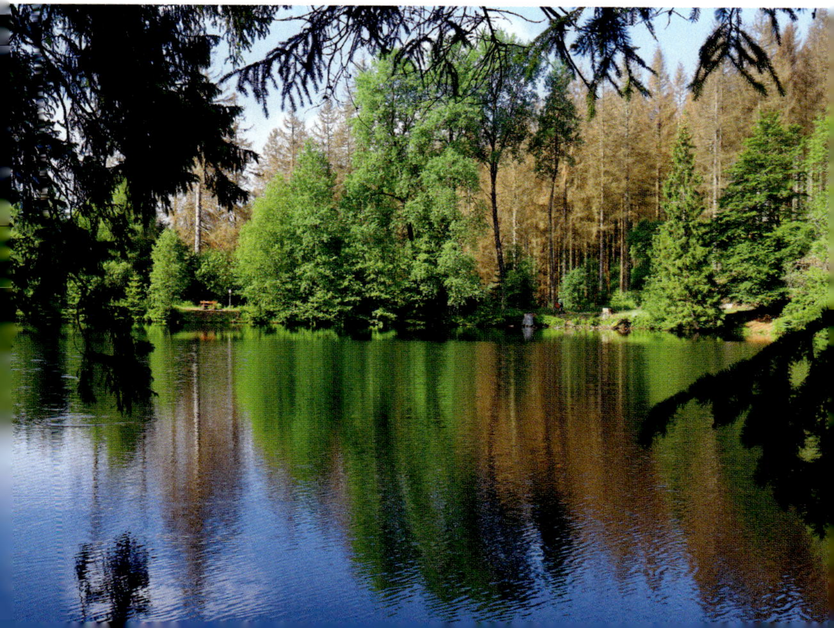

BERGBAUGESCHICHTE IM HARZ

Bereits in prähistorischer Zeit liegt eine bergbauliche Nutzung des Harzes nahe, in ihren Anfängen vermutlich seit der Bronzezeit (als der Nutzen von Kupfer bekannt war), archäologisch belegt zumindest seit dem 3. Jahrhundert n. Chr. Zuerst handelte es sich gewiss um offen zutage tretende Lagerstätten, in der Fachsprache als »Ausbisse« bezeichnet. Aufgrund der unwirtlichen natürlichen Bedingungen ließ eine dauerhafte Besiedlung des inneren Harzbereichs jedoch noch lange Zeit auf sich warten. Erst im Laufe des Mittelalters stieg der Mensch so richtig in das Gebirge ein. Triebfeder für die fortschreitende Besiedlung und steigende wirtschaftliche Bedeutung war fraglos der Bergbau. Älteste Stollen am Rammelsberg bei Goslar werden archäologisch auf das 9. bis 10. Jahrhundert datiert.
Ergiebigere Funde lockten die Bergleute nach und nach tiefer in die Erzgänge hinein, der anfängliche Tagebau wich zunehmend einer aufwendigeren Förderung unter Tage. Seine erste Blütezeit erfuhr der Oberharzer Bergbau, nachdem die Walkenrieder Zisterziensermönche ihren Einfluss in der Gegend geltend machten. Von den Gewinnen profitierte im Hochmittelalter auch die damalige Reichsstadt Goslar ganz erheblich. Doch im 14. Jahrhundert setzte im Zuge allgemeiner Rezessionen, unter anderem ausgelöst durch die großen Pestepidemien, eine rund 150-jährige Flaute ein.
Erst ab etwa 1500 wurde die Bergbautätigkeit reaktiviert, um dann – befeuert durch die von den Fürsten gewährte »Bergfreiheit« und zahlreiche Privilegien – allmählich sogar mächtig Fahrt aufzunehmen. Die größte

Wege wie am Huttaler Graben eignen sich gut für bequeme Wanderungen.

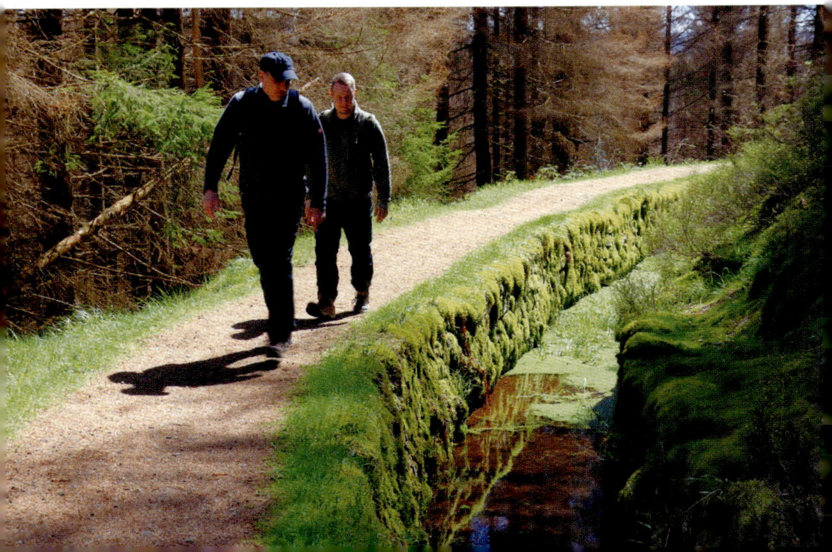

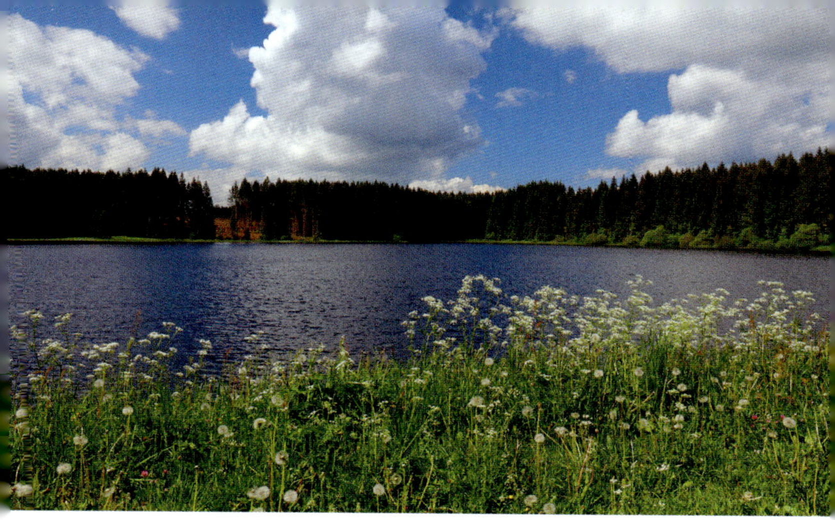

Auch zahlreiche Teiche gehören zum Oberharzer Wasserregal (Jägersbleeker Tiech).

Bedeutung erlangte sie im Oberharz, wo sieben Bergstädte und auch die meisten kleineren Ortschaften unmittelbar davon abhingen. Reiche Vorkommen an Silber, Blei und Zink, Kupfer und Eisen ließen also vielerorts Montananlagen entstehen, zu denen auch die Pochwerke und Schmelzhütten gehörten, sodass das einstige »Waldgebirge« bald wie ein veritables Industrierevier anmutete. Tatsächlich dürfte der Harz durch ausgiebiges Schlägern und Köhlerei zur Hochzeit unter weitgehender Entwaldung gelitten haben, was sogar Holzimporte notwendig machte, um den Bedarf zu decken. Ab 1750 kam es daher zu planmäßigen Aufforstungen mit schnell nachwachsenden Fichten – ein Problem, welches uns bis in die Gegenwart beschäftigt (siehe dazu die Ausführungen im Kapitel zum Nationalpark). Sukzessive verbesserte Fördermethoden, unter anderem mit dem ausgeklügelten Harzer Wasserregal, einem verzweigten System von Teichen und Gräben, das heute zum UNESCO-Weltkulturerbe gehört, ließen die Erträge enorm ansteigen. Bis Mitte des 19. Jahrhunderts kam rund die Hälfte des in Deutschland geförderten Silbers aus dem Harz. Dann war der Höhepunkt überschritten. Die Fördermengen nahmen allmählich ab, die Rentabilität war immer häufiger nicht mehr gegeben, sodass nach und nach viele Gewerke schließen mussten. Zu DDR-Zeiten bemühte man sich speziell im Ostharz noch um eine Aufrechterhaltung, jedoch ohne langfristigen Erfolg. Heute gehört der gesamte Harzer Bergbau nur mehr zur Industriehistorie. Das letzte Bergwerk bei Bad Lauterberg stellte 2007 seinen Betrieb ein. Was bleibt, ist ein kulturelles Erbe, dargeboten in einer Reihe von Museen und Besucherbergwerken, gelegentlich auch als Relikte inmitten der Natur.

NATIONALPARK HARZ

Seit dem Jahr 2006 erstreckt sich der Nationalpark Harz auf 247 Quadratkilometern länderübergreifend in Niedersachsen und Sachsen-Anhalt, und zwar von Bad Harzburg und Ilsenburg im Norden bis gegen Schierke, Braunlage, St. Andreasberg sowie Herzberg ganz im Südwesten. Vor ihrer Fusion waren der 1990 gegründete Nationalpark Hochharz im Osten und der seit 1994 bestehende niedersächsische Teil organisatorisch noch getrennt. Innerhalb der Parkgrenzen gibt es keine größeren Siedlungen. Es offenbaren sich vielmehr ausgedehnte Waldlandschaften, durchsetzt von Felsklippen und Blockhalden, wertvollen Mooren und teils tief eingeschnittenen Bergbächen. Rund zehn Prozent des gesamten Harzes sind in den Nationalpark integriert. Höchster Punkt ist mit exakt vermessenen 1141,2 Metern natürlich der Brocken, dessen Kuppe wegen des rauen Klimas schon etwas über die natürliche Waldgrenze hinausragt.

Da bisher noch nicht ganz die – nach internationalem Regelwerk erforderlichen – 75 Prozent der Fläche als sich selbst überlassene Naturdynamikzone ausgewiesen sind, gilt der Nationalpark Harz vorerst als sogenannter Entwicklungs-Nationalpark. Die Zielsetzung soll jedoch alsbald erfüllt werden. Daneben spielt auch der Tourismus eine erhebliche Rolle, mit einem wahren Hotspot am Brocken. Allein dort tauchen jährlich rund eine Million Besucher auf. Man darf wohl annehmen, dass der Nationalparkstatus selbst ein verstärktes Interesse am Harz hervorruft: ein zentrales Spannungsfeld zwischen Naturschutz und Naturnutz, welches unter der optimistischen

Rotes Höhenvieh weidet bei der Nationalparkstation HohneHof.

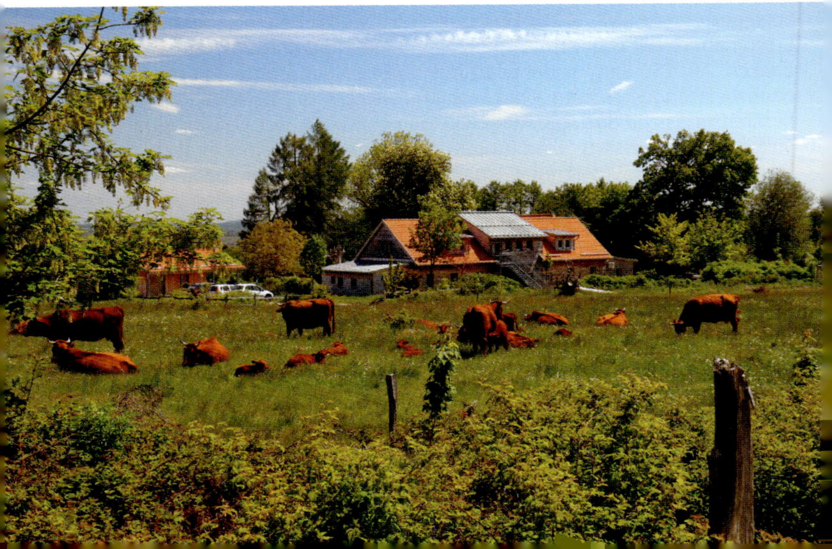

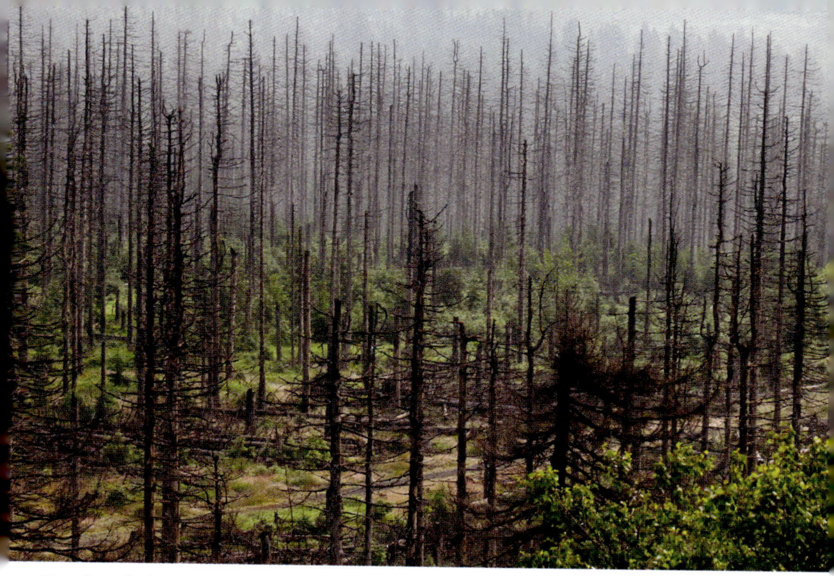

Verstörend: der aktuelle Waldzustand ...

Grundannahme steht, dass Bildung und Lenkung letztlich ein nachhaltiges Konzept auf der Basis von Erleben und Verstehen tragen.
Wer durch die weitläufigen Fichtenwälder wandert, sieht sich zuweilen mit einer apokalyptischen Szenerie konfrontiert. Eine lange Ära des Bergbaus profitierte auch vom Holzreichtum der Gegend, betrieb Raubbau an ihr. Aufgeforstet wurde mit der schnellwüchsigen Fichte, die in den Hochlagen ohnehin von Natur aus dominiert. Die Monokultur dieses Harzer »Brotbaumes« erwies sich allerdings als anfällig – gegen sauren Regen, Stürme, Klimastress und Borkenkäferbefall. Mittlerweile greifen andere Konzepte, und manche muten für den ökologischen Laien durchaus überraschend an. Dass ein praktisches Walderneuerungsprogramm mit verstärktem Besatz von Laubbäumen die Monokulturen nach und nach aufbrechen soll, erscheint noch leicht verständlich. Doch warum wird in der Kernzone (die keinem originär wirtschaftlichen Zweck mehr dienen muss) der Borkenkäfer nicht bekämpft, um vielleicht noch zu retten, was zu retten ist? Sind die kahlen Baumleichen nicht Mahnmal genug? Nun, solche Bilder mögen auf uns verstörend wirken, tatsächlich ist die Natur aber selbst höchst aktiv. Jedes Stück Totholz wird dem Kreislauf wieder zugeführt und ist bei genauem Hinsehen ein Ort der Lebendigkeit. Ökologen registrieren deshalb außer der Momentaufnahme auch die ablaufenden Prozesse und bezeichnen sie nicht als »Waldsterben«, sondern eher als natürliche »Walderneuerung«, die im Laufe von Jahrzehnten etwas ganz Neues hervorbringen wird,

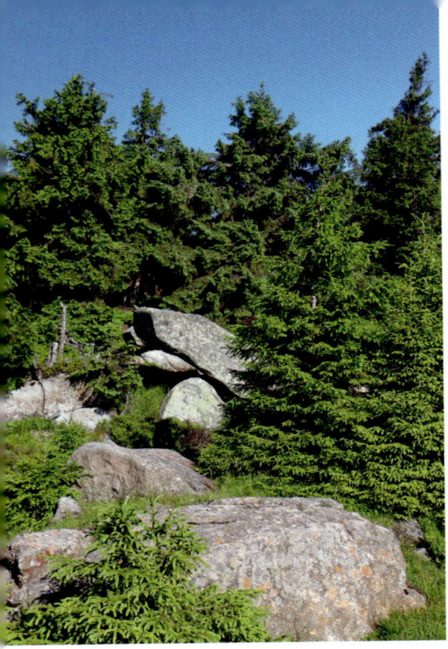

Typische Harzlandschaft am Brocken.

frei von menschlicher Beeinflussung sogar etwas Robusteres. Diese Zeit müssen wir ihr geben. Dabei scheint ein solcher Regenerationsprozess sogar erstaunlich schnell abzulaufen. Nachdem die Idee dahinter ja noch gar nicht so alt ist, zeichnen sich erste Erfolgstendenzen mancherorts schon ab.

In diesem ganzheitlichen Ansatz kommt auch der Fauna ein besonderes Augenmerk zu. In sich selbst überlassenen Ökosystemen bildet sich offenbar ein höherer Artenreichtum aus. Während die zahllosen Kleintiere in der Regel nur bei Experten im Bewusstsein stehen, sind einige wenige Arten gleichsam zu »Aushängeschildern« des Nationalparks avanciert, allen voran der Luchs. Nachdem er hier fast 200 Jahre lang ausgerottet war, hat mittlerweile – wie übrigens auch im Fall der Wildkatze – eine erfolgreiche Wiederansiedlung stattgefunden. Ein paar Dutzend Luchse durchstreifen im gesamten Harz ihre Reviere, die zwischen 100 und 400 Quadratkilometer groß sein können. Und sogar in weiterer Umgebung sind schon Tiere nachgewiesen worden, was bei Wildbiologen die vorsichtige Hoffnung auf eine größere Vernetzung und wirklich stabile Populationen nährt. Der Luchsbestand im Harz ist jedenfalls deutschlandweit der mit Abstand stärkste, doch muss um Akzeptanz in der Bevölkerung und der Jägerschaft nach wie vor gerungen werden.

Als Wanderer werden wir kaum jemals die Gelegenheit haben, den scheuen Tieren in freier Wildbahn zu begegnen. Das Luchsgehege an der Rabenklippe bei Bad Harzburg bietet aber die Möglichkeit zur direkten Beobachtung. Ein weiteres Symboltier des Harzes ist das Auerhuhn. Sein Auswilderungsprogramm verlief indes weniger gut; die geringen Bestände sind weiterhin stark gefährdet.

Die Nationalparkverwaltung hat ihren Sitz in Wernigerode (nationalpark-harz.de). Für Besucher gibt es diverse Einrichtungen. Nationalparkhäuser befinden sich in Torfhaus, Sankt Andreasberg, Schierke, Drei Annen Hohne und Ilsenburg. Auch im Brockenhaus und im Haus der Natur in Bad Harzburg kann man sich gut informieren.

Durch die Einbettung des Nationalparks in drei Naturparks, die geografisch praktisch den gesamten Harz umfassen, besitzt unser Mittelgebirge gleichsam den Charakter eines Großschutzgebiets. In einem Naturpark sind die Richtlinien freilich weniger streng als im Nationalpark, Bewirtschaftung ist und bleibt möglich, weshalb das Augenmerk stärker in Richtung Landschaftspflege inklusive touristischer Vermarktung der zu bewahrenden Kulturlandschaft und damit im Sinne einer Erholungsfunktion für den Menschen ausgerichtet ist.

Die drei auf Länderebene organisierten Naturparks bilden jedenfalls eine ideale Pufferzone für den Nationalpark. Außerdem existiert noch das Biosphärenreservat »Karstlandschaft Südharz«, welches sich in Sachsen-Anhalt von der niedersächsischen Grenze entlang des Gipskarstgürtels bis zu den Ausläufern des Mansfelder Berglandes erstreckt und aufgrund seiner natürlichen Gegebenheiten gewisse Alleinstellungsmerkmale genießt. Für den Wanderer interessant: Der 200 Kilometer lange Karstwanderweg durchzieht (bereits aus dem Raum Osterode kommend) dieses von Dolinen, Erdfällen und Höhlen, von Buckellandschaften, Streuobstwiesen und Trockenrasen geprägte Gebiet.

Last, but not least sei noch erwähnt, dass der Harz im Rahmen des Geoparks »Harz – Braunschweiger Land – Ostfalen« ein weiteres UNESCO-Prädikat erhalten hat. Kern der Idee, die sich ebenfalls unter dem Aspekt eines naturnahen Tourismus versteht, ist eine Sammlung prägnanter Landmarken einschließlich umgebender Geopunkte, die sich erdgeschichtlich oder kulturhistorisch beleuchten lassen und damit im Grunde bevorzugte Wanderziele darstellen.

Ausführliche Infotafeln dienen der Umweltbildung.

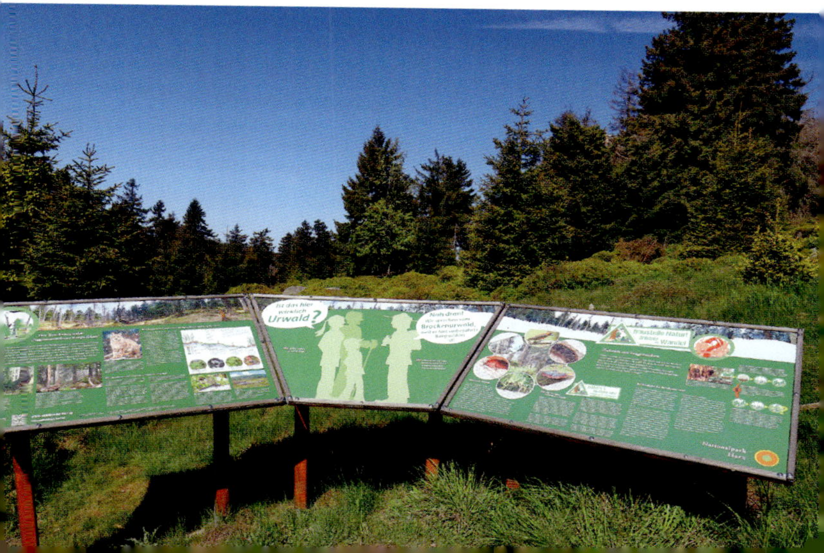

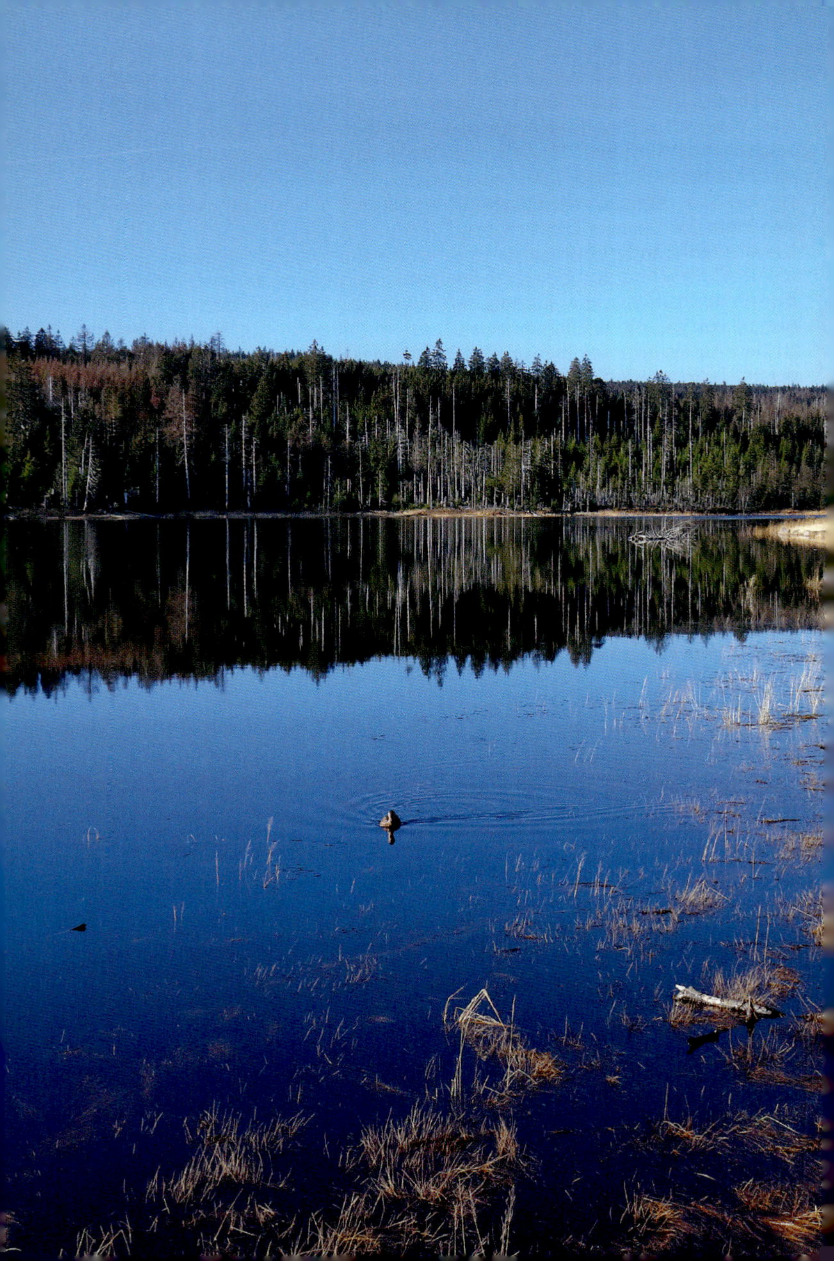

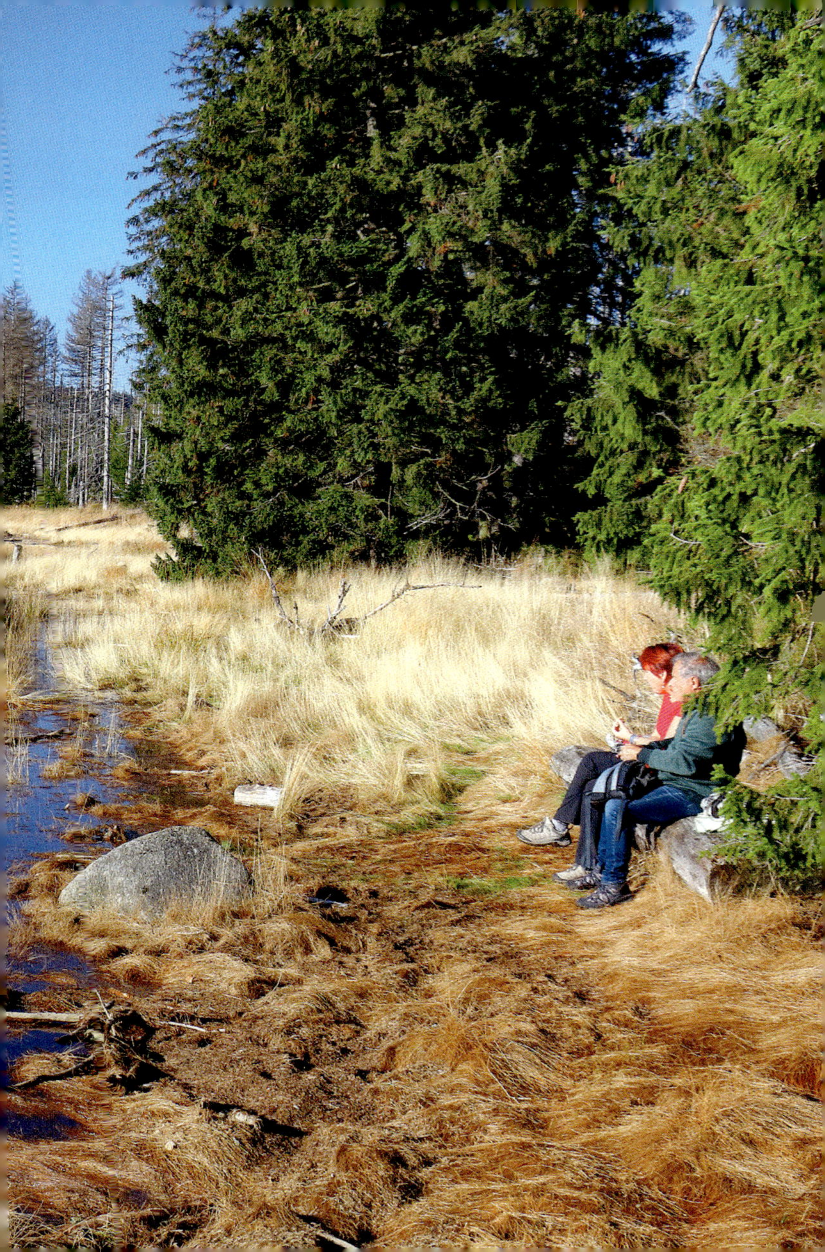

Harzer-Hexen-Stieg

Der Harzer-Hexen-Stieg zwischen Osterode und Thale wurde als Gemeinschaftsinitiative von Harzklub und Harzer Tourismusorganisationen im Jahr 2003 eröffnet und bereits wenige Jahre später seitens des Deutschen Wanderverbands mit dem Label »Qualitätsweg« versehen. Dieses Zertifikat ist an bestimmte Kriterien gebunden, die ich etwas salopp mit dem Attribut »hohe touristische Tauglichkeit« zusammenfassen möchte. Man muss also nicht damit rechnen, sich auf große Unwägbarkeiten bezüglich Gelände oder Orientierung einzulassen, denn Betreuung und Unterhalt sind beim Hexen-Stieg gewährleistet. Routenanlage und Markierung sind gut und zuverlässig, wobei freilich angestrebt wurde, einen möglichst hohen Anteil naturbelassener Wege zu integrieren, weil diese das positive Wandererlebnis erfahrungsgemäß mehr fördern als typische Forststraßen. Der Harzer-Hexen-Stieg hat sehr rasch Anklang gefunden und darf heute als einer der beliebtesten Weitwanderwege Deutschlands gelten.
Eine Begehung ist prinzipiell in beide Richtungen denkbar, wird überwiegend aber von Osterode aus unternommen, sprich von West nach Ost. Deshalb erfolgt hier auch die Beschreibung in dieser allgemein bevorzugten Weise. Die Grundstrecke von Osterode über die Clausthaler Hochfläche Richtung Torfhaus, über den Brocken hinweg ins Bodetal bei Königshütte

Der Brocken steht quasi im Mittelpunkt unserer Harz-Durchquerung.

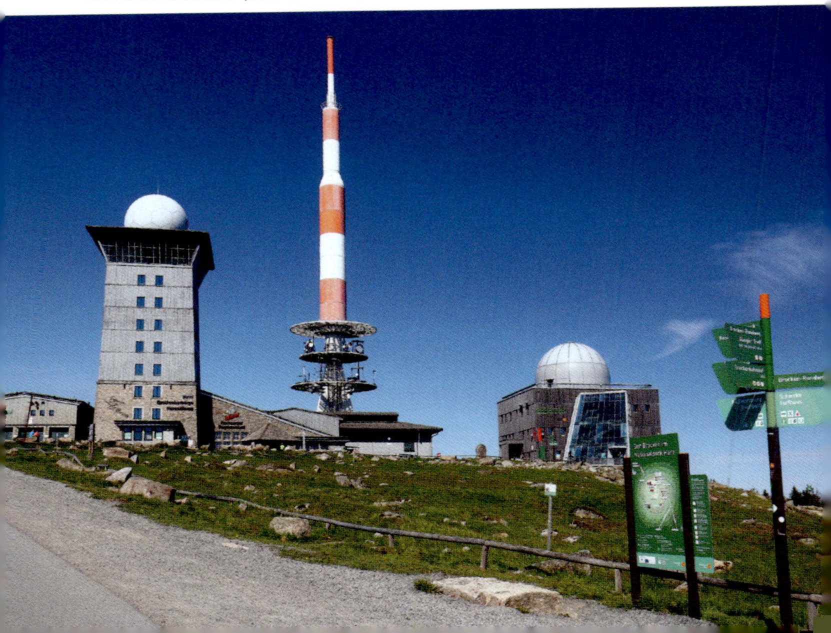

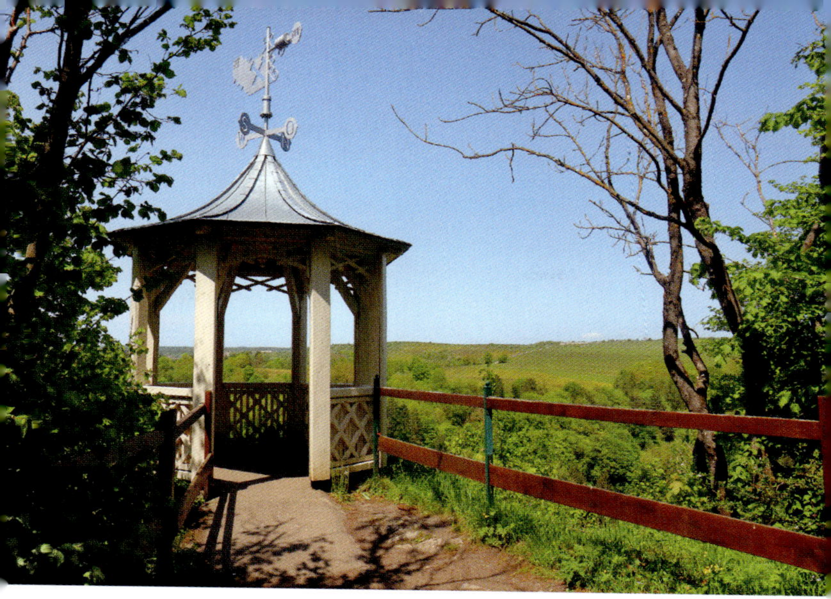

Aussichtspavillon am Hohen Kleef bei Rübeland.

und anschließend im Wesentlichen dessen Verlauf folgend via Rübeland bis nach Thale beträgt knapp 100 Kilometer. Zudem sind einige Varianten entworfen worden, nämlich die sogenannte Brockenumgehung von Torfhaus über St. Andreasberg und Braunlage nach Königshütte sowie ein südlicherer Kurs zwischen Königshütte und Altenbrak (via Hasselfelde). Für den finalen Abschnitt durch die Bodeschlucht, welche im Winter gesperrt ist, gibt es eine Umgehung. Alle genannten Wanderstrecken sind bestens markiert und beschildert – unser steter Begleiter ist das einheitliche grüne Hexen-Stieg-Logo mit der auf einem Besen reitenden Hexe. Das Zurechtfinden gelingt mit entsprechender Aufmerksamkeit also normalerweise problemlos; höchstens ganz vereinzelt treten aufgrund aktueller Veränderungen vielleicht mal kleine Lücken auf.
Die Etappeneinteilung auf dem Harzer-Hexen-Stieg ist recht flexibel. In diesem Wanderführer wird eine Gliederung in geografisch »logische« Abschnitte vorgenommen, die aber nicht unbedingt einzelnen Tagesmärschen entsprechen müssen. Man kann bzw. wird sogar durchaus mal zwei Teilstücke zusammenlegen. Mit der Vorgabe einer möglichst etwas kürzer gehaltenen Einstiegs- und Schlussetappe (nicht zuletzt unter Berücksichtigung der An- und Abreise) empfehle ich halbwegs trainierten Wanderern die Einteilung in fünf Tagesetappen (mit Nächtigung in Buntenbock, Torfhaus, Königshütte und Altenbrak). Flotte Geher kommen wahrscheinlich

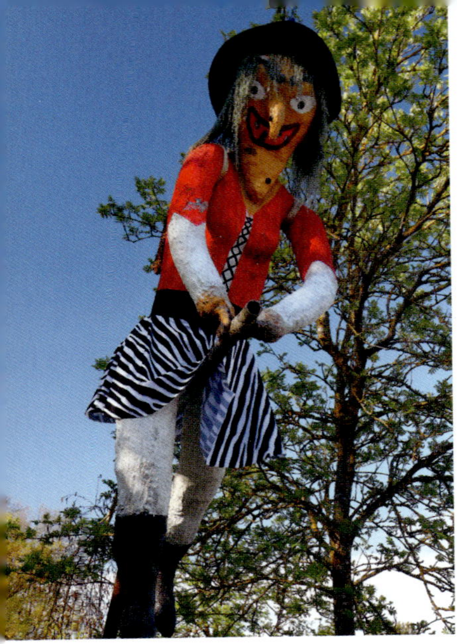

Im Harz ist Hexe Programm.

auch mit vier Tagen aus, andere schätzen es, mehr Muße zu haben, und nehmen sich eine ganze Woche Zeit. Natürlich spricht auch nichts dagegen, einzelne Abschnitte im Rahmen von Tagestouren zu absolvieren. Sie sind hier so gewählt, dass gut auf öffentliche Verkehrsmittel zurückgegriffen werden kann.

Da und dort lohnt auch das Einstreuen einer Extratour, worauf dieses Buch mit diversen Vorschlägen exemplarisch eingeht. Die Quartiernahme erfolgt in der Regel in den durchquerten oder nahe gelegenen Ortschaften; exklusive Standorte wie beim Brockenhotel stellen eine Ausnahme dar. Wer hingegen ganz autark mit Zelt oder Biwakausrüstung unterwegs sein möchte, bürdet sich nicht nur ein spürbar höheres Rucksackgewicht auf, sondern bewegt sich auch rechtlich in einer Grauzone. Zumindest im Nationalpark ist diese Art des Übernachtens sogar explizit untersagt. Gleichwohl werden die offenen Schutzhütten und Köten (ehemalige Köhlerhütten) entlang der Route immer wieder zum spartanischen Nächtigen genutzt.

Die weitaus meisten Hexen-Stieg-Aspiranten begeben sich im Zeitraum zwischen April und Oktober auf Tour. Denn das Winterhalbjahr besitzt seine Nachteile, namentlich die kürzeren Tage und niedrigeren Temperaturen, verbunden mit einer allfälligen Schneelage, die in den Hochlagen bis ins Frühjahr andauern kann. Um es klar zu sagen: Bei Schnee ist eine Begehung allenfalls sehr selektiv in Teilbereichen anzuraten, speziell für Leute, die mit den Gegebenheiten im Harz schon gut vertraut sind. Manche Abschnitte können dann praktisch sogar unpassierbar sein. Ein wenig suboptimal erscheint mir persönlich aber auch der Hochsommer, zumindest wenn sich – wie zuletzt mit zunehmender Häufigkeit – regelrechte Hitzewellen einstellen. Man berücksichtige, dass man sich im Harz heutzutage oft im waldfreien Terrain befindet und längere Zeit ohne Schattenspender auskommen muss. Daher erscheinen wohl vor allem die Monate Mai/Juni und September/Oktober als die günstigsten – man entgeht dabei auch der Hauptferienzeit im Sommer.

Die Durchquerung der Bodeschlucht verspricht ein krönendes Finale.

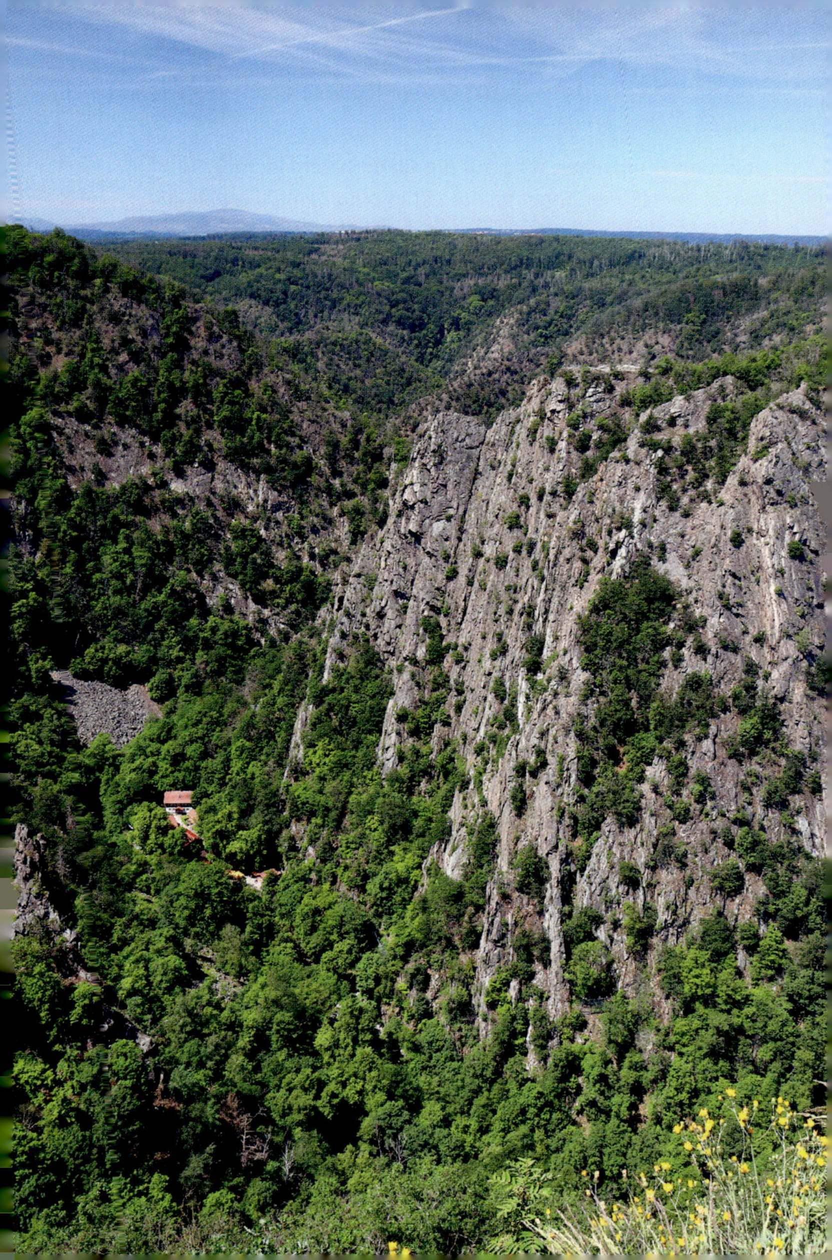

1 Osterode – Buntenbock

3.20 h | **12,5 km** | **↗450 m** | **↘140 m**

Über den Hundschen Weg auf die Clausthaler Hochfläche

Vom südwestlichen Harzrand aus gilt es naturgemäß, erst einmal an Höhe zu gewinnen, was am Hundschen Weg, der am Bergrücken zwischen Lerbacher Tal und Sösetal verläuft, in nicht allzu fordernder Weise geschieht. Später queren wir über dem schön gelegenen Ort Lerbach entlang und kommen allmählich auf die Hochflächen südlich von Clausthal voran. Erste Teiche des umfangreichen Oberharzer Wasserregals, das heute zum UNESCO-Weltkulturerbe gehört, erwarten uns dort. Wer in Buntenbock Quartier beziehen möchte, schert am besten beim Bärenbrucher Teich aus – etwas weiter nördlich befindet sich das Hotel Pixhaier Mühle ebenfalls nicht weit entfernt, während der Hexen-Stieg bereits Kurs auf den Nassewieser Teich nimmt.

Ausgangspunkt: Osterode, Parkplatz Bleichestelle, ca. 230 m. Anmarsch vom Bahnhof Osterode-Mitte (an der Regionalbahnstrecke zwischen Braunschweig und Herzberg) durch die Innenstadt (Fußgängerzone), an der Marktkirche vorbei und über die Sösebrücke hinweg in die Scheerenberger Straße. Nächstgelegene Bushaltestellen »Hoelemannpromenade« bzw. »Kornmagazin«.
Endpunkt: Buntenbock, ca. 540 m, südlich von Clausthal-Zellerfeld. Bushaltestelle »Mittelweg« an der Linie 440 zwischen Osterode und Clausthal-Zellerfeld.
Anforderungen: Fast durchwegs breite Forstwege, bis Eselsplatz stetig ansteigend, danach nur noch moderat auf und ab.

Am ersten Tag führt die Route oberhalb von Lerbach entlang.

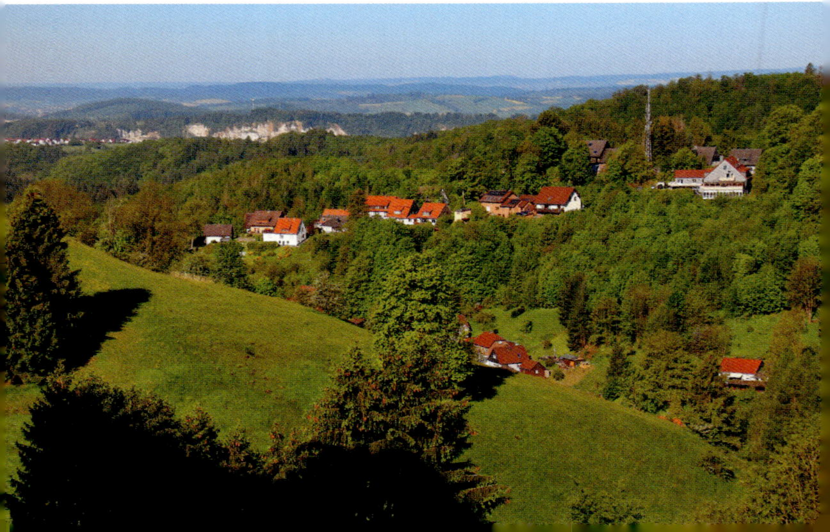

Einkehr: Diverse Restaurants in Osterode. Harzer Speisekammer in Buntenbock (täglich außer Do ab 17 Uhr, So ab 11 Uhr). Harz-Urlaubs-Alm (Di–Sa zwischen 17.30 und 19.30 Uhr). Café Glücksmoment (geöffnet Mi bis So).
Unterkunft: Zahlreiche Hotels und Pensionen in Buntenbock, weitere im unweit gelegenen Clausthal-Zellerfeld.
Information: Kultur, Stadtmarketing und Tourismus, Eisensteinstraße 1, 37520 Osterode am Harz, Tel. +49 5522 318333, osterode.de. Tourismus-Information Buntenbock, Schwarzenbacher Straße 19, 38678 Clausthal-Zellerfeld, Tel. +49 5323 7128960. Urlaubswelt Harz, Adolph-Roemer-Straße 20, 38678 Clausthal-Zellerfeld, Tel. +49 5323 81024, oberharz.de.
Varianten: 1. Zwischen Eselsplatz und Mangelhalber Tor gibt es noch eine Verbindung auf der Seite des Sösetals, die eher für Mountainbiker empfohlen wird. 2. Je nach persönlichem Etappenziel nimmt man entweder den ersten Abzweig nach Buntenbock und kommt damit von Süden ins Dorf oder vom Bärenbrucher und Ziegenberger Teich her mit einer weiteren Verzweigung zum Sumpfteich oder gegebenenfalls auch erst hinter dem Bärenbrucher Teich, falls im Hexen-Stieg-Hotel »Pixhaier Mühle« Quartier bezogen wird (Linksabzweig mit Grünpunkt).
Stempel: Nr. 140 (Eselsplatz), Nr. 137 (Bärenbrucher Teich), eventuell Nr. 138 (Braunseck, ca. 700 m ab dem ersten Abzweig nach Buntenbock).
Hinweis: Wer am ersten Tag von Osterode bis Altenau durchzieht, benötigt gut 6.30 Std. für 26,7 km.

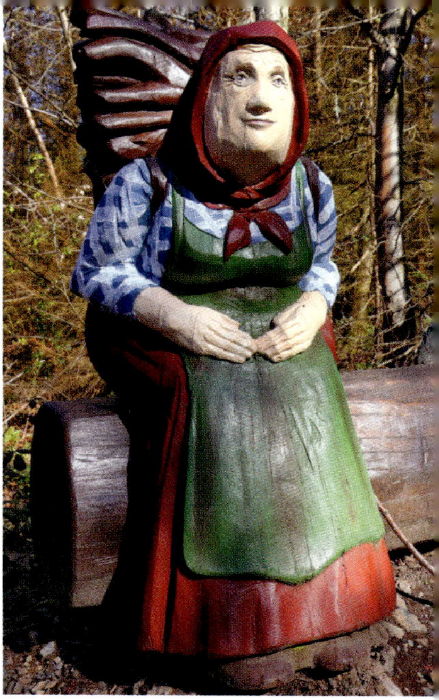

Früher waren Kiepenfrauen am Hundschen Weg unterwegs.

Am Parkplatz **Bleichestelle** in **Osterode** ❶ markiert das Hexen-Stieg-Portal den offiziellen Einstieg in unsere Weitwanderroute. Direkt gegenüber zieht schräg rechts der *Hundsche Weg* am Hang empor, zunächst als Wohnstraße, auf der Fortsetzung dann als typischer Forstweg. Hier waren schon in alter Zeit regelmäßig Händler und Träger unterwegs, auch die sogenannten Kiepenfrauen. Bevor wir in den Wald eintauchen, ergeben sich schöne Rückblicke auf die Umgebung von Osterode. An der Mooslaube halten wir uns geradeaus und steigen über die Degenköpfe allmählich in Richtung **Eselsplatz** ❷, einen altgedienten Rastplatz früherer Eselskarawanen, an. Von der Köte (Stempelstelle) kann ein kurzer Abstecher zum Aussichtspunkt am Scheerenberg unternommen werden – man erblickt dort die Sösetalsperre.

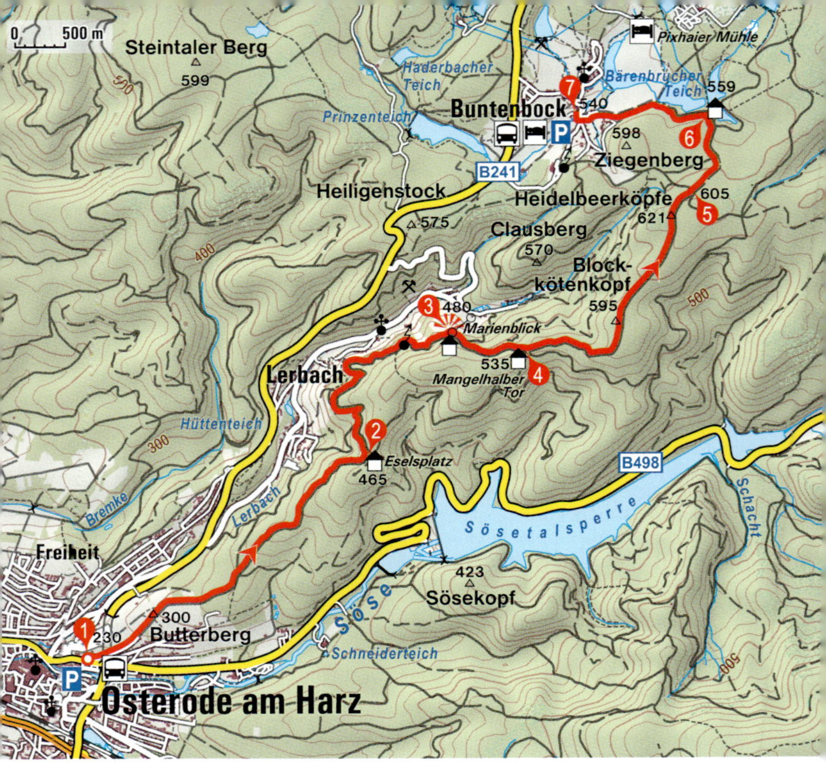

Der Hexen-Stieg führt von der Kreuzung allerdings links weiter, nach kurzem Abstieg also an der Flanke des Lerbacher Tals, in das sich immer wieder schöne Perspektiven auftun. Beim **Marienblick** ❸, oberhalb eines Wiesenhanges mit altem Skilift, lohnt sich eine kleine Pause, um den Talblick zu genießen. Unsere Route zieht nun rechts haltend zum **Mangelhalber Tor** ❹ (ebenfalls Rastplatz mit Unterstand) hinauf und gewinnt via

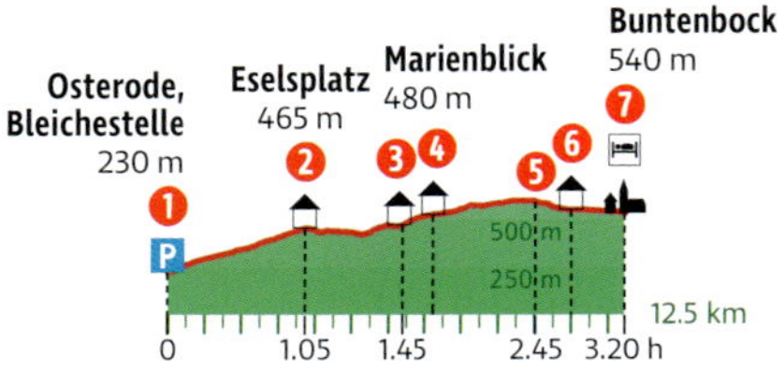

Blockkötenkopf bis in den Bereich der Heidelbeerköpfe noch weitere Höhenmeter. Auf diesem Abschnitt sind verschiedene Aussichtspunkte benannt (Acker-, Antons- und Dorotheenblick), ungeachtet der Tatsache, dass sich aufgrund der weitgehenden Entwaldung mittlerweile überhaupt kaum noch Sichteinschränkungen ergeben. Der Ackerkamm liegt gegenüber also längere Zeit im Panorama.

Nach einem kleinen Gefälle wird an einer Kreuzung die Hexen-Stieg-Variante nach Buntenbock ausgewiesen 5, doch sollten wir diesen ersten Abzweig eher ausschlagen und noch rund einen Kilometer weiter bis zum **Bärenbrucher Teich** 6 wandern. Gleich vorn finden wir die Stempelstelle Nr. 137 und wiederum eine Möglichkeit, am Ziegenberger Teich entlang und anschließend über Wiesenpfade das Dorf **Buntenbock** 7 anzusteuern.

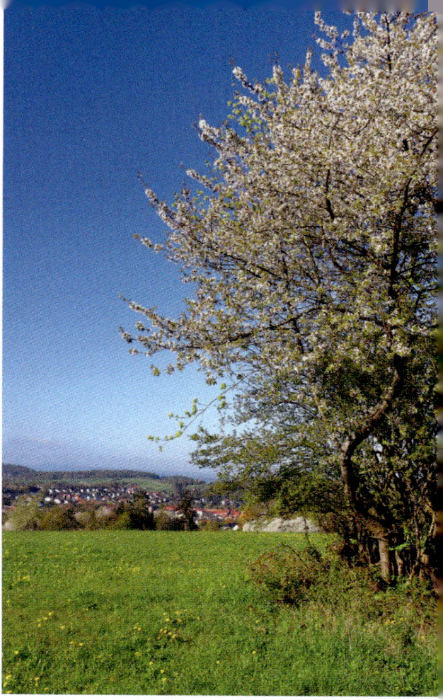

Heckenbüsche am Hundschen Weg.

Wir sind in der Teichlandschaft der Clausthaler Hochfläche angekommen. Hier der Ziegenberger Teich.

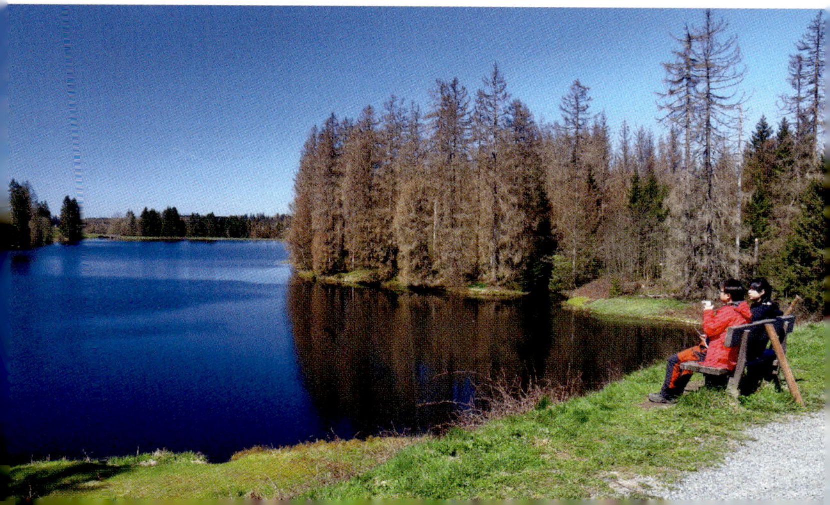

2 Buntenbock – Altenau

4.00 h	15,7 km
↗ 150 m	↘ 230 m

Auf den Spuren des Harzer Wasserregals

Im Bereich der Clausthaler Hochfläche führt der Hexen-Stieg an einigen gebietstypischen Teichen vorbei in Grundrichtung Ost, begleitet zwischendurch den Huttaler Graben (inklusive der wasserbautechnischen Pionierleistung der Huttaler Widerwaage) und folgt dann auf längeren Strecken dem Dammgraben, der ab 1732 angelegt wurde und nach mehrfacher Verlängerung zum bedeutendsten im gesamten Oberharzer Wasserregal avancierte. So gelang es später, auch Wasser aus dem niederschlagsreichen Hochharz einzubeziehen. Durch Überleitungsstollen konnte der Verlauf zudem optimiert werden. Einige der einst für den Bergbau geschaffenen künstlichen Gräben zählen heutzutage – wohl dank der angenehmen, hindernislosen Trassen – zu den beliebtesten Wanderrouten des Gebiets. Insgesamt sind noch über 300 Kilometer Grabennetz im Oberharz erhalten. Da lag es natürlich nahe, solcherlei Charakteristika auch in den Hexen-Stieg zu integrieren. Wer in Altenau übernachten oder sich dort näher umsehen möchte, verlässt den in der Nähe vorbeiführenden Dammgraben und nimmt ihn tags darauf wieder auf.

Ausgangspunkt: Buntenbock, ca. 540 m. Parkplatz und Bushaltestelle »Mittelweg« (Linie 440 zwischen Osterode und Clausthal-Zellerfeld).
Endpunkt: Altenau, ca. 465 m. Parkplatz im »Schultal« bzw. angrenzende Bushaltestelle »Markt« (Linie 840 nach Clausthal-Zellerfeld).
Anforderungen: Zunächst etwas verwinkelte Route mit lediglich ein wenig Auf und Ab, am Dammgraben sogar weithin praktisch ebener Verlauf und damit kaum anstrengend.
Einkehr: Evtl. Polsterberger Hubhaus (geöffnet Fr–So 11–18 Uhr). Sperberhaier Dammhaus (geöffnet 11–19 Uhr, außer Mo). Zahlreiche Restaurants in Altenau.
Unterkunft: Diverse Hotels und Pensionen in Altenau.
Information: Tourismus-Information, Hüttenstraße 9, 38707 Altenau, Tel. +49 5328 8020, oberharz.de.
Variante: Von Buntenbock diverse Zugänge zum Hexen-Stieg, beim Ziegenberger Teich lässt sich gleich links haltend abkürzen.
Stempel: Nr. 137 (Bärenbrucher Teich), Nr. 128 (Huttaler Widerwaage), eventuell Nr. 145 (Schmidts Denkmal, ca. 1,7 km vom Huttaler Graben).
Hinweis: Wählt man die Tagesetappe von Buntenbock nach Torfhaus, so beträgt die Gehzeit 6.15 Std. für 23,7 km.

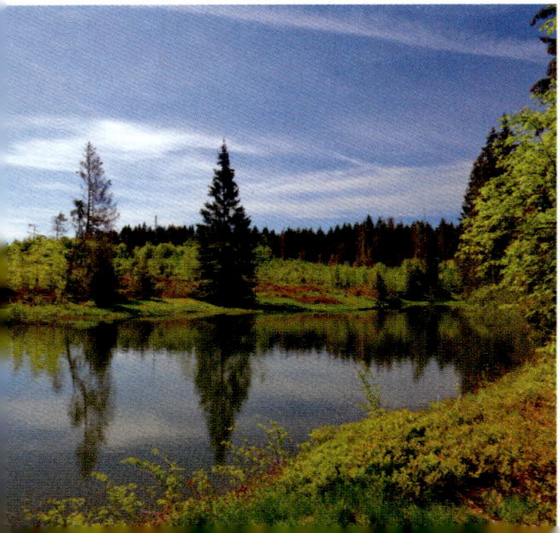

Beim Entensumpf entspringt die Innerste.

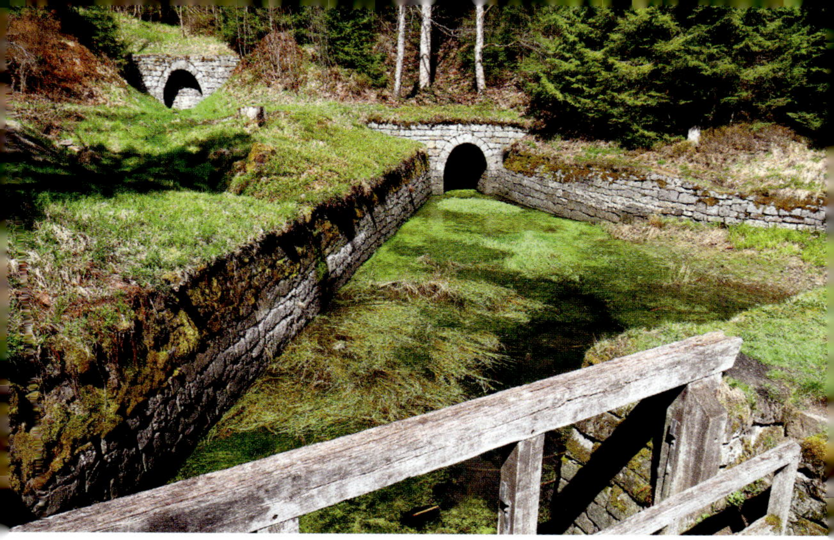

Pfiffiges Bauwerk der Montaningenieure: die Huttaler Widerwaage.

In **Buntenbock** ❶ starten wir vom *Mittelweg* ausgehend *Am Brink* und kommen beim Schützenhaus rasch auf den leicht ansteigenden Wiesenweg, der sich dem Ziegenberger Teich nähert. Man kann nun entweder den Staudamm überschreitend sogleich nach Norden abkürzen oder am Südufer entlanggehen und beim **Bärenbrucher Teich** ❷ wieder in den offiziellen Hexen-Stieg einbiegen. Nach einer schönen Passage zwischen beiden Seen hindurch orientieren wir uns auf einem Forstweg in Richtung Nordosten und beachten den kleineren Pfad zum **Oberen Nassewieser Teich** ❸, dessen Dammkrone überschritten wird. Dahinter links haltend leicht aufwärts zu einer breiten Trasse und von dieser bereits nach knapp 400 Metern – also noch vor einem Parkplatz an der viel befahrenen *B242* – rechts abrückend zum idyllischen **Entensumpf** ❹, in dessen unmittelbarer Nähe die Innerste entspringt. Sie durchfließt das nordwestliche Harzgebiet und war für den Bergbau seinerzeit besonders wichtig. Man stößt abermals auf eine Forststraße, wandert über eine flache Anhöhe und hält sich dann links zur interessanten **Huttaler Widerwaage** ❺ (Stempelstelle). Mit diesem genialen Bauwerk lässt sich die Fließrichtung des Wassers beeinflussen, sprich je nach Bedarf umkehren.
Sehr reizvoll schlängelt sich unsere Route nun am Huttaler Graben entlang, biegt nach einem Rechtsknick links in die nächste Forststraße ein und kreuzt etwas oberhalb bei **Polsterberg** ❻ die *B242*. Etwa 800 Meter abseits befindet sich übrigens das Polsterberger Hubhaus. Der Hexen-Stieg setzt sich mit einigen Bögen bzw. Richtungswechseln und etwas Höhenverlust

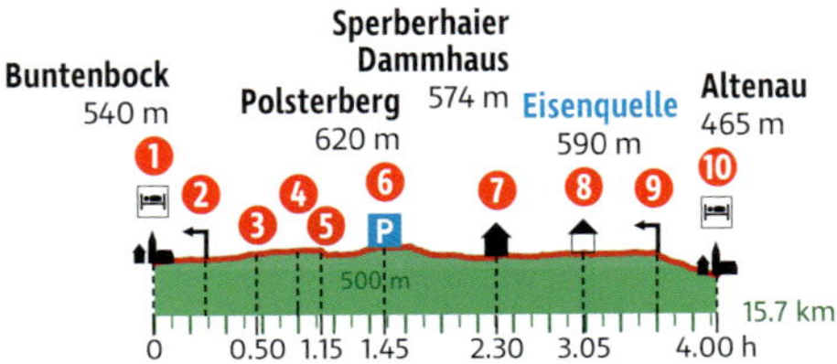

zum Dammgraben fort. Er schmiegt sich bald der Harzhochstraße an und führt dabei über einen eindrucksvollen Damm, welcher eine Reliefsenke ausgleicht, zum **Sperberhaier Dammhaus** 7. Beide Bauwerke bestehen bereits seit den 1730er-Jahren. Mit einem Linksbogen geht es zum »Großen Kolk« und im weiteren Verlauf abwechselnd auf gepfadeten und befestigten Abschnitten zur Kreuzung mit der *B498*. Jenseits wandert man geradeaus weiter und begleitet jetzt wieder den Dammgraben, der natürlich alle Geländestrukturen ausgehen muss. Durch die vielen Biegungen ergeben sich immer wieder neue Perspektiven.

Wir passieren die Einschnitte des Großen und Kleinen Gerlachsbachs (an Ersterem befinden sich die **Eisenquelle** 8 sowie eine Schutzhütte) und nähern uns in komfortabler Weise dem **Grabenhaus Rose** 9, wo sich vorteilhaft in Richtung Altenau ausscheren lässt. Am besten wechselt man auf

Wegpassage im licht gewordenen Wald hinter dem Sperberhaier Damm.

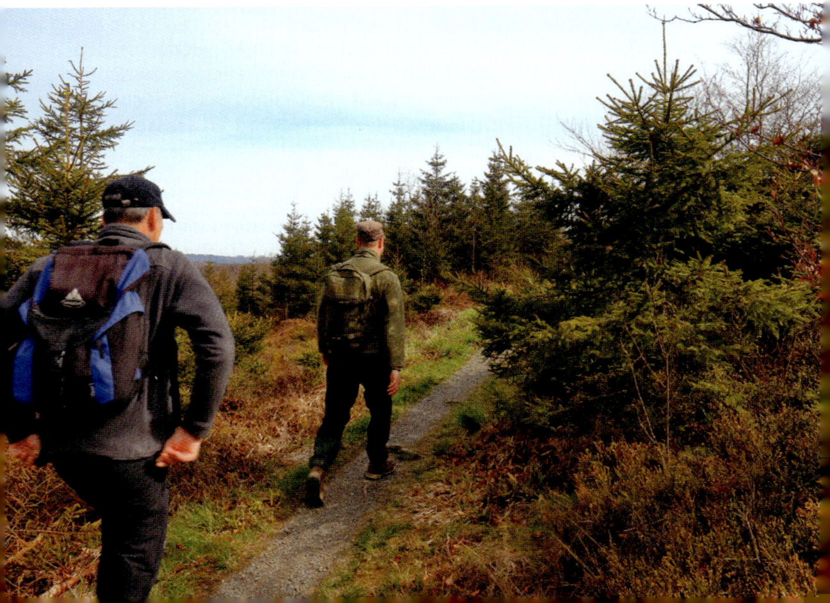

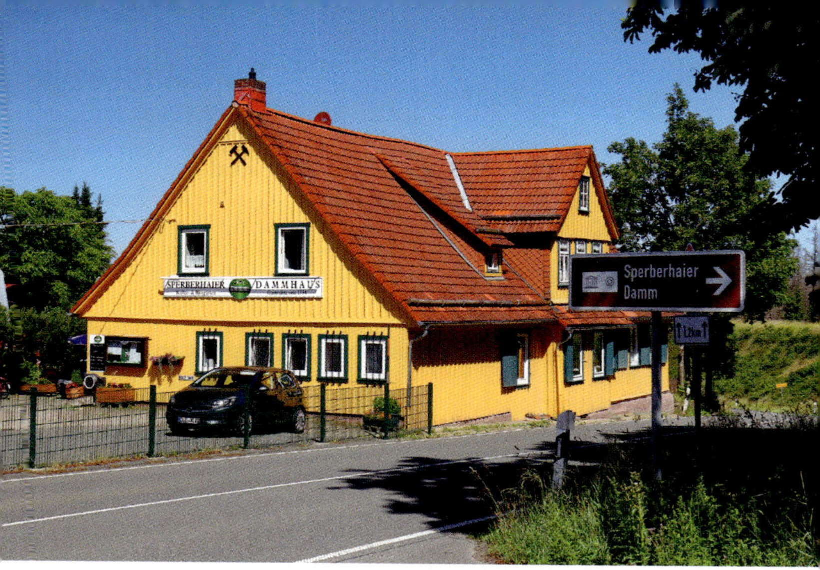

Im altehrwürdigen Sperberhaier Dammhaus können wir uns stärken.

den Wiesenhang (Skigebiet »Auf der Rose«) und tritt die *B498* überschreitend in die Bergstadt ein. Hier durch die gesamte *Oberstraße* bis zur Kirche und damit ins Zentrum von **Altenau** ⑩. Unweit des Kreisels befindet sich die Bushaltestelle »Markt« inklusive Parkplatz.

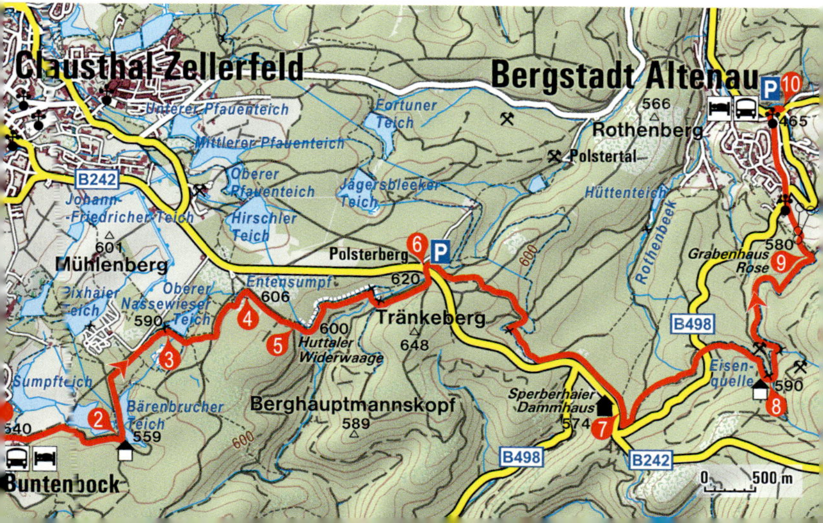

3 Altenau – Torfhaus

3.10 h	11,2 km
↗ 420 m	↘ 80 m

Die Fortsetzung des Dammgrabens ins Kellwassertal

Auch auf diesem Abschnitt bildet der Dammgraben meilenweit unsere Leitlinie, während wir eine weitreichende Aussicht vor allem über das nördliche Harzgebiet erfassen – ob der nahezu flächendeckenden Waldblößen freilich mit durchaus gemischten Gefühlen. Zwischendurch treffen wir auch kurz auf den oberhalb gefassten Nabentaler Graben, wo die einst pfiffige Traverse auf dem Magdeburger Weg ansetzt. Leider sahen sich die Verantwortlichen zu einer Sperrung veranlasst, womit wir letztlich an der Fassung des Dammgrabens im eiszeitlich kesselartig ausgeformten Kellwassertal vorbeikommen: in geologischer Hinsicht eine absolute Besonderheit, wurde an dieser Örtlichkeit anhand einer Schwarzschieferschicht doch erstmals das Massenaussterben im Oberdevon (vor etwa 372 Millionen Jahren) nachgewiesen. Ganz im Hier und Jetzt befinden wir uns schließlich am Zielpunkt der Etappe, denn Torfhaus ist ein Hotspot des Massentourismus im Harz. Der Brockenblick ist fraglos legendär; die Infrastruktur besitzt indes tendenziell den Charme eines verkehrsgeplagten Alpenpasses. Neueste »Errungenschaft« ist der 65 Meter hohe, futuristisch anmutende »Harzturm«. Kaum etwas erinnert hingegen an den früher betriebenen Torfabbau.

Blick über die Bergwiesen bei Altenau.

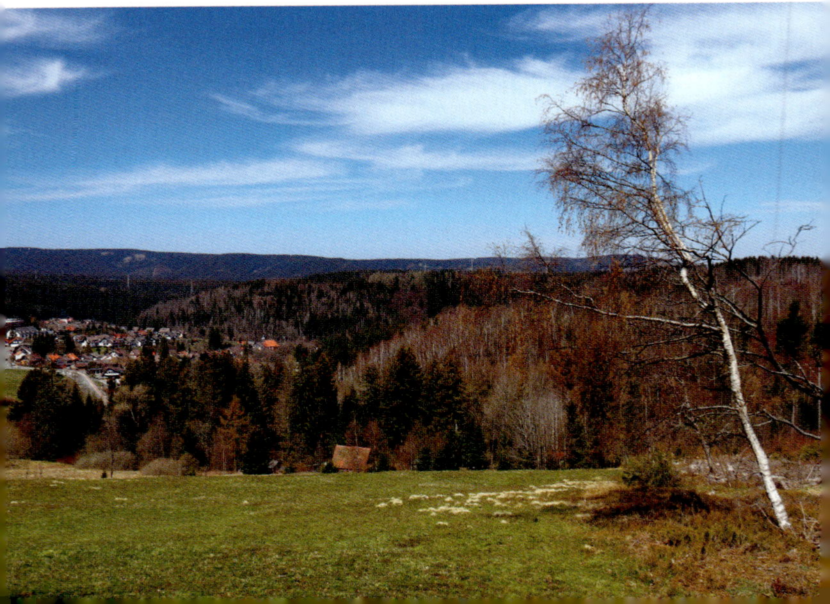

Ausgangspunkt: Altenau, ca. 465 m. Busverbindung von Clausthal-Zellerfeld (Linie 440, Haltestelle »Markt«, nebenan auch ausreichend Parkmöglichkeit).
Endpunkt: Torfhaus, ca. 800 m, touristische Höhensiedlung an der B4. Bushaltestelle der Linie 820 zwischen Bad Harzburg und Braunlage.
Anforderungen: Am Dammgraben zunächst bequemer Verlauf, später anstrengender mit einer etwas anspruchsvolleren Passage hinter dem Nabentaler Graben. Marschdistanz allerdings vergleichsweise kurz (es sei denn, man lässt Altenau von Buntenbock kommend aus).
Einkehr: Bavaria Alm in Torfhaus, Restaurant Wienerwald des Torfhaus Harzresort, außerdem der Kiosk Brockenstube.
Unterkunft: Torfhaus Harzresort, Jugendherberge, Schullandheim, Wanderheim des Harzklubs in Torfhaus. Man kann (per Bus) auch nach Oderbrück ausweichen, ggf. sogar nach Braunlage oder Bad Harzburg.
Information: Harz Welcome Center, Alte Torfhaus Straße 1, 38667 Torfhaus, Tel. +49 5320 2290450, oberharz.de.
Varianten: 1. Alternative Zustiege von Altenau zum Dammgraben führen vom Kleinen Okerpark über den Kunstberg oder am Ansatz des Mühlenbergs mit Nr. 18A auf die sich weitläufig öffnenden Wiesen über dem Schultal. Damit würde man in einem Fall 1,8 km, im anderen sogar 2,7 km des eigentlichen Hexen-Stiegs am Dammgraben auslassen!
2. Via Gustav-Baumann-Weg und Oberer Bruchbergweg zur Wolfswarte, 918 m, und auf der anderen Seite der Quarzitkuppe weiter in Richtung Torfhaus (vgl. Tour 17).
Hinweis: Die Originalroute des Hexen-Stiegs verlief im Abschnitt vor Torfhaus ursprünglich über den Magdeburger Weg, der allerdings seit einigen Jahren aufgrund von Erdrutschgefahr und reichlichem Totholz gesperrt ist. Das offizielle Gebot der Nationalparkverwaltung wird dennoch häufiger ignoriert, deshalb hier einige faktische Informationen (Status vom Sommer 2023): Die quer durch den Steilhang verlaufende Trasse ist nach wie vor vorhanden, durch zahlreiche umgestürzte Baumleichen allerdings erschwert passierbar. Zumindest zweimal gibt es abrutschgefährdete Stellen, die besonders bei feuchten Bedingungen kritisch werden. Restfeuchte tritt im Steilhang zuweilen auch noch bei allgemeiner Trockenheit auf. Eine Zeitersparnis gegenüber der Umleitung ist aufgrund der Umstände und Anforderungen im Übrigen unwahrscheinlich. Davon abgesehen gilt im Nationalpark rechtlich ein Wegegebot, welches zur Einhaltung angeraten wird.

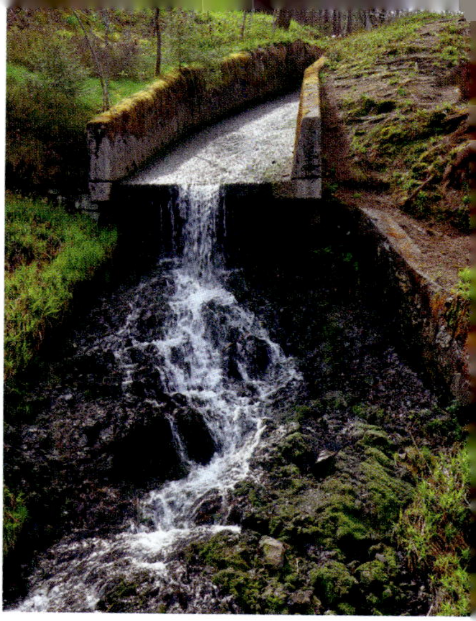

An der sogenannten Eisenquelle.

Stempel: Eventuell Nr. 132 (Schwarzenberg bei Altenau), Nr. 149 (Kleine Oker, Tischlertal), Nr. 133 Förster-Ludewig-Platz), eventuell Nr. 221 (Jungfernklippe, 400 m aus dem Kellwassertal).
Hinweis: Die Gehzeit von Altenau zum Brocken beträgt 5.30 Std., bei einer Distanz von 19,6 km. Von Altenau nach St. Andreasberg (Tour 9) sind es 6.45 Std. und rund 24 km.

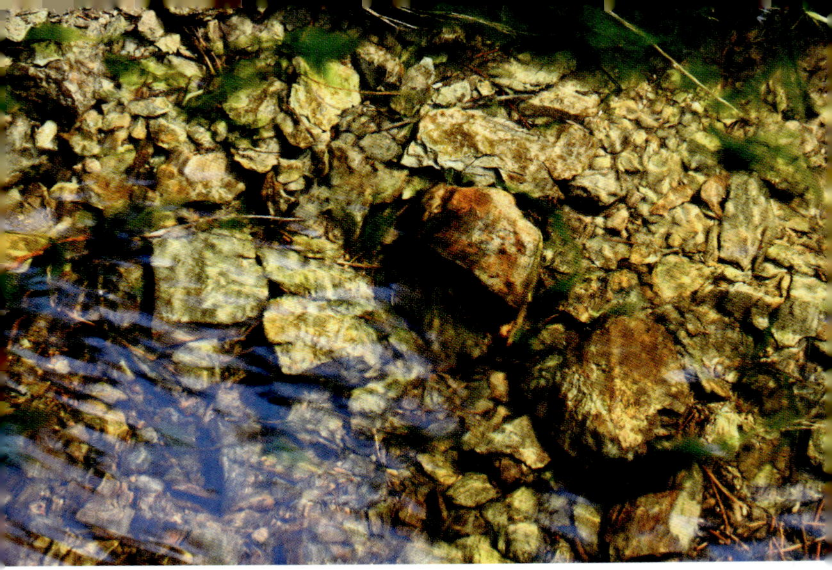

Wie pures Golf schimmern die Steine im Dammgraben.

Von **Altenau** 1 wandern wir durch die *Oberstraße* und weiter über die Wiesen in Richtung **Grabenhaus Rose** 2 hinauf und knüpfen hier wieder an den Hexen-Stieg an. Wir begleiten also nach wie vor den Dammgraben und vollziehen als Nächstes den Bogen durch den sehr markanten Geländeeinschnitt der Großen Oker. Hinter dem Wehr der **Kleinen Oker** kommen wir zur gleichnamigen Stempelstelle 3 im Bereich des Tischlertals und kreuzen nach der folgenden großzügigen Rechtskurve die zwischen Altenau und Torfhaus verlaufende *L504 (»Steile-Wand-Straße)«*.
Der anschließende, nach wie vor fast horizontale Abschnitt bringt uns zum **Förster-Ludewig-Platz** 4 mit der Schachtkopfhütte und einer weiteren

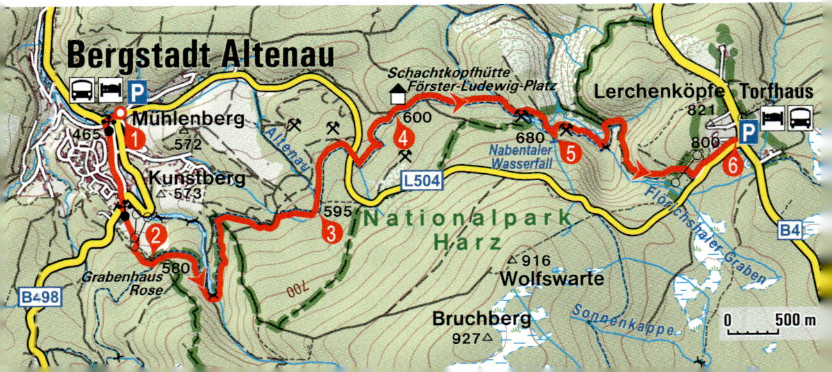

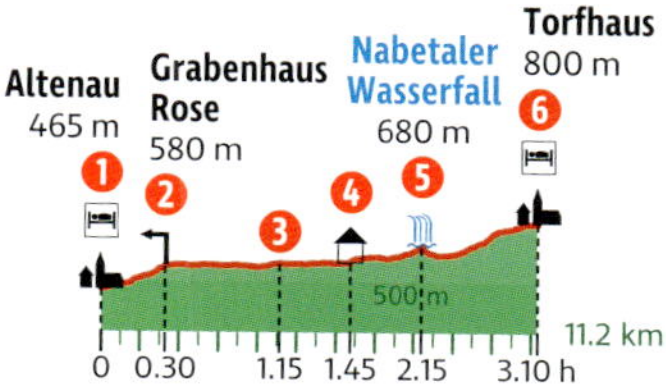

Stempelbox. Dahinter sind zwei nicht sehr lange, aber spürbare Steigungen eingeschaltet, womit wir an den Nabetaler Graben gelangen. Ein kurzer Abstecher nach unten eröffnet einen überraschenden Tiefblick, eine zu querende Rinne trägt anschließend den Namen **»Nabetaler Wasserfall«** 5. Gleich danach gewahren wir die Sperrung des **Magdeburger Weges**, der nun durch das unterhalb liegende Kellwassertal eine Umleitung erfährt. Achtung: Dort geht es kurzzeitig steil und abschüssig bergab, bis wir erneut auf den Dammgraben stoßen und mit einem Linksbogen an dessen orografischen Anfang gelangen. Fast 150 Höhenmeter Gegensteigung leiten zum Skihang am Rinderkopf, ehe es von einem Parkplatz neben der Straße – an der Jugendherberge vorbei – mit den letzten Schritten nach **Torfhaus** 6 hinaufgeht.

Das Wandern am Dammgraben entlang gestaltet sich denkbar bequem.

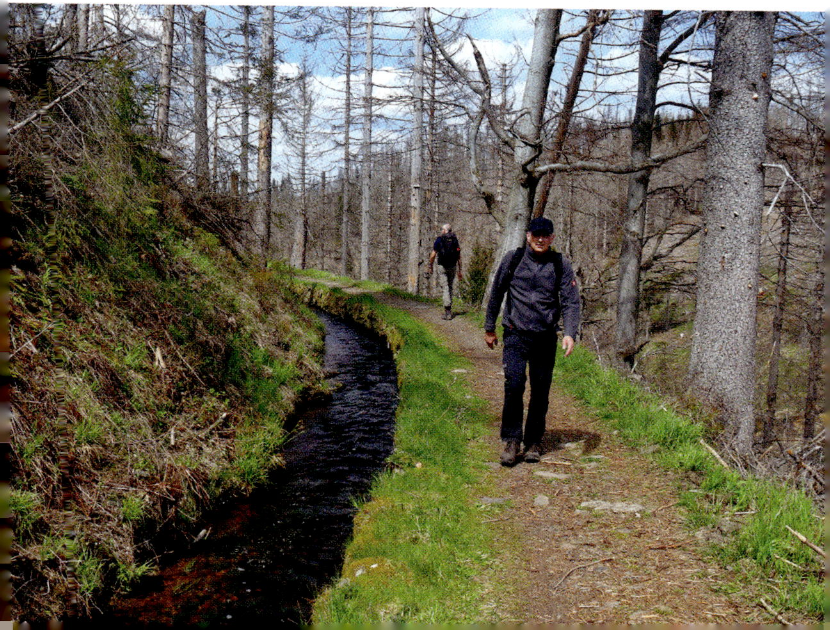

4 Torfhaus – Brocken

2.20 h	8,4 km
↗ 360 m	↘ 20 m

Auf das Dach des Harzes

Es klingt fast wie eine Selbstverständlichkeit, dass der Harzer-Hexen-Stieg auch über den Brocken geführt werden muss. Denn kaum ein Ziel im Harz besitzt ein vergleichbares Renommee, lockt Wanderer und Ausflügler gleichermaßen zahlreich ins höchste Stockwerk unseres Mittelgebirges. Beim Start in Torfhaus steht der charakteristisch aufgewölbte Berg bereits mächtig im Blickfeld; über den klassischen Goetheweg lässt sich sein Gipfel – der übrigens ein kleines Stück über die natürliche Waldgrenze hinausreicht und klimatisch einer Höhenlage von rund 2000 Metern in den Alpen entspricht – binnen zwei bis zweieinhalb Stunden erreichen. Bricht man zeitig auf, gelingt dies vielleicht noch vor Ankunft der ersten Bahntouristen. Die erste (bescheidene) Erschließung fand dort oben mit einem »Wolkenhäuschen« schon 1736 statt. Ab 1800 gab es ein Wirtshaus, aus dem später das stattliche Brockenhotel hervorging. Die Wetterstation wurde 1895 eingeweiht, die Brockenbahn 1899 und der riesige Fernsehturm 1938. Bei klarem Wetter reicht die Schau vom Brocken über 100 Kilometer weit! Und wer sich im (natürlich nicht ganz preiswerten) Brockenhotel einquartiert, hat sogar die Chance, diesen normalerweise quirlig belebten Fleck in seltener Einsamkeit zu erleben und auch zu später bzw. ganz früher Stunde Stimmungen einzufangen. Die weitaus meisten Hexen-Stieg-Begeher werden allerdings ihren Weg nach einer gebührenden Gipfelrast Richtung Drei Annen Hohne und Königshütte fortsetzen …

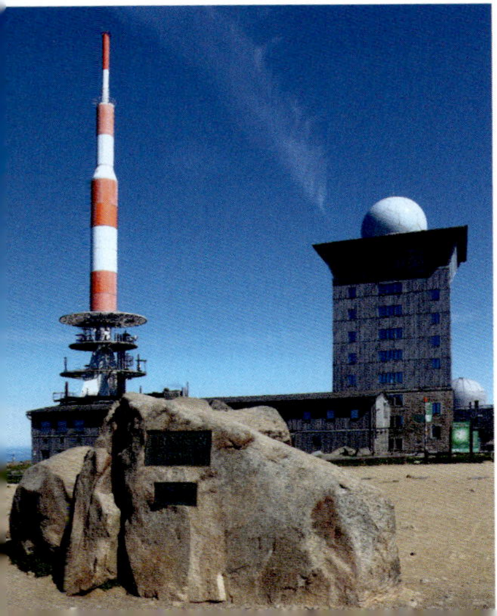

Granitblock am Brockengipfel, dahinter das mehrstöckige Brockenhotel.

Ausgangspunkt: Torfhaus, ca. 800 m, touristisch geprägte Siedlung an der B4. Buslinie 820 zwischen Bad Harzburg und Braunlage; große, gebührenpflichtige Parkplätze.
Endpunkt: Brocken, 1141 m. Übernachtung im Brockenhotel möglich, andernfalls Fortsetzung mit Tour 5. Die Brockenbahn verkehrt talwärts über Schierke nach Drei Annen Hohne, mit Anschluss nach Wernigerode.
Anforderungen: Zu Beginn noch Flachpassagen, später ziemlich anhaltende Steigung bis zum Brocken, überall auf problemlosen, komfortablen Wegen (zuletzt 1,4 km Asphaltstraße). Hinweis:

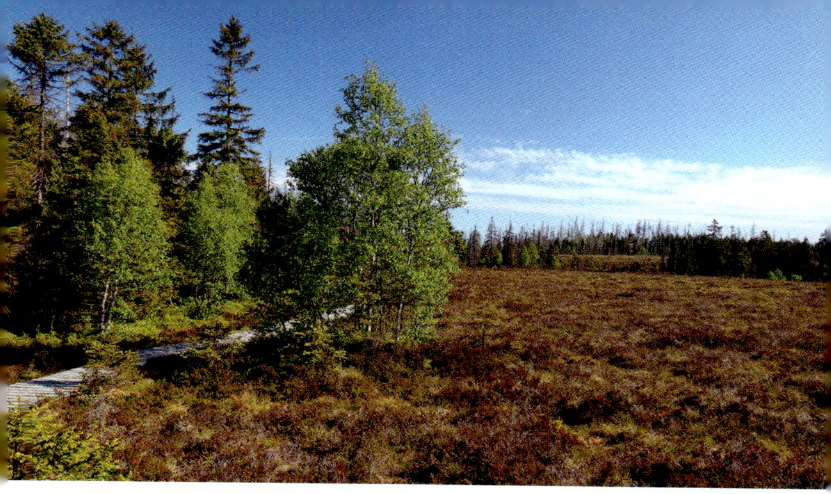

Der Moorstieg: Bohlenweg im Großen Torfhausmoor.

Oben auf dem Brocken kann es auch im Sommer empfindlich kühl sein, zumal der Berg sehr dem Wind ausgesetzt ist.
Einkehr: Auf dem Brocken (Brockenhotel, SB-Restaurant im Touristensaal, Café im Brockenhaus sowie Brockenwirt).
Unterkunft: Brockenhotel, Tel. +49 39455 120, brockenhotel.de.
Information: Tourist-Information Schierke, Brockenstraße 10, 38879 Wernigerode, Tel. +49 39455 8680, schierke-am-brocken.de.
Variante: Nur die kleine Schleife am Moorstieg zu Beginn. Am Brocken selbst kann der rund 2 km lange Rundweg begangen werden (siehe Tour 23).
Tipp: Brockenhaus (Nationalparkzentrum in der Art eines Museums, geöffnet 9.30–17 Uhr). Brockengarten (zwischen Mitte Mai und Mitte Oktober werden werktags um 11.30 und 14 Uhr Führungen des Brockengärtners angeboten, an Wochenenden und Feiertagen im Rahmen einer Ranger-Führung).
Stempel: Nr. 136 (Eckersprung), Nr. 9 (Brockenhaus).
Hinweis: Die Gehzeit ab Torfhaus bis Drei Annen Hohne beträgt 5.30 Std., bei 20,9 km, bis Königshütte 6.40 Std., bei 25,4 km.

Wo in **Torfhaus** ❶ die Straße nach Altenau abzweigt, schlagen wir auf der anderen Seite den Hexen-Stieg ein und befinden uns nach wenigen Minuten links haltend auch auf dem **Goetheweg**. Der berühmte Literat war auf

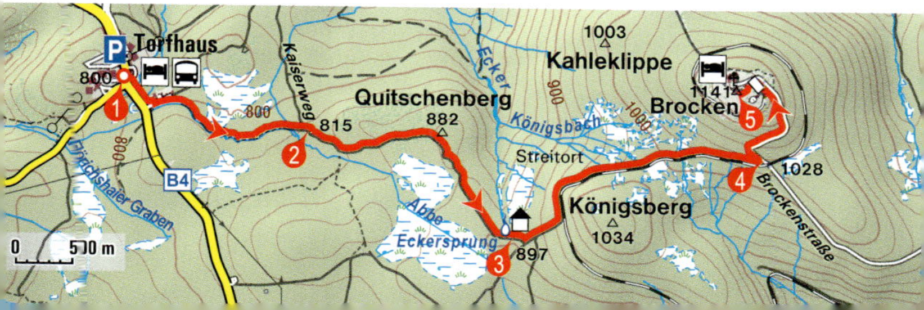

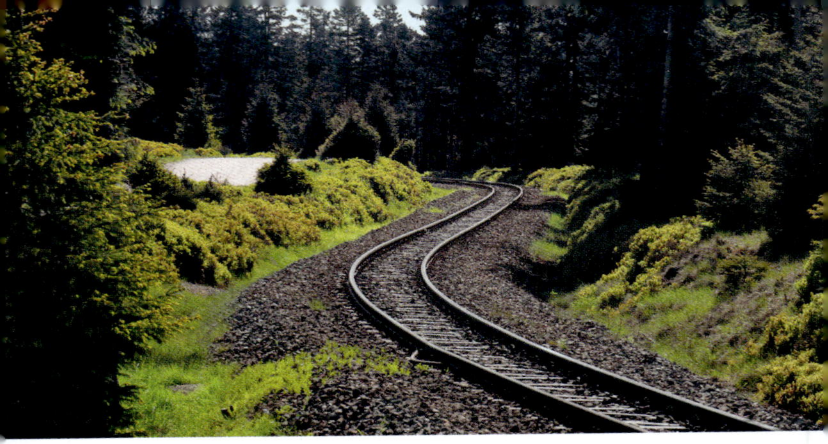

Ein Stück weit begleitet der Goetheweg die Gleise der Brockenbahn.

dieser Route schon anno 1777 unterwegs – daher der Name. Ein kleines Extra können wir uns mit dem Moorstieg gönnen, einem Bohlenweg, der ein Stück weit durchs wollgrasbestandene Große Torfhausmoor leitet. Davon abgesehen schlängelt sich der Goetheweg sehr schön am Abbegraben entlang und verbindet sich kurzzeitig mit dem **Kaiserweg** ❷. Dieser schert dann allerdings nach rechts aus, während wir über den Quitschenberg allmählich zur Stempelstelle am **Eckersprung** ❸ vorankommen und damit die ehemalige innerdeutsche Grenze (heutige Landesgrenze zwischen Niedersachsen und Sachsen-Anhalt) überschreiten. Es handelt sich auch um eine wichtige Wasserscheide (zwischen den Einzugsgebieten der Weser und Elbe).
Kurz darauf wird der Grenzweg aufgenommen, womit wir für die folgenden 400 Meter die typischen Betonwaben der einstigen DDR-Grenzsicherungsrouten unter den Sohlen haben. Dieses aufsteilende Stück bringt uns zur Schmalspurtrasse der Brockenbahn, die nun auf rund zwei Kilometern unmittelbar begleitet wird. Derweil öffnet sich schon mal die Aussicht über den Westharz. Bei P. 1028 stoßen wir auf die **Brockenstraße** ❹ und bewältigen auf dieser den Schlussanstieg. Über die sogenannte »Knochenbrecherkurve« (mit Rastplatz) sowie mit einem lang gezogenen Linksbogen gelangt man allmählich in den Bereich der natürlichen Waldgrenze und zuletzt am Brocken-Bahnhof vorbei zum Gipfelkomplex. Inmitten der »Brockenuhr« befindet sich der höchste Punkt des **Brockens** ❺, 1141 m (die Felsen-Inschrift vermerkt fälschlicherweise 1142 m); nebenan stehen Brockenhotel und Brockenhaus.

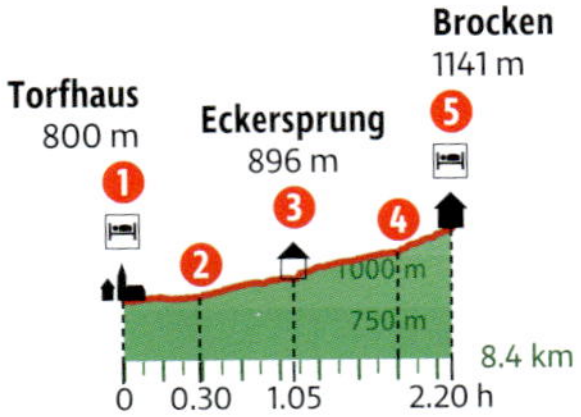

4.20 h	17,0 km
↗ 60 m	↘ 760 m

Brocken – Königshütte 5

Auf dem Weg in den Ostharz und zur Bode

Der Brocken erhebt sich bekanntermaßen schon östlich der ehemaligen innerdeutschen Staatsgrenze und war seinerzeit ein »Markenzeichen« der DDR, inzwischen vereinnahmt von Touristen quasi von überall her. Wer nun aber im Rahmen des Hexen-Stiegs weiter gen Osten ausschweift, wird auch Bereiche kennenlernen, die lange ein Schattendasein geführt haben. Diese Etappe orientiert sich geraume Zeit am Glashüttenweg, wo mit Ahrensklint und Trudenstein zwei Klippen zu kurzen Abstechern einladen. Sie gewähren Blicke über das Elendstal bei Schierke, mit dem prominent das Panorama beherrschenden Wurmberg. Kurz vor Drei Annen Hohne, dem wichtigen Teiler von Brockenbahn und Harzquerbahn, hat sich die Rangerstation Hohne-Hof als beliebter Anlaufpunkt etabliert, sodass auch der Hexen-Stieg inzwischen hier offiziell Station macht. Eine gute Marschstunde ist es von Drei Annen Hohne noch bis Königshütte, das als Industriestandort einst von den reichen Eisenerzvorkommen profitierte. Damit sind wir im Tal der Bode angelangt, jenem Fluss, der den Ostharz wie kein zweiter prägt und für den Hexen-Stieg nun bis zum Zielort Thale auch die Leitlinie bilden wird. Ein paar idyllische Fleckchen entdecken wir bereits in Königshütte, etwa den Wasserfall oder auch den Steilabbruch des Katzenbergs bei der Pension »Am Felsen«. Am Beginn der nächsten Etappe steht die Ruine der Königsburg ...

Den kurzen Abstecher zum Ahrensklint sollte man nicht versäumen.

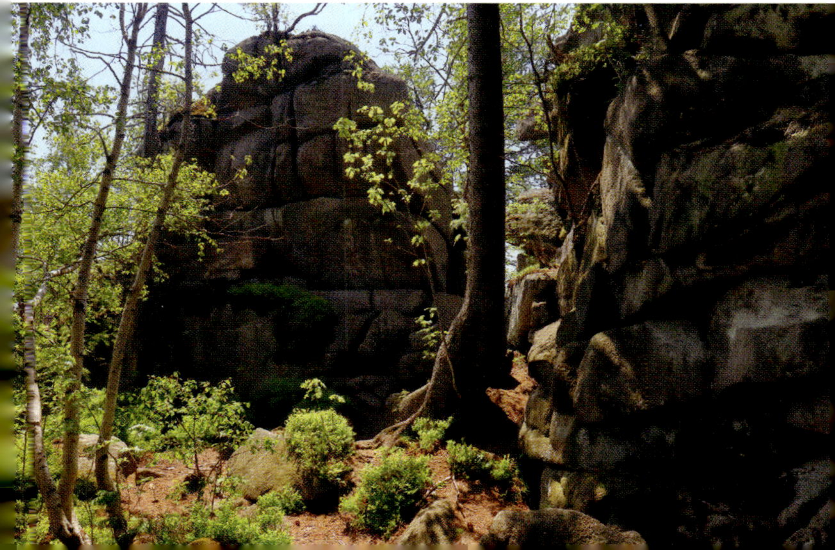

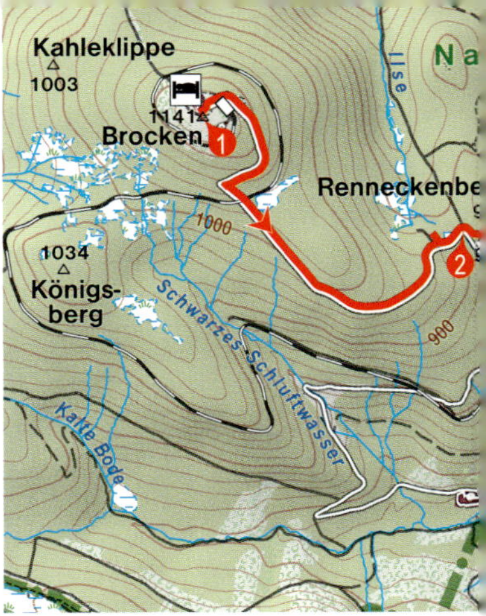

Ausgangspunkt: Brocken, 1141 m. Erreichbar mit der Harzer Schmalspurbahn von Wernigerode über Drei Annen Hohne.
Endpunkt: Königshütte, ca. 440 m. Buslinien 264 und 265 von Wernigerode in Richtung Schierke bzw. Benneckenstein.
Anforderungen: Vom Gipfel bis Brockenbett ist man auf die Teerstraße angewiesen (4 km), danach abwechselnd befestigte und naturbelassene Wanderwege, weitgehend ohne problematische Stellen. Die Distanz zieht sich etwas, die Anstrengungen sind aber vergleichsweise moderat, da fast nur Gefällstrecken und ebene Abschnitte vorkommen.
Einkehr: Brocken (siehe Tour 4). Café im HohneHof (täglich 10–17 Uhr, im Winter bis 16 Uhr). Drei Annen Hohne (Hotel Kräuterhof, Gaststätte Zur Harzquerbahn, Imbiss). Königshütte (Pension am Felsen).
Unterkunft: Hotel Kräuterhof in Drei Annen Hohne. Pension Am Felsen und Pension Königshof in Königshütte. Weitere Quartiere in Schierke und Elbingerode.
Information: Tourist-Information Schierke, Brockenstraße 10, 38879 Wernigerode, Tel. +49 39455 8680, schierke-am-brocken.de. Tourist-Information, Markt 3, 38875 Oberharz am Brocken, OT Elbingerode, Tel. +49 39454 89487, oberharzinfo.de.
Variante: Der Schlenker über den HohneHof kann ohne Weiteres geradeaus abgeschnitten werden.
Tipp: Die Rangerstation HohneHof ist als Natur-Erlebniszentrum gestaltet und vor allem für Familien besuchenswert.
Stempel: Nr. 22 (Gelber Brink; am Brockenbett), Nr. 13 (Ahrensklint), Nr. 17 (Trudenstein), Nr. 174 (HohneHof), Nr. 40 (Königshütter Wasserfall). Sonderstempel am Urwaldstieg und am Löwenzahn-Entdeckerpfad.

Vom **Brocken** ❶ folgen wir der *Brockenstraße* auf einer Länge von vier Kilometern, also an den Abzweigen von Goetheweg, Eckerlochstieg und Mönchssteinroute vorbei. Kurz vor dem Brockenbett sollten wir den kurzen Stich des **Urwaldstieges** beachten – man wird hier über den aktuellen Waldwandel informiert. Bei

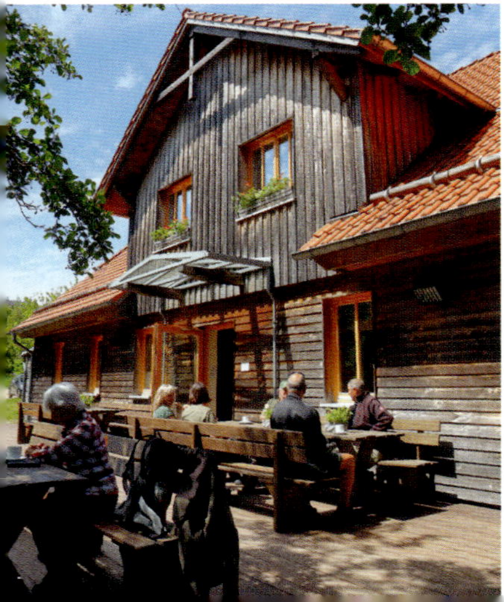

Der HohneHof ist gleichsam ein Basislager des Nationalparks. Einkehren kann man dort auch.

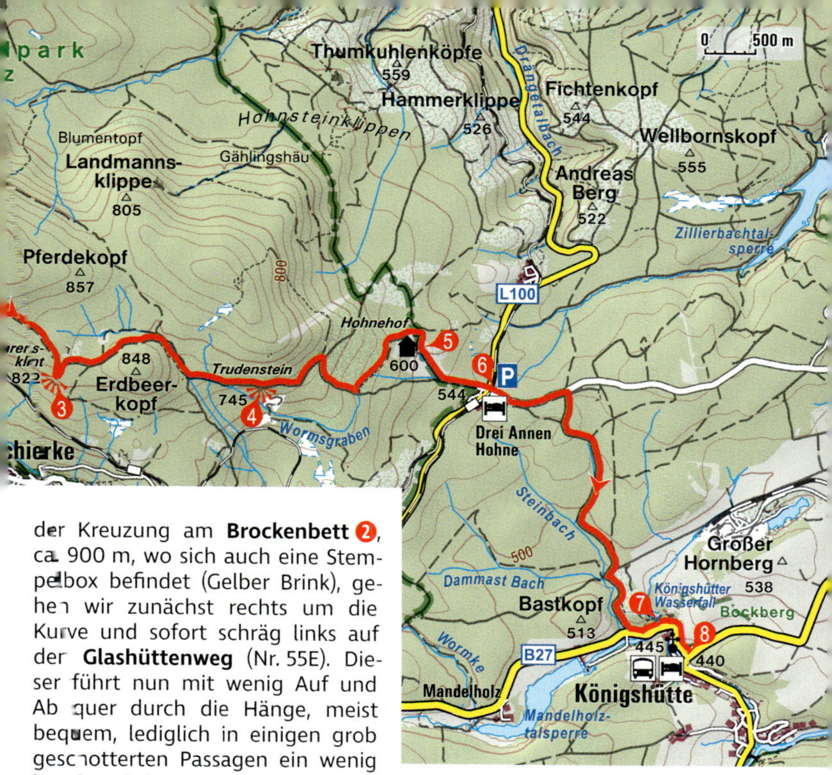

der Kreuzung am **Brockenbett** ❷, ca. 900 m, wo sich auch eine Stempelbox befindet (Gelber Brink), gehen wir zunächst rechts um die Kurve und sofort schräg links auf der **Glashüttenweg** (Nr. 55E). Dieser führt nun mit wenig Auf und Ab quer durch die Hänge, meist bequem, lediglich in einigen grob geschotterten Passagen ein wenig beschwerlicher.

Nach einer Weile gilt es den Abstecher zum **Ahrensklint** ❸, 822 m, nicht zu verpassen, denn der offizielle Hexen-Stieg führt tatsächlich knapp daran vorbei. Die wildromantische Felsklippe zählt zu den besten Aussichtskanzeln um Schierke und wartet auch wieder mit einem Stempelkasten auf. Zurück am Hexen-Stieg umkurven wir den Erdbeerkopf linksseitig teils auf einem naturbelassenen Pfad, gehen bei der großen Kreuzung »Spinne« halblinks weiter und kommen als Nächstes zum **Trudenstein** ❹, einer weiteren mit Metalltreppen erschlossenen Granitklippe (ebenfalls Stempel). Beim Abstieg in Richtung Drei Annen Hohne ist zunächst ein Pfadstück aufgelassen und links haltend über die Forststraßen ersetzt worden; bei P. 638 lockt uns das gewohnte Hexen-Stieg-Symbol dann nach links auf den Kirchstieg, um das Natur-Erlebniszentrum bei der Rangerstation am **HohneHof** ❺ (mit naturkundlicher Information, Einkehrmöglichkeit und einer Box für die Stempelsammler) einzubinden. Wo dieser Schlenker wieder mit der Abkürzung zusammentrifft, kann auf der rechten Seite im Bereich ei-

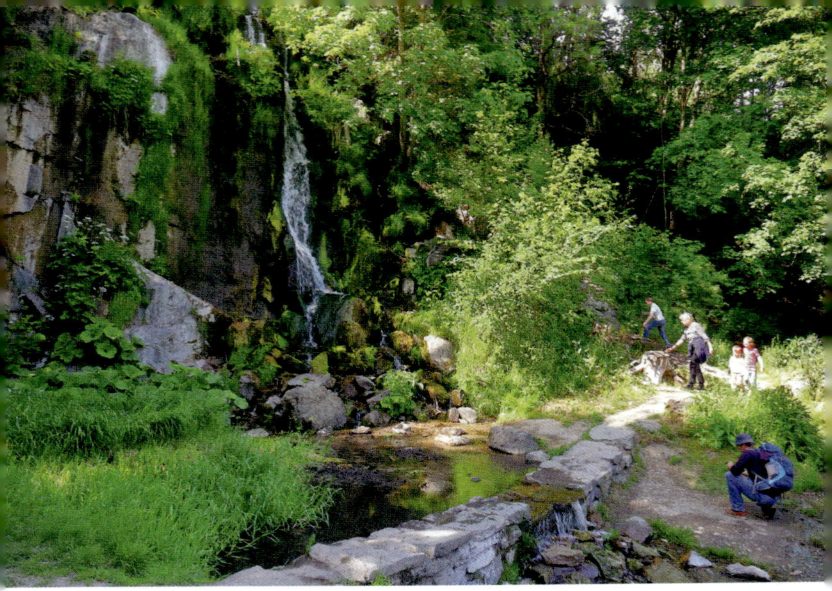

Schönes Schauspiel: der Königshütter Wasserfall.

ner Wiese (mit eindrucksvoller Traubeneiche in der Mitte) der Löwenzahn-Entdeckerpfad erkundet werden.

Ansonsten geht es nun direkt nach **Drei Annen Hohne** ❻, wo wir die *L100* kreuzen und unseren Weg dahinter bei den rechtsseitigen Parkplätzen parallel zur *K1354* fortsetzen. Später wendet sich der Hexen-Stieg mit einem Rechtsknick ins Hirschbachtal, das ins Steinbachtal übergeht, und führt somit sachte hinunter in Richtung Königshütte im Tal der Kalten Bode. Gleich im vorderen Ortsteil Neuehütte passieren wir den **Königshütter Wasserfall** ❼ (mit Rastbänken und Stempelstelle) und laufen zum Schluss noch entlang der Straße bis ins Zentrum von **Königshütte** ❽, gegebenenfalls auch zu unserem individuellen Quartier.

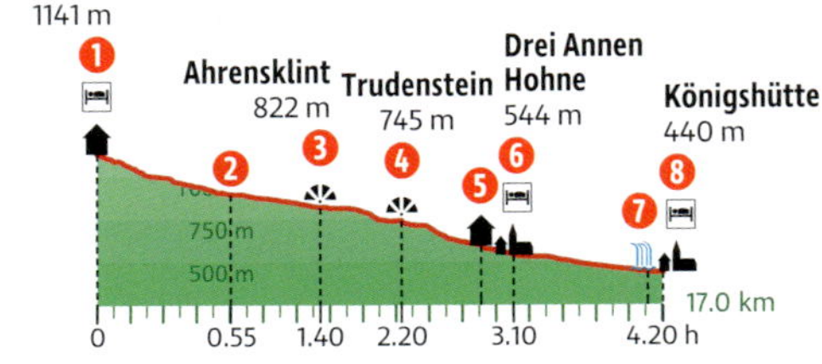

2.30 h	9,5 km
↗ 100 m	↘ 150 m

Königshütte – Rübeland 6

Via Überleitungssperre in den Ort der berühmten Tropfsteinhöhlen

Am südlichen Ortsende von Königshütte, das aus der Fusion von Rothehütte und Königshof hervorging, vereinigen sich nicht nur Kalte und Warme Bode – hier gabelt sich auch der Hexen-Stieg in einen nördlichen und einen südlichen Strang. Ersterer führt über Rübeland und gilt als Hauptroute. Nach einem kurzen Seitensprung zu den Resten der einstigen Königsburg, die wahrscheinlich aus dem 13. Jahrhundert stammt, laufen wir zunächst die sogenannte Überleitungssperre ab, bevor sich der Hexen-Stieg weithin an den gewundenen Verlauf der Bode schmiegt und dabei lediglich den extrem gekrümmten Mäander bei Susenburg abschneidet. Im Höhlenort Rübeland kann Zwischenstation gemacht werden.

Ausgangspunkt: Königshütte, ca. 440 m. Buslinien 264 und 265 von Wernigerode Richtung Schierke bzw. Benneckenstein.
Endpunkt: Rübeland, ca. 385 m, in der Ortsmitte bei der Haltestelle »Tropfsteinhöhlen«. Busverbindungen u. a. nach Wernigerode und Blankenburg.
Anforderungen: Oft breit trassierte Wege, zwischendurch ist ein Stück naturbelassener. Bei geringen Höhendifferenzen nicht besonders anstrengend.
Einkehr: Tannengrund, Ungarisch-Deutsches Restaurant und Café Numero 1 Pension in Rübeland.
Unterkunft: Gasthaus Bodetal, Pension Harzbaude und Numero 1 Pension in Rübeland.
Information: Tourist-Information, Markt 3, 38875 Oberharz am Brocken, OT Elbingerode, Tel. +49 39454 89487, oberharzinfo.de.
Variante: Bis vor einigen Jahren verlief der Hexen-Stieg im Tiefenbachtal rechts aufwärts. Man gewinnt hinter dem Bergbauareal am Tiefenbachskopf an Höhe, folgt einem Grasweg im Bereich der Tiefesitte (Schadholz birgt dort keine Beeinträchtigungen mehr) und hält sich links zum Rübeländer Friedhof. Ganz in der Nähe schließt man zum Hohen Kleef auf und befindet sich damit schon am Beginn der Fortsetzung, welche bei Tour 7 beschrieben ist.
Tipp: In Rübeland gelten Baumannshöhle und Hermannshöhle als Hauptattraktionen. Öffnungszeiten und nähere Infos unter harzer-hoehlen.de.
Stempel: Nr. 41 (Ruine Königsburg), Nr. 42 (Trogfurther Brücke).
Hinweis: Die Gehzeit von Königshütte nach Altenbrak beträgt 7.00 Std., die Distanz 25,6 km.

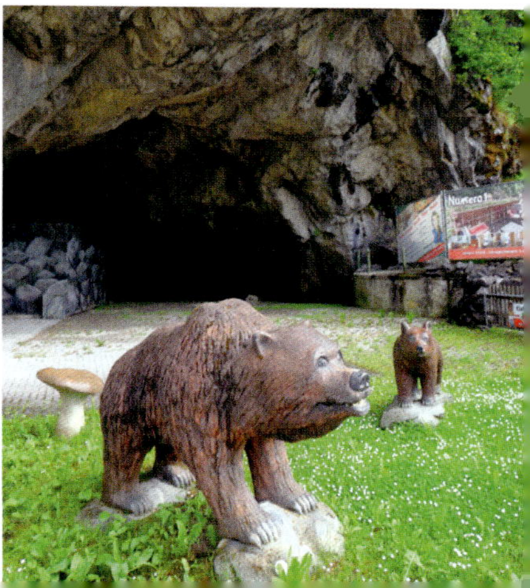

Rübeland gilt als Höhlenort schlechthin.

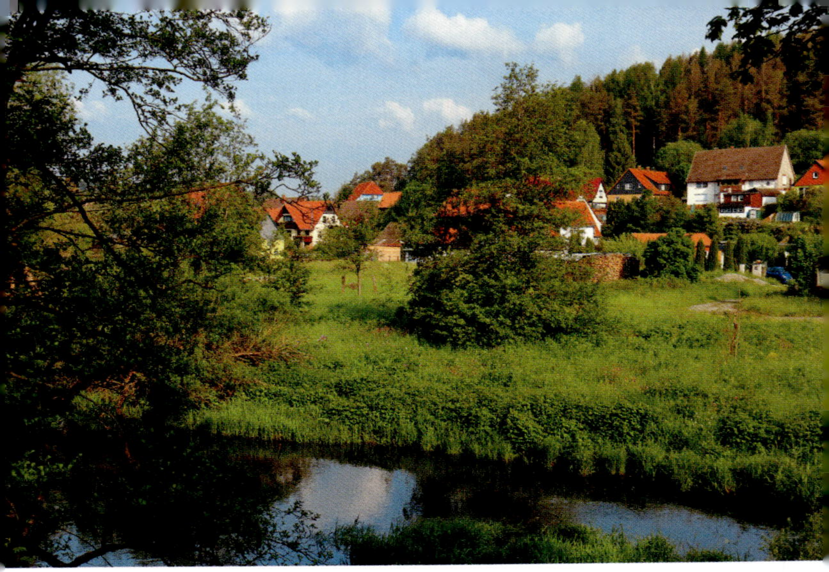

Der Königshütter Ortsteil Königshof an der Bode.

In **Königshütte** ❶ orientieren wir uns am Lauf der Kalten Bode, bleiben bei der Kreuzung zunächst links davon, durchqueren ein Gehölz und kommen an der Pension »Am Felsen« vorbei. Etwa 350 Meter dahinter kreuzen wir das Flüsschen nach rechts in die *Tanner Straße*, gelangen zum südlichen Ortsausgang und überschreiten hier wiederum die Warme Bode nach links. Damit befinden wir uns am sogenannten »Teiler«, wo sich Nord- und Südroute des Hexen-Stiegs trennen.

Auf der Nordroute kann man sich gleich nach links wenden, doch lohnt es, die direkt oberhalb gelegene **Ruine Königsburg** ❷ mitzunehmen. Über

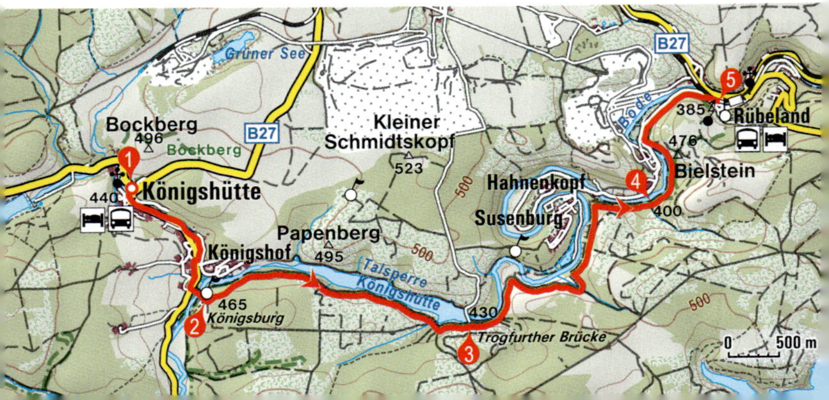

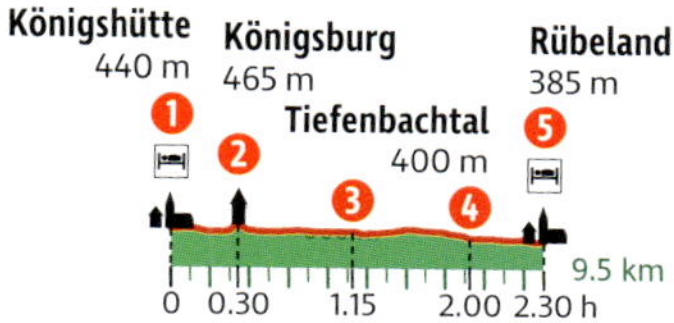

einen Serpentinenpfad ist sie rasch erreicht. Etwas weiter östlich absteigend erhalten wir wieder Anschluss an den Hauptweg, der im Bodetal verbleibt und nun zunächst den schmalen Stausee der Überleitungssperre an seinem Südufer begleitet. Am Ende geht es am Standort der historischen **Trogfurther Brücke** sowie an der heutigen Staubrücke 3 (mit Stempelstelle) vorbei und dann noch eine ganze Weile recht romantisch in Flussnähe dahin. Typisch sind die Mäander. Auf der gegenüberliegenden Seite zeigen sich der Weiler Susenburg sowie das Abbaugebiet der Kalkwerke Rübeland, die sich die geologische Sonderstellung des »Elbingeröder Komplexes« mit seinen devonischen Riffkalken zunutze machen.

Wo das **Tiefenbachtal** 4 einmündet, ist der Hexen-Stieg inzwischen dauerhaft verlegt worden. Man wandert jetzt geradeaus weiter entlang der Bode und auf Hartbelag durch *Märtens-* bzw. *Burgstraße* hinein nach **Rübeland** 5. Um das Zentrum zu erreichen, wird am besten die erste Bodebrücke überschritten.

Blick über den Stausee bis zum Wurmberg im Hintergrund.

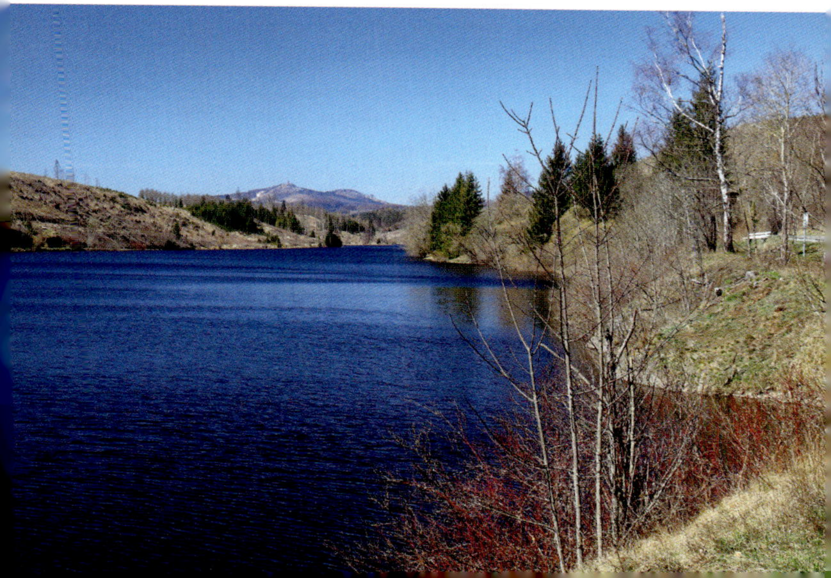

7 Rübeland – Altenbrak

4.30 h | 16,4 km
↗ 270 m | ↘ 360 m

Abschnitt des Bodetals mit dem Wendefurther Stausee

Der Hexen-Stieg orientiert sich auch hinter Rübeland am Verlauf der Bode, nachdem zuvor jedoch mit dem Hohen Kleef ein exzellenter Aussichtspunkt einbezogen wird. Sobald wir das malerische Dörfchen Neuwerk passiert haben, tauchen wir für längere Zeit in urwüchsige Natur ein. Lebhafter wird es wieder an der Talsperre bei Wendefurth, die als unterste Stufe des großen Rappbode-Systems fungiert. Bis zum Zielort Altenbrak sind dann noch drei weitere Schleifen der Bode auszugehen.

Ausgangspunkt: Rübeland, ca. 385 m, im Ortszentrum bei der Haltestelle »Tropfsteinhöhlen«. Busverbindungen u. a. nach Wernigerode und Blankenburg.
Endpunkt: Altenbrak, ca. 300 m, beim Infopunkt am großen Besucherparkplatz im Rolandseck. Buslinie 257 zwischen Blankenburg und Thale.
Anforderungen: Vor allem zwischen Neuwerk und Wendefurth oft vollkommen naturbelassene Wege (etwas Trittsicherheit vorteilhaft), ansonsten auch befestigte Trassen. Vergleichsweise längere Etappe, mehr noch, wenn man Rübeland als Etappenort »überspringt«.
Einkehr: Bodetaler Basecamp Lodge in Neuwerk. Gasthaus Zum Fischer am Wendefurther Stausee (2024 geschlossen), Hotel Zur Bode wenig davon entfernt. Altenbrak (Harzer Jodlermeister, Weißes Roß, Waldhotel, Café Theodor Fontane und Gaststätte Zur Jägerbaude).
Unterkunft: Neuwerk, Wendefurth sowie diverse Hotels und Pensionen im Etappenort Altenbrak.
Information: Bodetal Information Altenbrak, Unterdorf 5, 06502 Thale, OT Altenbrak, Tel. +49 39456 205, bodetal.de.
Variante: Zu Beginn kann der Hohe Kleef ausgelassen werden, indem man in Rübeland einfach in der Talsohle bleibt.
Tipp: Übernachtung auch in Wendefurth möglich, um die finale Etappe nach Thale von hier aus zu starten.
Stempel: Nr. 88 (Hoher Kleef), Nr. 62 (Talsperre Wendefurth).

In **Rübeland** ❶ rasch zurück auf die Hexen-Stieg-Route und via *Burgstraße* ansteigend zum Schützenplatz. Direkt nebenan erhebt sich die **Ruine Birkenfeld**, die ein wenig erkundet werden sollte. Ein kleiner Waldpfad windet sich anschließend weiter zum **Hohen Kleef** ❷ hinauf. Vom kleinen

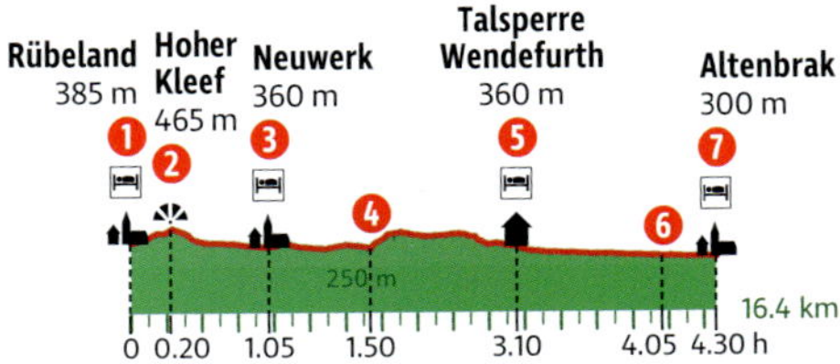

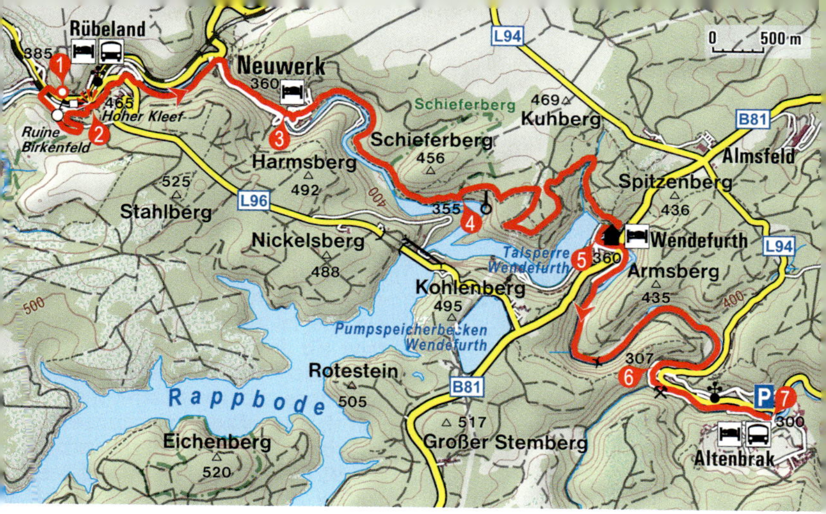

Üppiger Lupinenbestand.

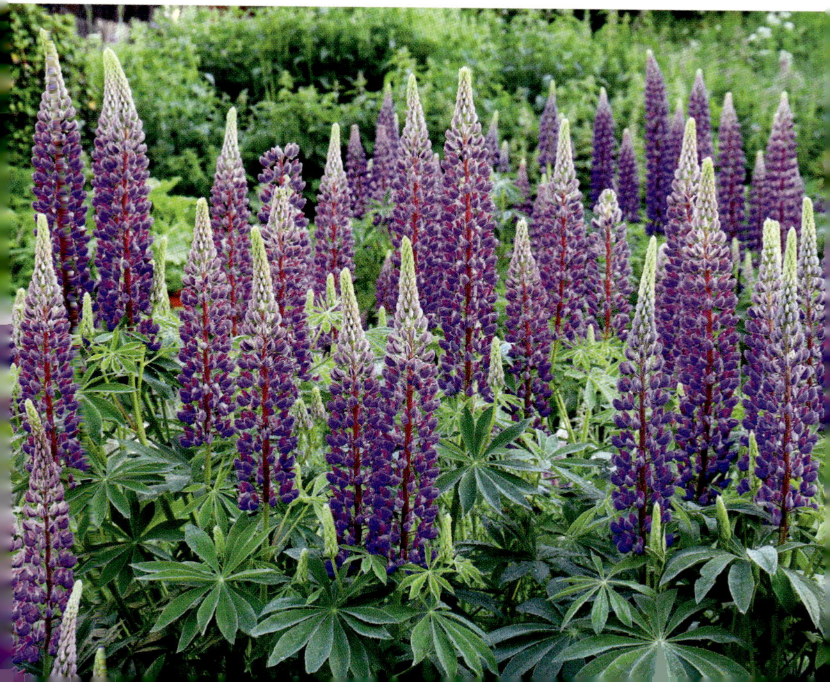

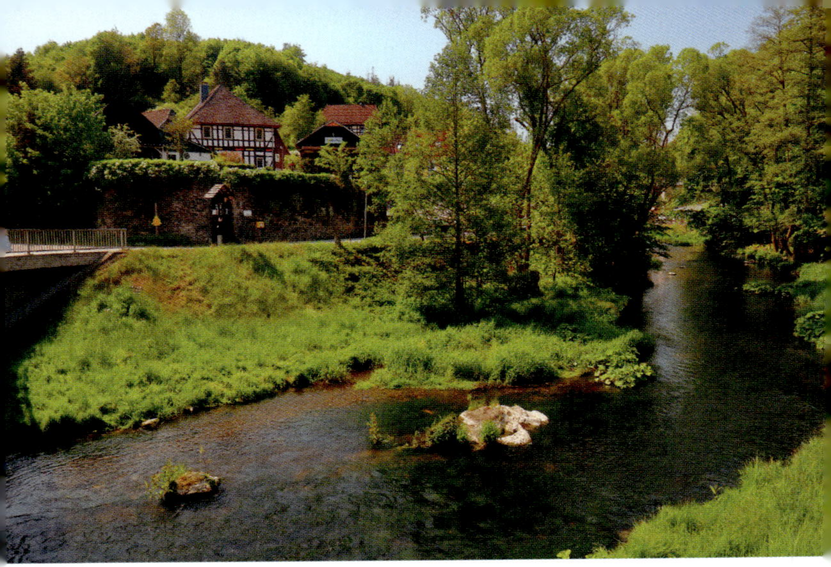

Neuwerk zählt zu den schönsten Ortschaften im Bodetal.

Am Wendefurther Stausee wird man gern etwas verweilen.

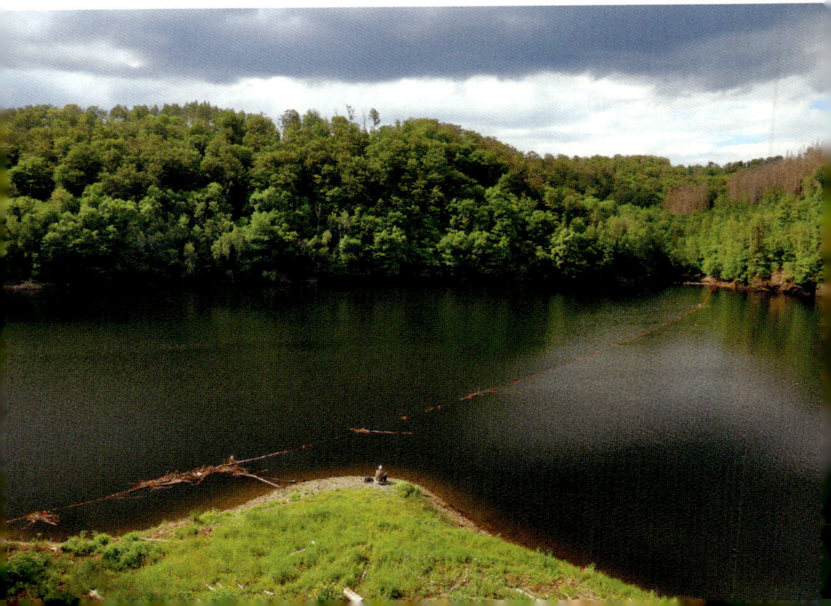

Pavillon aus erhascht man einen prächtigen Tiefblick auf Rübeland, außerdem kann ein Stempel ins Heft gedrückt werden.

Auf steilem Waldpfad begeben wir uns in den östlichen Ortsteil hinunter, kreuzen die *Blankenburger Straße (L96)* und gelangen via *Bergfeld* zum *Philosophenweg*, womit wir wieder am Bodeufer angekommen sind. Nächstes Ziel ist jetzt die kleine Siedlung **Kreuztal**, die vom höchsten Viadukt im Harz überspannt wird. Auch die ehemalige Achsenschmiede befindet sich hier (Schauwasserkraftwerk). Dahinter entlang bzw. parallel zur Straße ins pittoreske **Neuwerk** 3, wo wir die Seite wechseln. Der *Güldenwinkel* leitet direkt in einen Pfad über, welcher jetzt für einige Zeit ein sehr ursprüngliches Wandervergnügen verspricht.

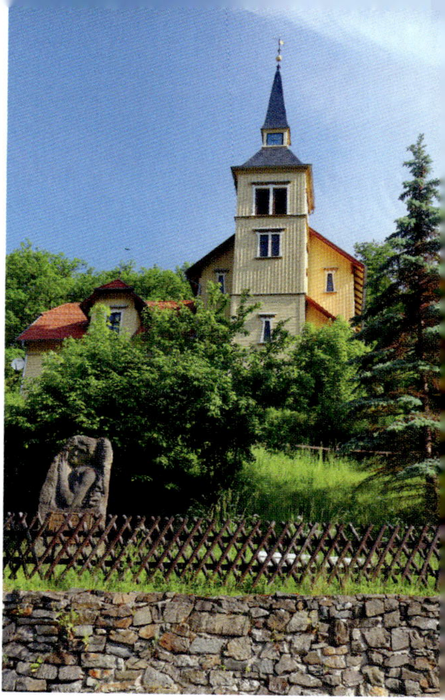

Die Kirche von Altenbrak, Zielort der vorletzten Etappe.

Im Prinzip folgt man nach wie vor dem Lauf der Bode, doch sind auch einige kurze Auf- und Abstiege eingelagert. Bei feuchter Witterung kann die Trasse stellenweise etwas aufgeweicht bzw. rutschig sein. Bald nach Beginn des Wendefurther Stausees löst sich der Hexen-Stieg vom Ufer 4 und zieht recht kräftig in die Höhe. Bei einer T-Kreuzung unter einer Stromleitung rechts, anschließend ein Stück weit im Bogen am talseitigen Hang entlang und zu einer Forststraße, die allmählich abwärtsführt. Dann gilt es, auf den Abzweig eines schmalen, verschlungenen Pfades zu achten – die Verbindung zu einem tieferen Forstweg, der uns schließlich zu einem Rastplatz mit Stempelbox und mit einer Kehre zur **Wendefurther Talsperre** 5 bringt.

Auf der anderen Seite geht es hinab zur *B81*, die gekreuzt wird, und ab Wendefurth nun wieder unmittelbar an der Bode entlang. Mit einigen weit ausholenden Schleifen des Flusses bleibt dies bis zum Etappenziel der Fall. Nahe einer Forellenzucht 6 nehmen wir auch die Hexen-Stieg-Südroute (siehe Touren 12/13) auf und vollenden diese Etappe hinein nach **Altenbrak**. Je nach individuellem Endpunkt nutzt man die erste, befahrbare Brücke oder die Fußgängerbrücke beim Spielplatz – oder bleibt gleich südlich der Bode, wo sich hinter dem großen Parkplatz der Wandertreffpunkt 7 befindet.

8 Altenbrak – Thale

4.00 h | 13,1 km
↗200 m | ↘320 m

Das Finale durch die wilde Bodeschlucht

Mit einer wahrhaft beeindruckenden Etappe findet der Harzer-Hexen-Stieg einen würdigen Abschluss in Richtung Thale. Er verbleibt unmittelbar im Bodetal, das sich zwischen Altenbrak und Treseburg zunächst noch in gewohnter Manier präsentiert, zum Nordrand des Harzes dann aber als gewaltige Schlucht eine beinahe alpine Anmutung annimmt. Beidseits schießen die Steilhänge in die Höhe, durchsetzt von Granitfelsen, die zu den schroffsten Strukturen überhaupt in diesem Gebirge zählen. Und tatsächlich gilt dieser »Canyon« als tiefstes Felsental nördlich der Alpen. Es wurde 1937 unter Naturschutz gestellt, nachdem Anfang des 20. Jahrhunderts schon Pläne für ein Stauwerksprojekt kursierten. Was wäre damit verloren gegangen! Mit ihren zahlreichen Biegungen ist die Wanderung durch die wildromantische Bodeschlucht ausgesprochen spannend und nicht umsonst ein Klassiker. Naturkundlich Interessierte finden entlang des Weges von Treseburg nach Thale in Abwärtszählung 21 Lehrtafeln, die vor allem über geologische Aspekte Auskunft geben.

Ausgangspunkt: Altenbrak, ca. 300 m, beim Infopunkt am großen Besucherparkplatz im Rolandseck. Buslinie 257 zwischen Blankenburg und Thale.
Endpunkt: Thale, 180 m. Offizieller Endpunkt beim Wandertreff gegenüber dem Bahnhof. Zugverbindung mit Magdeburg über Quedlinburg, zudem diverse Buslinien in die Umgebung.
Anforderungen: Überwiegend naturbelassene Wege und Steige, die streckenweise am Steilhang verlaufen (Steinschlaggefahr beachten). Oft felsdurchsetzter Untergrund, aber angesichts der

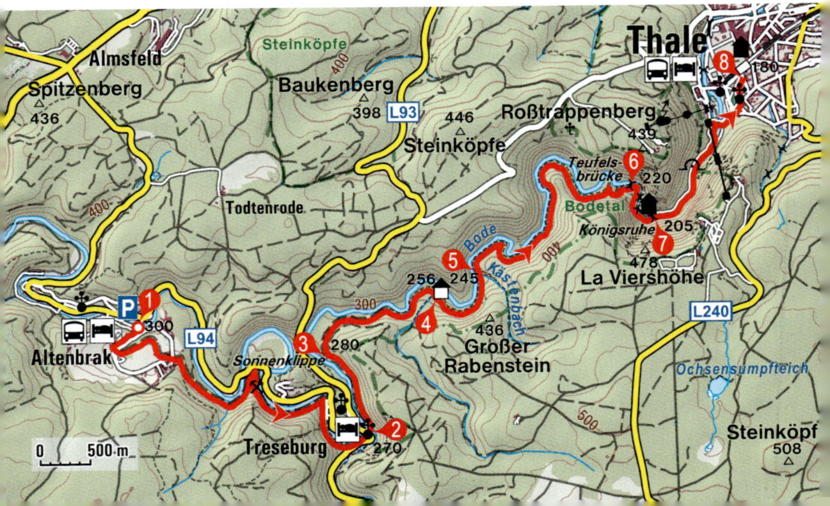

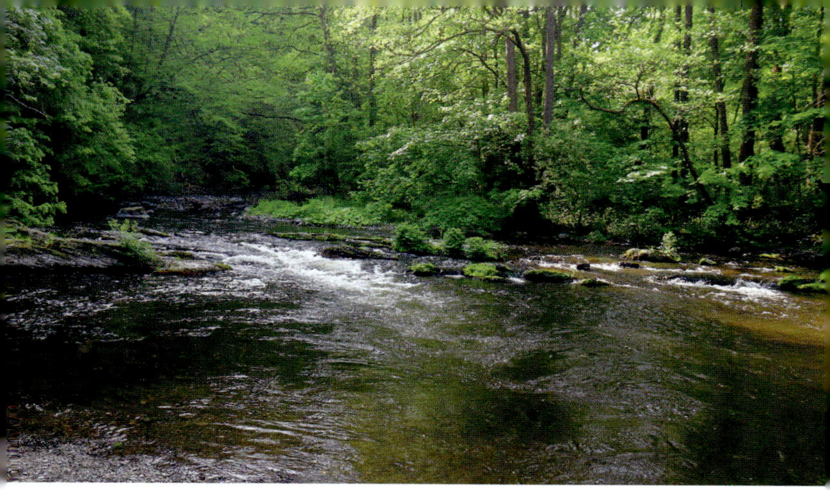

Der Bodefluss unweit von Treseburg.

wilden Umgebung doch gut trassiert, hin und wieder auch mit Geländern abgesichert. Grundlegende Trittsicherheit vorteilhaft, konditioneller Anspruch vergleichsweise moderat.
Einkehr: Hotel Bodeblick, Hotel-Restaurant Zur Luppbode, Hotel Forelle, Pension Sternschnuppe, Bergcafé Mendorf (alle in Treseburg). Gasthaus Königsruhe und diverse Angebote in Thale.
Unterkunft: Mehrere Hotels und Pensionen in Treseburg und Thale.
Information: Bodetal Information Thale, Bahnhofstraße 1, 06502 Thale, Tel. +49 3947 776800, bodetal.de
Hinweis: In den Wintermonaten (November–März) ist die Bodeschlucht üblicherweise nicht zugänglich, dann kommt ab Treseburg die »Winterumgehung« in Betracht (siehe Tour 15).
Tipp: Hüttenmuseum in Thale, geöffnet 10–17 Uhr.
Stempel: Nr. 69 (Sonnenklippe), Nr. 178 (Gasthaus Königsruhe, Hirschgrund).

In **Altenbrak** ❶ geht es vom Info- und Wandertreffpunkt (hierher aus dem Ortsbereich wahlweise über die Fußgänger- oder die Autobrücke auf die Südseite der Bode) im *Rolandseck* ein Stück weit aufwärts, bevor man vor dem Bergschwimmbad links abdreht und zum Ferienhausareal bei der Jägerbaude kommt. Dahinter schmiegt sich der Hexen-Stieg mit einem Gefälle allmählich wieder dem Fluss an. Die markante Schleife am Mittelkopf, unterhalb der Falkenklippe, wird mittels Kurzbogen ausgegangen. Nach der folgenden Schleife nähern wir uns bereits dem romantischen Dorf Treseburg. Falls der Originalweg hier wie zuletzt auf einem klei-

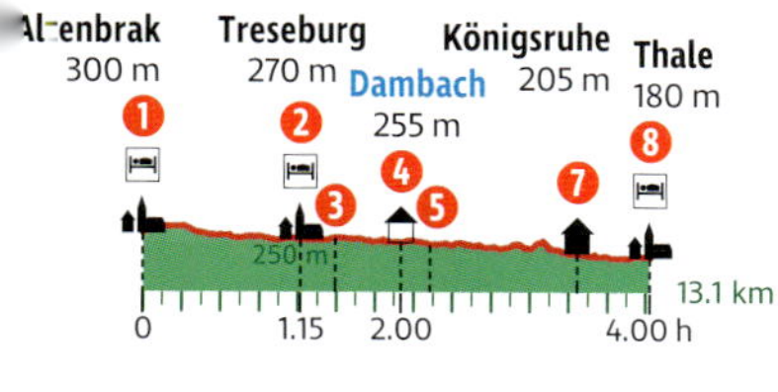

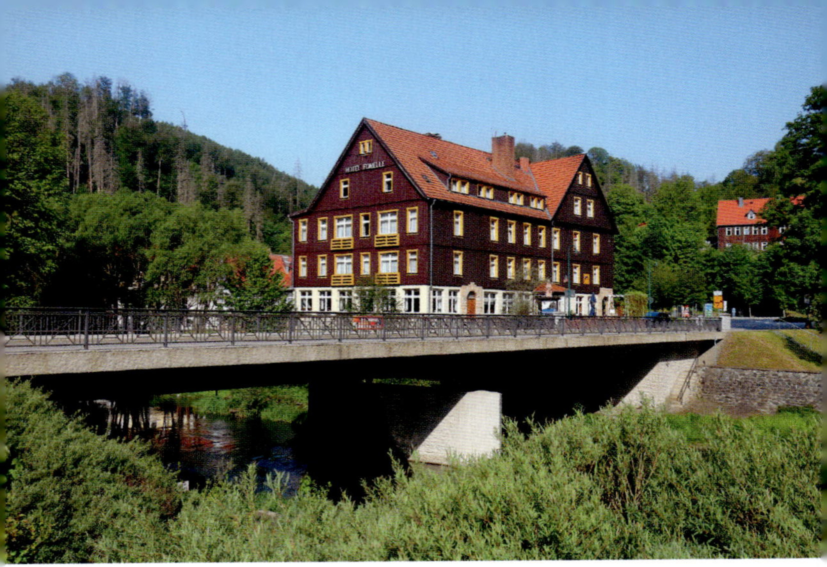

Treseburg mit dem Hotel Forelle.

nen Abschnitt gesperrt ist, weiche man via Fußgängerbrücke auf die *Ortsstraße* aus. Bei der Kirche in **Treseburg** ❷, an der Mündung der Luppbode, geht es unmittelbar weiter, nun gen Norden in Richtung **Sonnenklippe** ❸. Die Windungen des Bodelaufs zwingen unserer Route ihren Schlängelkurs auf – spätestens jetzt ist ein Verhauer praktisch ausgeschlossen.

Beim **Dambach** ❹ passieren wir eine Unterstandshütte, etwas später mündet auch der **Kästenbach** ❺ in die Bode. Gegenüber bauen sich nun die Gewitterklippen auf, während wir noch für längere Zeit auf der orografisch rechten Seite bleiben. Am **Langen Hals** formt die Geländestruktur wieder einen kräftigen Bogen aus. In Richtung Bodekessel, dem wohl wildesten Abschnitt überhaupt, muss unser Weg dann vorübergehend deutlich in die Höhe ausweichen. Anschließend wechseln wir über die legendäre **Teufelsbrücke** ❻ die Seite und passieren den Abzweig zur Schurre, bevor am Fuße des Roßtrappenfelsens das **Gasthaus Königsruhe** ❼ – übrigens einer der ältesten Biergärten Deutschlands – zur Rast einlädt.

Dahinter wird der Weg vergleichsweise gemütlicher. Gleichwohl bleibt die Bode zunächst von Steilhängen noch eng eingefasst – unter anderem liegt der Goethefelsen zum Greifen nah. Man lässt die Katerbrücke hinter sich und wandert schlussendlich in Richtung **Thale** hinaus. Dort an den Talstationen der Seilbahnen vorbei, beim Hochseilgarten über die Brücke und durch den Park mit der fotogenen Petrikirche zum offiziellen Endpunkt des Hexen-Stiegs nahe dem Bahnhof ❽.

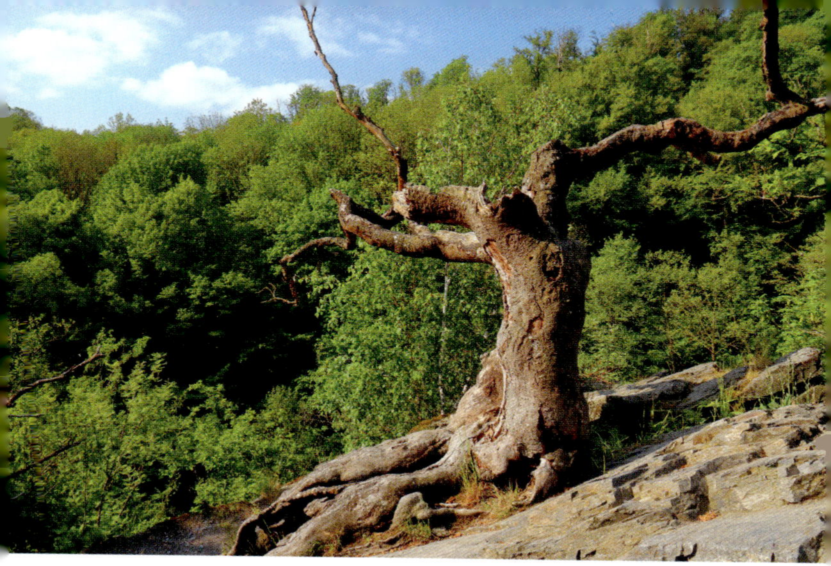

Es nagt der Zahn der Zeit: knorriger Baum bei der Sonnenklippe.

Man wähnt sich beinahe in einem Hochgebirge.

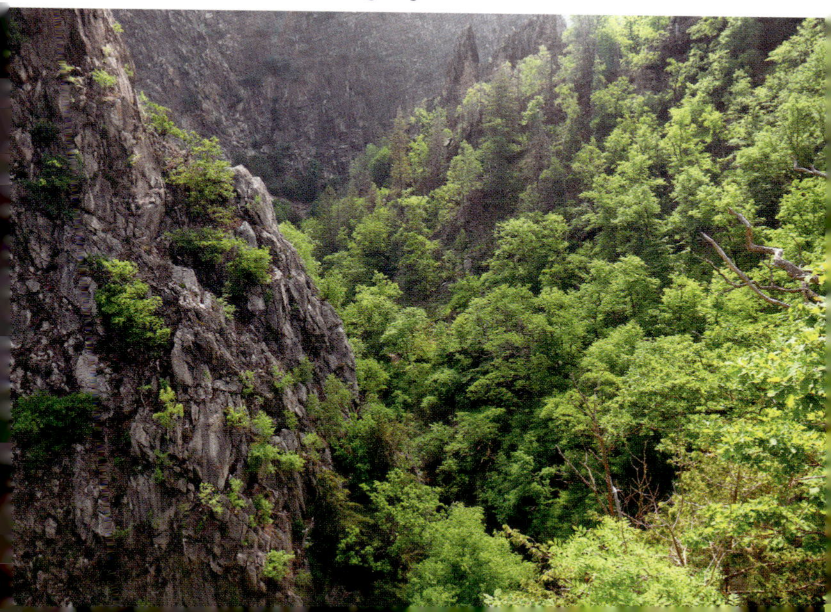

9 Torfhaus – St. Andreasberg

3.40 h	13,5 km
↗100 m	↘270 m

Über Oderteich und Rehberger Graben

Der Brocken mag in vielerlei Hinsicht das Nonplusultra im Harz bedeuten, doch kann es gute Gründe geben, diesem touristischen Hotspot im Zuge des Hexen-Stiegs auszuweichen. Deshalb zählt auch die sogenannte »Brockenumgehung« zum offiziellen Repertoire, mit ebenso zuverlässiger Markierung wie auf der Hauptroute. Sie führt uns von Torfhaus zunächst südwärts, folgt dem Märchenweg zum idyllischen Oderteich mit seiner Granitblockstaumauer und anschließend dem Rehberger Graben in Richtung Sankt Andreasberg. Diese Anlagen stammen aus einer Zeit, als der Bergbau um Sankt Andreasberg so richtig florierte und erfolgreich versucht wurde, aus dem Einzugsbereich der Oder den Stollen stetiges Aufschlagwasser zuzuleiten. Der Oderteich war lange Zeit der größte seiner Art in Deutschland und der aufwendig aus dem Berghang gehauene Rehberger Graben gewährleistet seine Funktion im Prinzip noch heute – zumindest für einige Kleinkraftwerke. Beide Elemente gehören im Rahmen des Oberharzer Wasserregals zum Weltkulturerbe der UNESCO.

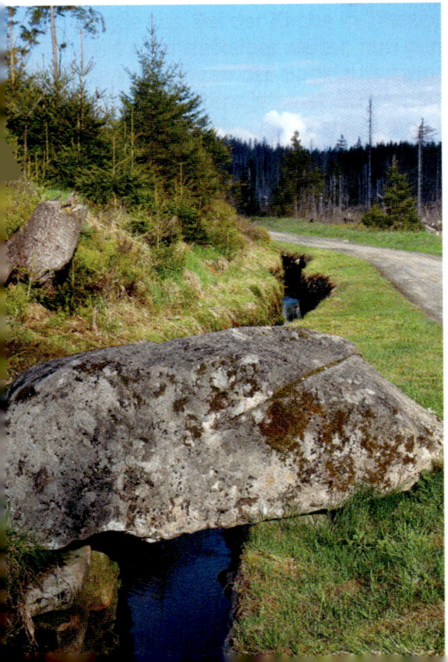

Es gibt viele solcher Decksteine am Rehberger Graben.

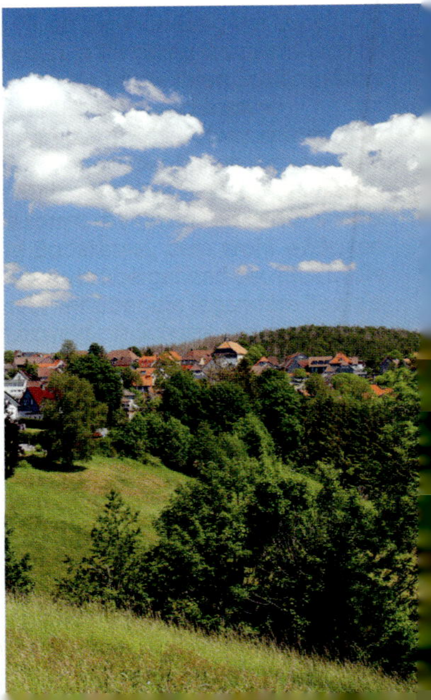

In und um Sankt Andreasberg wurde über Jahrhunderte Bergbau betrieben.

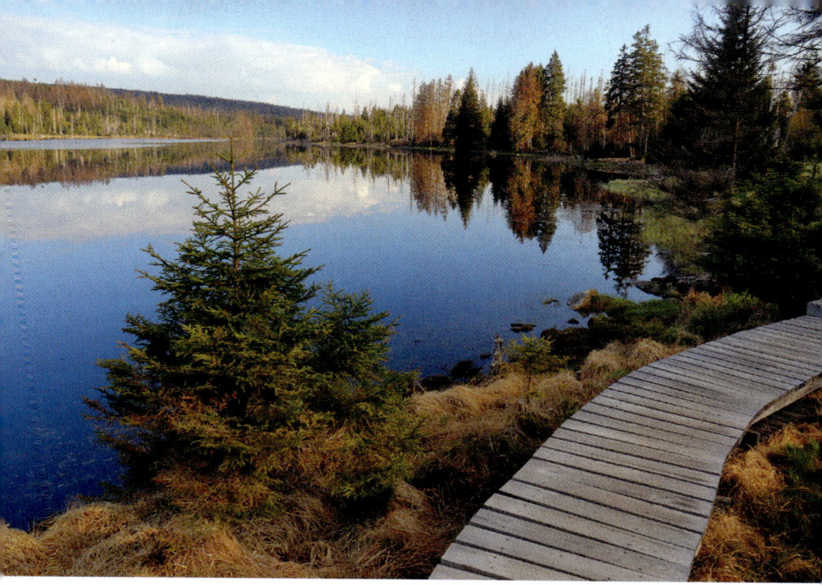

Eine Hexen-Stieg-Variante führt am malerischen Oderteich vorbei.

Ausgangspunkt: Torfhaus, ca. 800 m, Höhensiedlung an der B4 zwischen Bad Harzburg und Braunlage (Buslinie 820). Kostenpflichtige Großparkplätze.
Endpunkt: St. Andreasberg, beim Kurhaus, ca. 630 m. Es besteht ebenfalls Busverbindung nach Braunlage sowie nach Bad Lauterberg/Herzberg.
Anforderungen: Im ersten Teil bis zum Oderteich eher schmale, naturbelassene Trassen, speziell am Märchenweg muss zuweilen auch mit matschigen Verhältnissen gerechnet werden. Ab der B242 durchwegs breite, befestigte Wege. Moderate Höhenunterschiede und damit nicht sehr anstrengend.
Einkehr: Rehberger Grabenhaus (geöffnet 9.30–18 Uhr, außer Mo). Etliche Restaurants in St. Andreasberg.
Unterkunft: Zahlreiche Hotels und Pensionen in St. Andreasberg.
Information: Tourist-Information, Am Kurpark 9, 37444 Sankt Andreasberg, Tel. +49 5582 8033, sanktandreasberg.de.
Stempel: Nr. 217 (Sonnenkappe Oderteich), Nr. 155 (Rehberger Grabenhaus).
Hinweis: Die Gehzeit von Altenau (Tour 3) nach St. Andreasberg beträgt 6.45 Std. bei rund 24 km. Von Torfhaus bis Braunlage benötigt man gut 6 Std. (22 km).

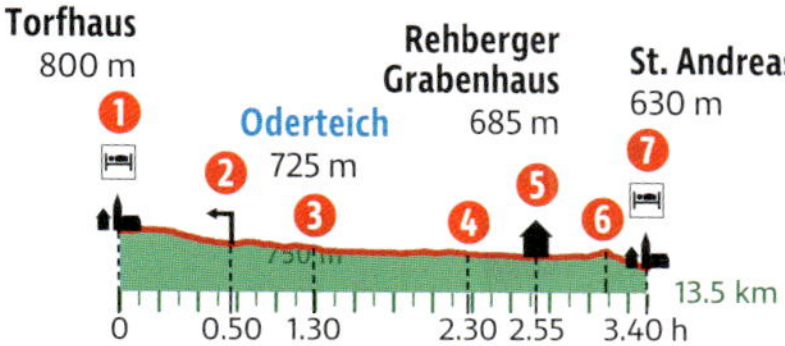

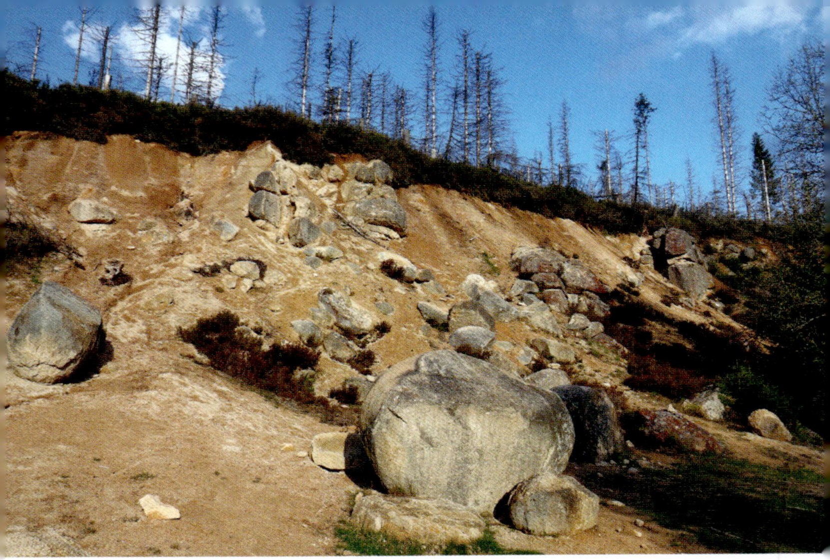

Wollsackverwitterte Granitblöcke erodieren aus dem Hang.

Wenn wir uns von **Torfhaus** ❶ gen Süden wenden, nutzen wir zunächst den Fußweg auf der linken Seite der *B4*, kreuzen den Beginn des *Goetheweges* und kurz danach beim Abbegraben die Bundesstraße, womit wir uns auf dem Märchenweg (Nr. 12C) befinden. Insgesamt leicht abwärts schlängelt sich dieser schmale Naturpfad durch das Hochmoorgebiet der Schwarzen Tannen, je nach aktuellen Verhältnissen genussvoll oder auch mal mit unlustigem Slalom zwischen Schlammlöchern zu begehen.

Wir nähern uns dem Bachlauf »Rotenbeek«, der mehrmals überschritten wird – zum letzten Mal bei der Stempelstelle **»Sonnenkappe«** ❷ –, bevor er in den Oderteich mündet. Bald darauf nehmen wir einen Zugang von Oderbrück auf und kreuzen den Quellbach der Oder. Auf schön hergerichtetem Pfad rücken wir allmählich näher ans Ufer heran und kommen in sumpfigen Bereichen über solide Bohlen voran. Ein leicht wurzeldurchsetzter Abschnitt leitet schließlich zum Damm des **Oderteichs** ❸ unmittelbar an der *B242*. Ein paar Schritte nach rechts ver-

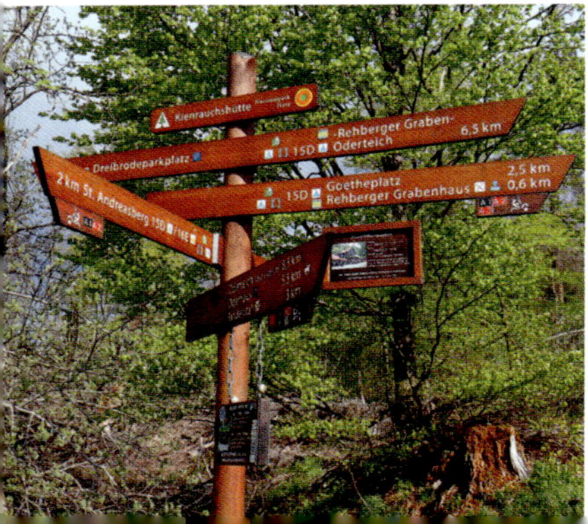

Hölzerner Wegweiser im Nationalpark.

setzt (bei der Infotafel) schlagen wir die leicht fallende Forststraße südwärts ein und stoßen in Kürze auf den **Rehberger Graben**, der uns nun über weite Strecken begleitet. Der Weg selbst ist derweil denkbar unkompliziert und weist quer durch die Hänge über dem oberen Odertal praktisch keine Höhenunterschiede auf. Zwischendurch passieren wir die Sarghaihütte (Unterstand) und nach rund einer Stunde ab Oderteich – am Fuße der Hohen Klippen – den **Goetheplatz** ❹, wo der berühmte Dichter naturwissenschaftlichen Studien nachging und eine Kontaktzone von Granit und Hornfels entdeckte (diese allerdings als sedimentären Ursprungs missinterpretierte, denn tatsächlich handelt es sich hier um die Phänomene der Intrusion und Kontaktmetamorphose).

Später schwenkt die Route in die Südflanke des Rehberges ein, eröffnet auch mal eine reizvolle Fernschau und steuert das **Rehberger Grabenhaus** ❺ an (Stempelbox). Rund zehn Gehminuten dahinter kommt man zur Einmündung des Sonnenberger Grabens in den Rehburger Graben und setzt den Weg mit einem Linksknick fort. Nach zwei Kurven mit horizontalem Verlauf bringt uns eine kurze knackige Steigung auf die **Jordanshöhe** ❻, wo der Hexen-Stieg nun links abbiegt. Falls wir allerdings in **St. Andreasberg** ❼ die Etappe beenden wollen, folgt man einfach geradeaus der Straße *Am Gesehr* hinab in die Bergstadt und orientiert sich zum Kurpark, zur nächsten Bushaltestelle »Schützenhaus« oder zum individuellen Quartier.

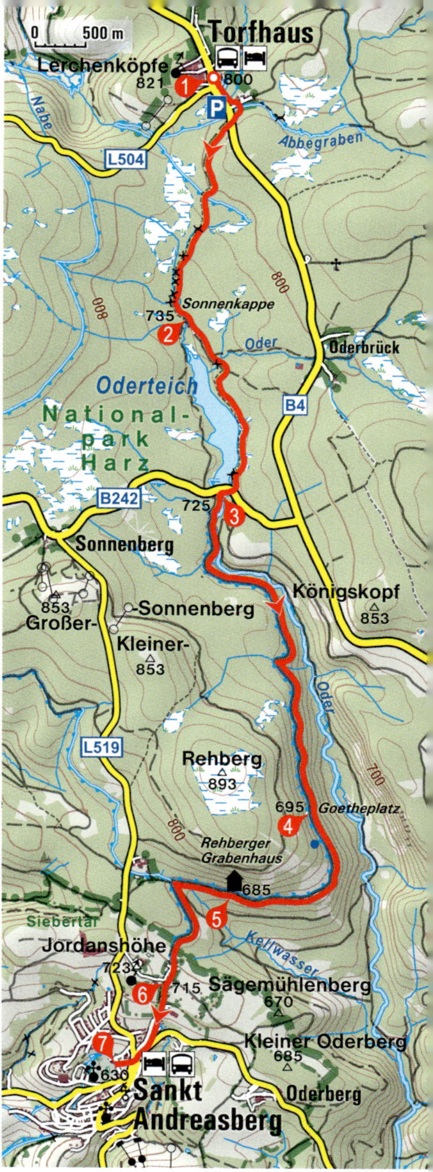

10 St. Andreasberg – Braunlage

3.00 h	10,6 km
↗ 280 m	↘ 340 m

Die Querung des Odertals

Zwischen Sankt Andreasberg und Braunlage legt sich der markante Trog des Odertals quer zu unserer Route, was uns einen merklichen Zwischenabstieg und Wiederaufstieg aufbürdet, andererseits aber auch einige interessante, reliefbedingte Eindrücke beschert. Die eiszeitliche Vergletscherung des Hochharzes hat hier deutliche Spuren hinterlassen. Nahe dem tiefsten Punkt der Brockenumgehung empfängt uns die beliebte Einkehrstation namens Rinderstall, die aus einem Basislager der Sankt Andreasberger Hirten entstanden ist. Noch lauschiger geht es auf diesem Abschnitt wahrscheinlich nur noch am Silberteich zu, ehe man sich dem quirligen Flair Braunlages nähert. Hier hat eher wieder der Massentourismus eine Heimstatt. Braunlage besitzt etliche sehenswerte Bauwerke, vor allem ist aber der vielfältige Kurpark zu nennen.

Ausgangspunkt: St. Andreasberg (Kurhaus), ca. 630 m. Busverbindungen nach Bad Lauterberg/Herzberg und Braunlage/Bad Harzburg.
Endpunkt: Braunlage (Wurmbergbahn mit Großparkplatz), ca. 570 m. Etliche Bushaltestellen im Stadtgebiet, der ZOB liegt recht weit südlich.
Anforderungen: Überwiegend komfortabel ausgebaute Wege, nur vor und hinter der Waldgaststätte Rinderstall auch mal Passagen auf steileren Pfaden. Die Gegensteigung aus dem Odertal zieht sich etwas, davon abgesehen aber nicht sehr anstrengend.
Einkehr: Waldgaststätte Rinderstall (täglich geöffnet, am Wochenende aber nur im SB-Bereich). Zahlreiche Möglichkeiten in Braunlage.
Unterkunft: Viele Hotels und Pensionen in Braunlage.
Information: Tourismus Information, Elbingeröder Straße 17, 38700 Braunlage, Tel. +49 5520 93070, braunlage.de.
Stempel: Nr. 123 (Rinderstall), Nr. 148 (Silberteich).

Szenerie beim Gasthaus Rinderstall im Odertal, das auch von Mountainbikern gern angesteuert wird.

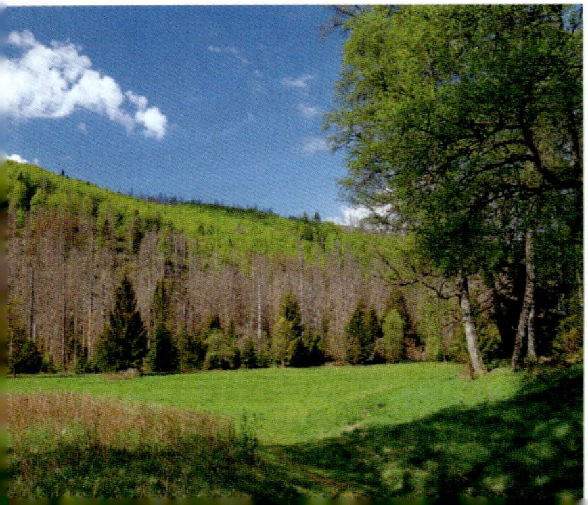

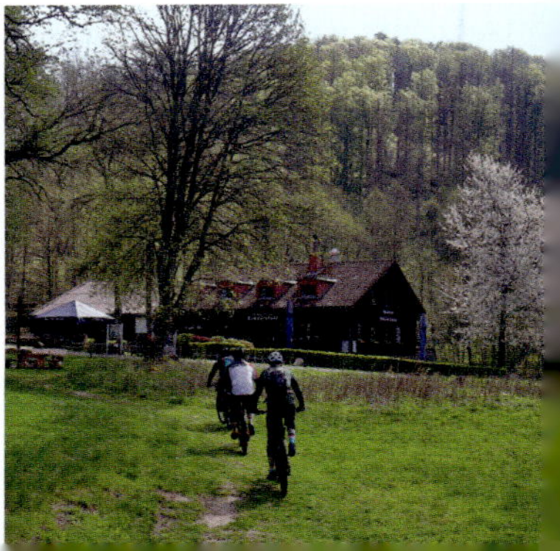

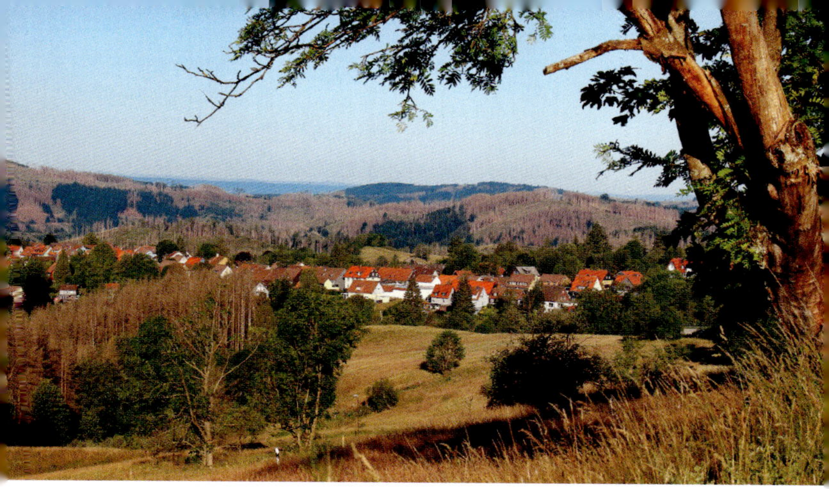

Sankt Andreasberg schmiegt sich in die Geländewellen des Oberharzes.

Um Anschluss an die Hexen-Stieg-Route der Brockenumgehung zu gewinnen, steigen wir von **St. Andreasberg** ❶ via *Am Gesehr* zur **Jordanshöhe** ❷ auf und biegen dort rechts ab. Ein Stück weit geht es nun mit schönen Fernblicken durch die offene Wiesenlandschaft der Umgebung. Einen Kilometer nach der Jordanshöhe wenden wir uns beim Hochbehälter nach links und damit auf die Seite des Odertals, wohin jetzt rund 200 Höhenmeter eingebüßt werden (Nr. 28C). Die Route vollzieht eine Doppelschleife und leitet zuletzt als holpriger Naturweg bis in die Talsohle. Wir kreuzen die Oder, folgen der nicht öffentlichen Odertalstraße talauswärts und kürzen dann linker Hand über die Wiese zur Waldgaststätte **Rinderstall** ❸ ab. Auch einen Stempel für die Wandernadel gibt es dort.

Jenseits eines kleinen Seitenbachs aus dem Drecktal verschafft uns ein Steig im Gehölz eine Abkürzung zur breiten Forststraße, die von unten heraufkommt. Damit wird eine längere Gegensteigung eingeleitet, die uns mit zwei Bögen zu einer Gabelung bringt. Während links die Hammersteinklippen und Königskrug ausgewiesen sind, setzen wir unseren Weg nach rechts

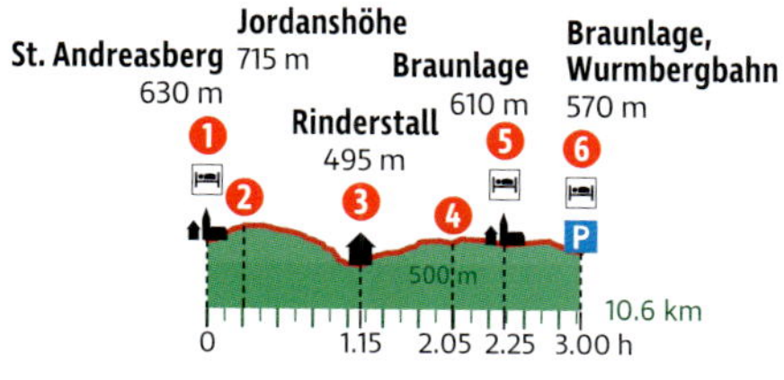

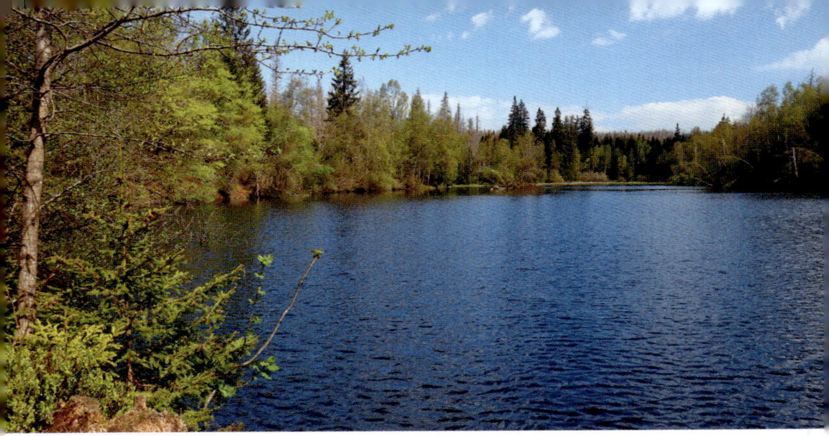

Der Silberteich gilt als besonderes Kleinod im Umkreis von Braunlage.

fort und überwinden eine Geländeschwelle hinüber zum malerischen **Silberteich** ❹, der südlich tangiert wird. Die zugehörige Stempelstelle finden wir wenige Meter oberhalb an der Forststraße. Diese wird ebenso nur gekreuzt wie etwas höher eine weitere, die zu dem in Nord-Süd-Richtung verlaufenden Kaiserweg gehört.
Gen Osten schreiten wir unter der *B4* hindurch und kommen nach wie vor mit Nr. 28C zur *Von-Langen-Straße* in **Braunlage** voran ❺. Wer möchte, kann nun binnen 10 Minuten ins Zentrum absteigen. Der Hexen-Stieg biegt allerdings vor den Sportanlagen links ab, quert nordwärts das seichte Schultal und hält sich dann wieder rechts zu einem Wiesenhang mit etlichen Aussichtsbänken (»Skiwiese«). Beim Café Panorama geht es in der Straße *Unter den Buchen* weiter. Mit einem Bogen hinab zur *Harzburger Straße* (hier Bushaltestelle »Jermerstein«), gleich darauf über die Warme Bode hinweg und schließlich zur Wurmbergbahn in **Braunlage** ❻.

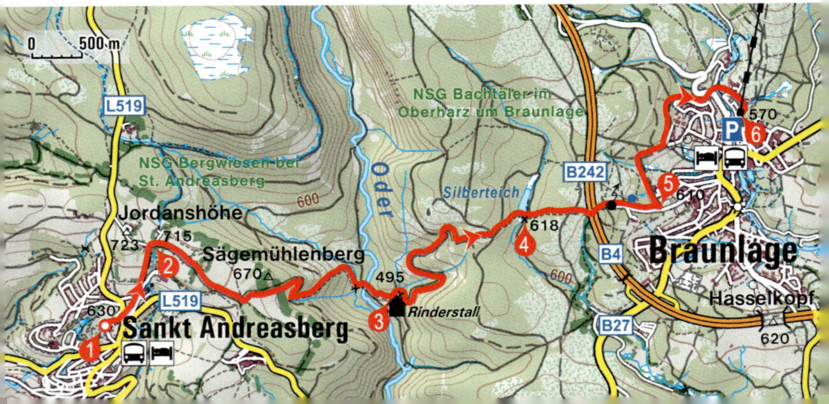

3.40 h	14,1 km
↗ 120 m	↘ 250 m

Braunlage – Königshütte

Letzter Abschnitt der Brockenumgehung über Elend

Man muss es klar und ehrlich sagen: Diese Strecke gehört nicht unbedingt zu den schönsten, denn sie leidet doch sehr stark unter dem Problem der Entwaldung, die im zentralen Harz drastisch um sich gegriffen hat. Zudem bewegt man sich zeitweise in spürbarer Nähe zur viel befahrenen B27. Immerhin wird ab Elend – wo übrigens die kleinste Holzkirche Deutschlands eine Sehenswürdigkeit darstellt – vorübergehend auf die andere Seite der Kalten Bode ausgewichen. Man sollte vielleicht sogar länger dabei bleiben und die erwähnte Variante im Bereich der Talsperre Mandelholz beherzigen. Ganz zuletzt stößt man wieder auf die Brockenroute des Hexen-Stiegs und freut sich über den Königshütter Wasserfall.

Ausgangspunkt: Wurmbergbahn in Braunlage, ca. 570 m. Kostenpflichtige Großparkplätze; nächste Bushaltestelle »Eisstadion« (Linie 820 von Bad Harzburg).
Endpunkt: Königshütte, ca. 440 m. Bushaltestellen »Neue Hütte« und »Alte Brockenstraße« (nördlich der Kreuzung von Wernigerode in Richtung Schierke, Linie 264) sowie »Friedenstraße« und »Tanner Straße« (südlich in Richtung Benneckenstein, Linie 265).
Anforderungen: Teils befestigte Forstwege, teils unbefestigte Pfade in großflächig entwaldeten Bereichen. Nur geringe Höhenunterschiede, bis Königshütte durchschnittliche Marschdistanz.
Einkehr: Kukki's Erbsensuppe an der B27. Hotel Waldmühle in Elend. Hotel Grüne Tanne in Mandelholz.

Der Stausee bei Mandelholz können wir auch südseitig passieren.

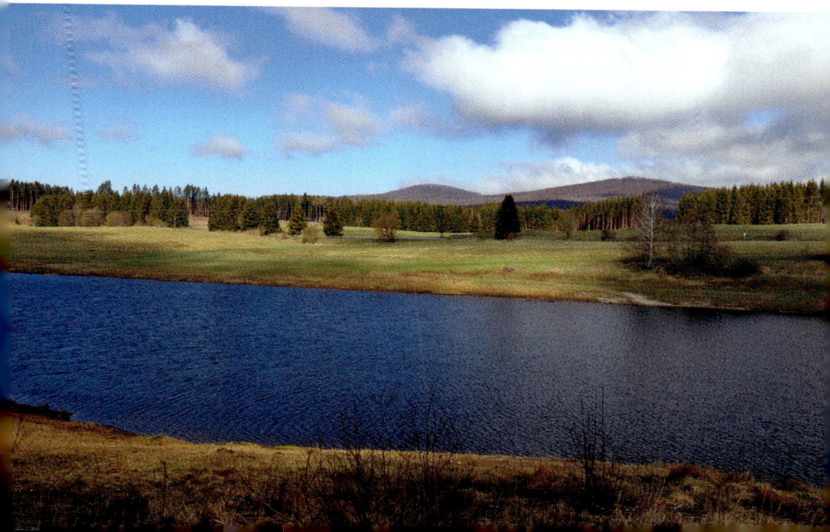

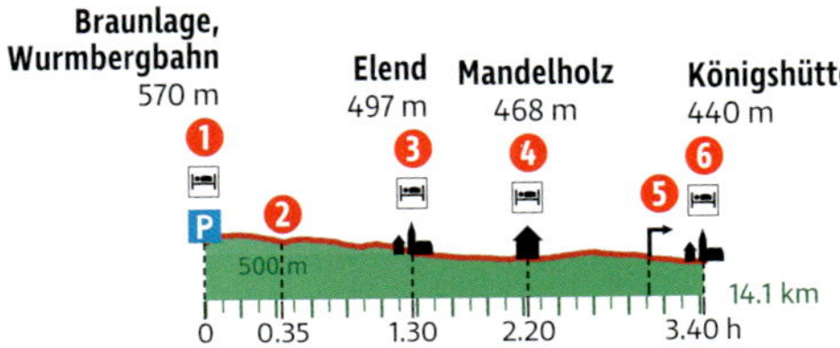

Unterkunft: Waldmühle und Pension Bodetal in Elend. Hotel Grüne Tanne (Mandelholz). Pensionen Am Felsen und Königshof in Königshütte.
Information: Tourist-Information Elend, Hauptstraße 19, 38875 Oberharz am Brocken, OT Elend, Tel. +49 39455 375. Tourist-Information, Markt 3, 38875 Oberharz am Brocken, OT Elbingerode, Tel. +49 39454 89487, oberharzinfo.de.
Variante: Schöner und sogar etwas kürzer ist es, nicht über die Kalte Bode nach Mandelholz zu wechseln und die Verbindung vom Wormketal zum Steinbachtal zu vollziehen, sondern die Talsperre Mandelholz südseitig abzuschreiten. Hier verläuft ein meist angenehmer Naturpfad (Nr. 17F). Bei Neue Hütte gewinnt man wieder Anschluss an den offiziellen Hexen-Stieg.
Stempel: Nr. 40 (Königshütter Wasserfall).

Der Königshütter Wasserfall stiebt über die Felsen.

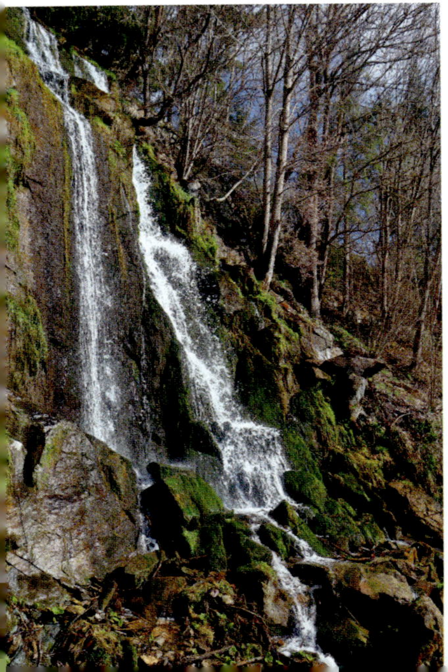

Von der Wurmbergbahn in **Braunlage** **1** beginnen wir unterhalb des Hüttenbergs gemeinsam mit dem Braunlager Rundweg, verlassen diesen aber nach gut 600 Metern an einer T-Kreuzung, indem wir links abbiegen. Nach dem nächsten Rechtsknick wird die *Wurmbergstraße* ein paar Schritte nach rechts versetzt gekreuzt. Auch an weiteren Gabelungen ist der Hexen-Stieg

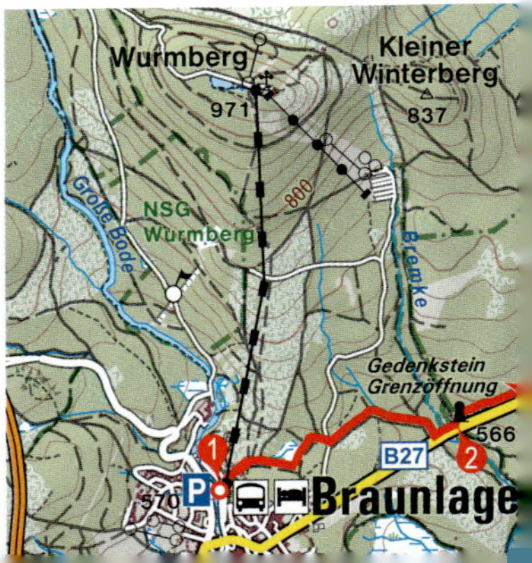

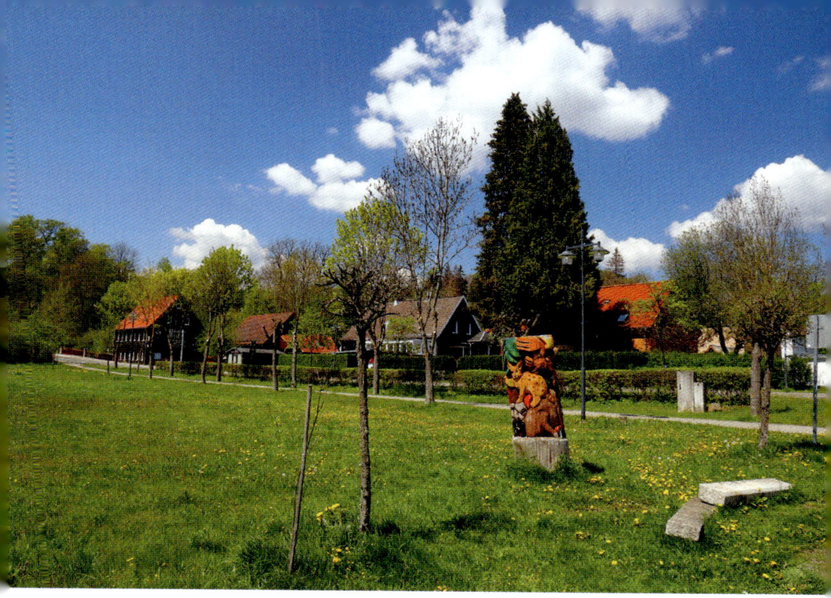

Elend liegt auf halbem Weg zwischen Braunlage und Königshütte.

stets gut ausgeschildert. Wir gelangen rechter Hand direkt zur *B27* und nutzen dort kurzfristig den Radweg, und zwar über die Bremke hinweg bis zum **Gedenkstein Grenzöffnung** ❷. Die Stelle erinnert an den 12. November 1989, als hier um genau 14.30 Uhr die innerdeutsche Grenze aufging. Im weiteren Verlauf bewegen wir uns wieder links der Bundesstraße, jedoch mehr oder weniger in deren Nähe. Ohne den schützenden Wald ist der Wandergenuss ziemlich eingeschränkt, der Untergrund immerhin leidlich begehbar. Wer Hunger verspürt, kann sich an der Imbissbude die legen-

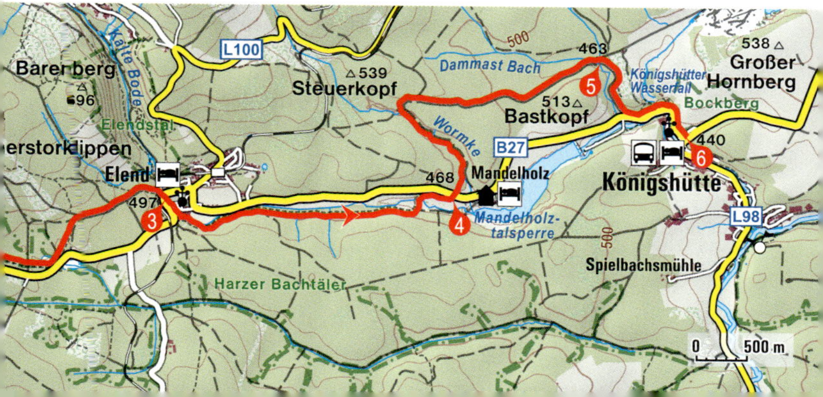

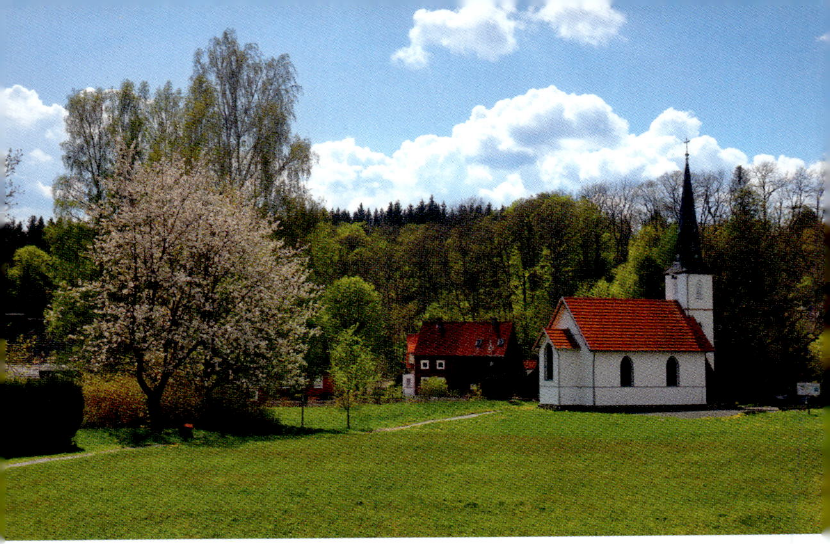

In Elend befindet sich die kleinste Holzkirche Deutschlands.

däre Erbsensuppe einverleiben (bei einem Parkplatz jenseits der *B27*). Mit einer kleinen Steigung nach links kommen wir später auf die Alte Braunlager Straße und folgen ihr mit dem anschließenden Gefälle in Richtung **Elend** ❸. Der Ort bleibt eigentlich beinahe links liegen, denn nach den Gleisen der Schmalspurbahn kreuzen wir auch die *B27* beim Hotel Waldmühle und orientieren uns sofort nach rechts, wo der Hexen-Stieg nun die Kalte Bode begleitet. Man wandert also an der Südseite der Talaue gen Osten und achtet nach knapp drei Kilometern ab Elend auf den Seitenwechsel nach **Mandelholz** ❹. Direkt hinter dem Hotel Grüne Tanne geht es links ins Tälchen der Wormke hinein und bald über den Bach hinweg.
Zuletzt bestanden hier eine Sperrung und Umleitung. Auf einem etwas zerrütteten Waldweg schließen wir zu einer befestigten Forststraße (Alte Elbingeröder Heerstraße) auf, mit der wir wieder in Grundrichtung Ost schwenken und hinter dem Bastkopf entlang das **Steinbachtal** ❺ mit Rastplatz erreichen. Dieser Punkt ist insofern bedeutend, als er die Vereinigung mit der Hauptroute des Hexen-Stiegs via Brocken und Drei Annen Hohne darstellt.
Talauswärts treffen wir nach 700 Metern abermals auf die *B27* und befinden uns damit am Ortseingang von Königshütte (Ortsteil Neue Hütte). Nach 400 Metern schießt linksseitig der Königshütter Wasserfall über die Felsen. Der nominelle Endpunkt der Etappe liegt etwas weiter im Ortszentrum von **Königshütte** ❻, gegebenenfalls auch bei der Pension »Am Felsen«, falls dort genächtigt wird.

3.40 h	14,1 km
↗ 240 m	↘ 220 m

Königshütte – Hasselfelde 12

Auf der südlichen Spange über die Vorbecken Rappbode und Hassel

Ganz egal, ob wir sie als gleichberechtigte Parallelroute oder bloß als untergeordnete Variante betrachten: Von Königshütte bis kurz vor Altenbrak wird die Südroute des Harzer-Hexen-Stiegs via Hasselfelde seltener gewählt, obwohl sie ebenfalls einige interessante Impressionen vermittelt. Der Beginn hinter Königshütte fällt allerdings etwas ernüchternd aus, durchquert man doch längere Zeit ziemlich öde Flächen, die jüngst der Entwaldung und Rodung anheimgefallen sind. Mit der Vorsperre Rappbode kommt eine neue Facette ins Spiel und auch die Vorsperre Hassel wird später noch tangiert, ehe wir im Luftkurort Hasselfelde eintreffen. Hier erfährt die offene Umgebung schon lange eine landwirtschaftliche Nutzung, etwa mit der Oberharzer Weidewirtschaft.

Ausgangspunkt: Königshütte, ca. 440 m. Buslinien 264 und 265 von Wernigerode in Richtung Schierke bzw. Benneckenstein.
Endpunkt: Hasselfelde, ca. 460 m. Buslinien 260 von Wernigerode und 263 von Blankenburg (zentraler Busbahnhof in der Hagenstraße).
Anforderungen: Die meiste Zeit breite Forstwege, nur zwischendurch kleinere Steige. Durchschnittliches Marschpensum.
Einkehr: Diverse Restaurants in Hasselfelde (z. B. Zum Erpel, Lotus, Hotel Zur Krone, Bristrorante La Pizzeria).
Unterkunft: Hotel Zur Krone, Ferienzimmer Wenzel und weitere in Hasselfelde.
Information: Tourist-Information Hasselfelde, Breite Straße 17, 38899 Oberharz am Brocken, OT Hasselfelde, Tel. +49 39459 71369, oberharzinfo.de

Variante: Gleich nachdem man Königshütte verlassen hat, kann vom Teiler aus die Ruine Königsburg eingebunden werden.
Stempel: Nr. 41 (Ruine Königsburg), Nr. 56 (Rappbodevorsperre), Nr. 52 (Trageburg), evtl. Nr. 53 (Hasselvorsperre, ca. 700 m vom Routenverlauf aus.).

In **Königshütte** ❶ folgen wir dem Harzer-Hexen-Stieg südostwärts, kreuzen die Kalte Bode zur *Tanner Straße* und bald darauf die Warme Bode zum **»Teiler«** ❷, wo sich Nord-

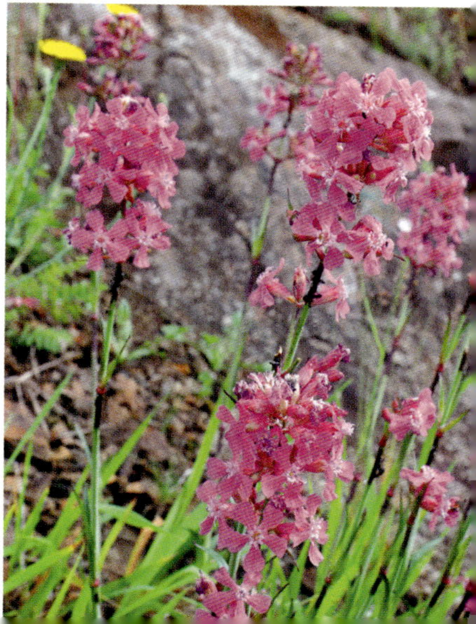

Der Frühsommer ist eine besonders attraktive Wanderzeit.

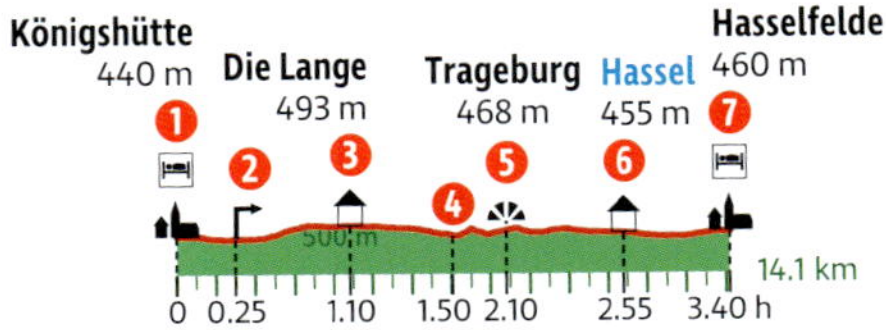

und Südroute trennen. Direkt oberhalb befindet sich die Ruine Königsburg, die nach Lust und Laune rasch mitgenommen werden kann. Die Südroute verläuft anfangs noch im Bereich der Niederung und steigt dann sachte auf die welligen Hochflächen an, die sich hier mittlerweile weithin offen zeigen, mit den Narben des dahingeschiedenen Waldes aber auch etwas trostlos. Immerhin erblickt man in der Ferne Brocken und Wurmberg.
Bei einer Unterstandshütte kreuzen wir den Weg **»Die Lange«** ❸ und setzen ein Stück weit dahinter zu einem Linksbogen an. Allmählich abwärts und mit einem Rechtsknick kommt man zur **Rappbodevorsperre** ❹ (noch davor befindet sich die Stempelstelle 56) und kann jenseits der Staumauer bald auf einen Pfad ausscheren. Mit etwas Auf und Ab zur **Trageburg** ❺, wo wenige Relikte der Wallanlage erkennbar sind (Stempelkasten in der Schutzhütte). Die Fortsetzung kann über den kleinen Pfad hoch über dem Stausee oder – falls nicht begehbar und mittlerweile offiziell verlegt – über die Forststraße (auf die man eh wie-

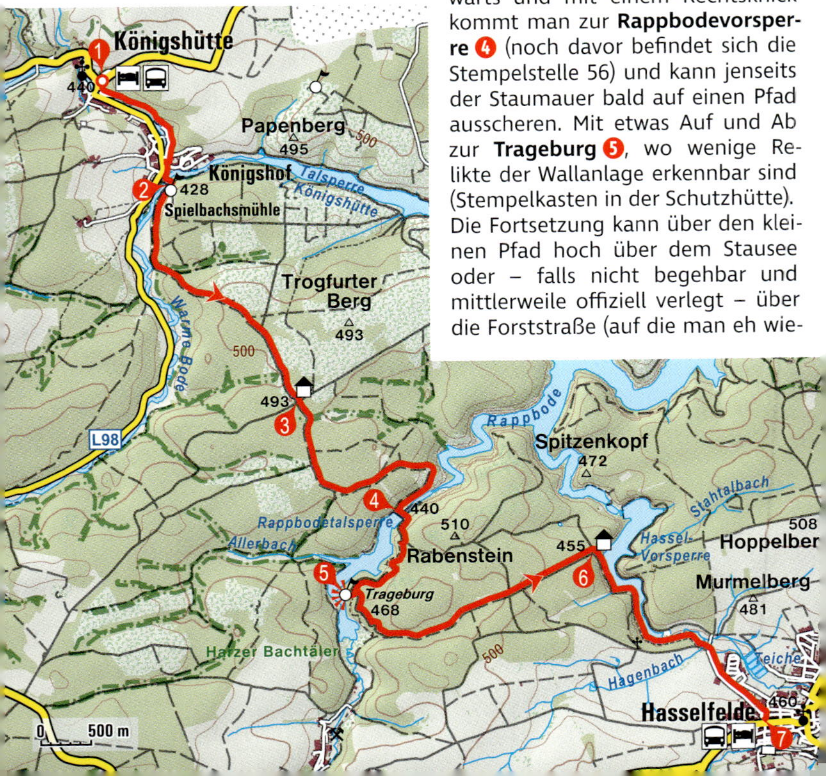

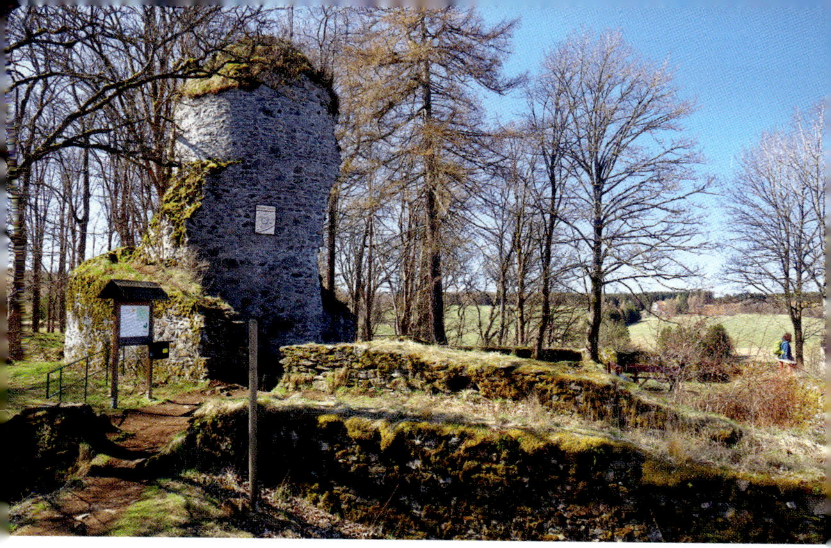

Reste der Königsburg bei Königshütte.

der trifft) genommen werden. Aus dem Großen Mühltal geht es in Grundrichtung Ost wiederum durch häufig entwaldete Areale und zu einer T-Kreuzung im Bereich der **Hasselvorsperre** 6, die daraufhin passiert wird. Interessant sind derweil die Tafeln des Bienenlehrpfades. Dabei zweigt man später auf einen lauschigeren Grasweg ab, kommt zur **Hagenmühle** voran und leicht ansteigend ins Stadtgebiet von **Hasselfelde** 7. Kurz vor Eintreffen in der Hauptdurchgangsstraße befindet sich in der *Hagenstraße* der Busbahnhof.

Am südlichen Arm des Vorbeckens Hassel.

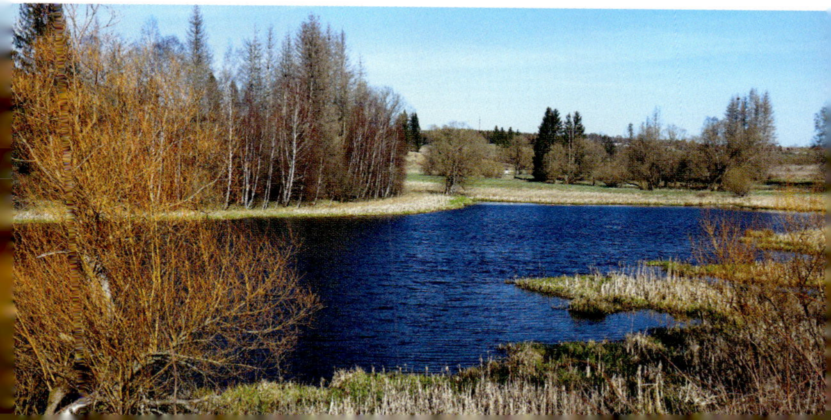

13 Hasselfelde – Altenbrak

3.15 h | 12,3 km
↗140 m | ↘300 m

Über den Köhlerweg zurück ins Bodetal

Um wieder Anschluss an die Hauptroute zu gewinnen, nutzt man ab Hasselfelde den Köhlerweg, der via Mittelteich aus der Wiesenflur um Hasselfelde herauszieht und beim Stemberghaus Station macht. Hier befindet sich eine heute noch aktive Köhlerei samt Museum. Der schönste Aussichtspunkt der Etappe erwartet uns dann am Standort der ehemaligen Schöneburg hoch über dem Bodetal bei Altenbrak (wobei ungeklärt ist, um was es sich bei der ominösen Schöneburg einst handelte ...).

Ausgangspunkt: Hasselfelde, ca. 460 m, Busbahnhof in der Hagenstraße. Es verkehren die Linien 260 von Wernigerode und 263 von Blankenburg.
Endpunkt: Altenbrak, ca. 300 m, beim Infopunkt am großen Besucherparkplatz im Rolandseck. Buslinie 257 zwischen Blankenburg und Thale.
Anforderungen: Typische Forststraßen werden manchmal durch unbefestigte Abschnitte abgelöst, zuweilen auch nur schmal gepfadet und besonders am Steilhang bei der Schöneburg ist etwas Trittsicherheit nötig. Moderate Marschdistanz, zusammen mit der vorherigen Etappe von Königshütte jedoch ein beträchtliches Pensum.
Einkehr: Harzköhlerei Stemberghaus (geöffnet 9–18 Uhr). Harzer Jodlermeister, Weißes Roß, Waldhotel, Café Theodor Fontane und Gaststätte Zur Jägerbaude in Altenbrak.
Unterkunft: Diverse Hotels und Pensionen in Altenbrak.
Information: Bodetal Information Altenbrak, Unterdorf 5, 06502 Thale, OT Altenbrak, Tel. +49 39456 205, bodetal.de.
Tipps: 1. Nordöstlich von Hasselfelde liegt nicht weit vom Hexen-Stieg entfernt die einer Westernstadt nachempfundene »Pullman City Harz«. Dort finden öfters themenbezogene Sonderveranstaltungen statt. Zwischen April und November täglich geöffnet, im November/Dezember an Wochenenden.
2. Beim Stemberghaus wird noch auf traditionelle Weise Holzkohle hergestellt. Im Köhlereimuseum kann man sich dieses Handwerk veranschaulichen lassen (harzkoehlerei.de).
Stempel: Nr. 60 (Stemberghaus), Nr. 63 (Schöneburg).

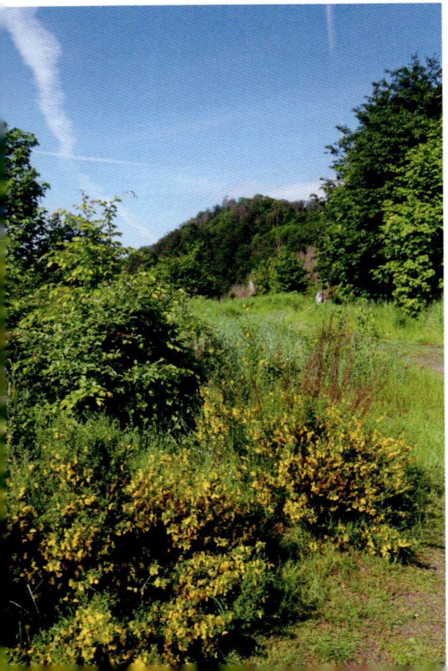

Wegpassage unterhalb der Schöneburg.

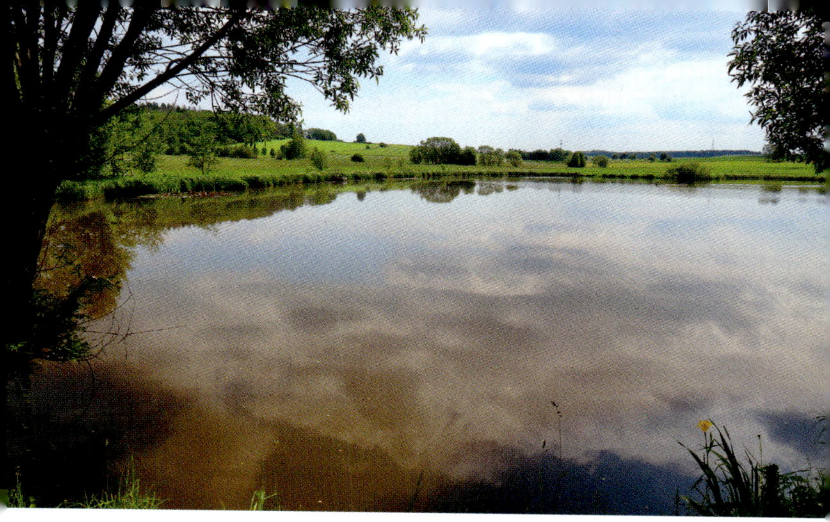

Der Mittelteich bei Hasselfelde.

In **Hasselfelde** ❶ bewegen wir uns aus dem Zentrum an der imposanten Stadtkirche vorbei ostwärts. Anschließend geht es durch den Kurpark zum Faulen Teich und über einen Grasweg zu einem Linksknick, der uns zum größeren **Mittelteich** ❷ bringt: ein feiner Rastplatz. Der Hexen-Stieg ist jetzt eine ganze Weile gleichlaufend mit dem **Köhlerweg**, zieht zunächst am Hohen Berg entlang zu einer Köte, kreuzt dann eine Nebenstraße und führt mit mehreren kleinräumigen Richtungswechseln – teils etwas auf und ab – nordwärts zur Köhlerei beim **Stemberghaus** ❸, wo auch Einkehrmöglichkeit besteht und der nächste Stempel für die Wandernadel wartet. Meist dichter bewaldet ist die Fortsetzung auf dem Siebengründeweg, der sich allmählich dem zwischen einer engen Bodeschleife eingezwängten Bergrücken mit der **Schöneburg** ❹ nähert. Nach einem Bergauf genießt man von der Unterstandshütte (Stempelstelle) einen großartigen Blick auf die Umgebung von Altenbrak.

Talwärts müssen wir jetzt erhöhte Konzentration walten lassen, denn der Pfad verläuft ein Stück weit am Steilhang. Mit einem scharfen Rechtsbogen kommt man etwas verschlungen hinunter in die Talsohle, wo man bei einer Forellenzucht auf die Nord- bzw. Hauptroute des Hexen-Stiegs trifft und gemeinsam den letzten gut einen Kilometer entlang der Bode bis **Altenbrak** ❺ absolviert.

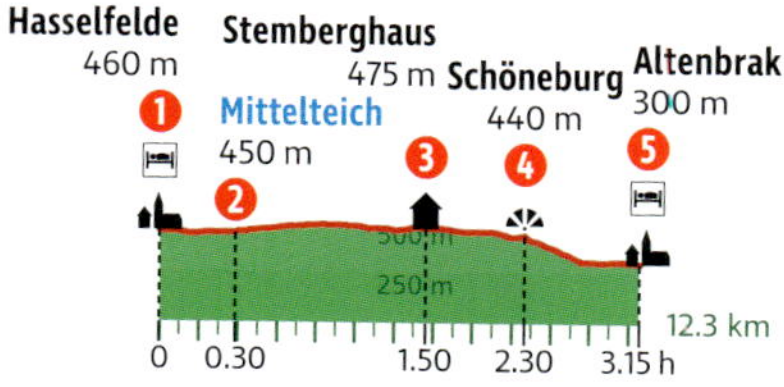

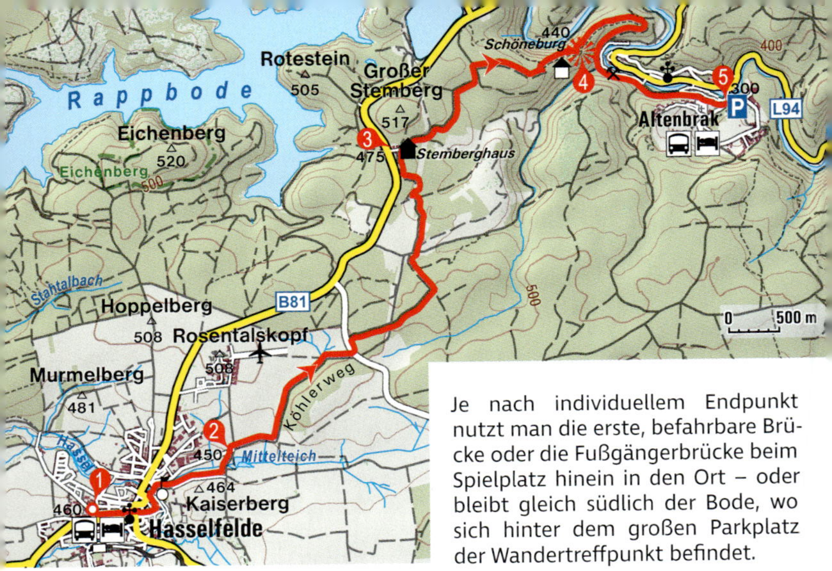

Je nach individuellem Endpunkt nutzt man die erste, befahrbare Brücke oder die Fußgängerbrücke beim Spielplatz hinein in den Ort – oder bleibt gleich südlich der Bode, wo sich hinter dem großen Parkplatz der Wandertreffpunkt befindet.

Von der Schöneburg genießt man den wohl schönsten Blick auf Altenbrak.

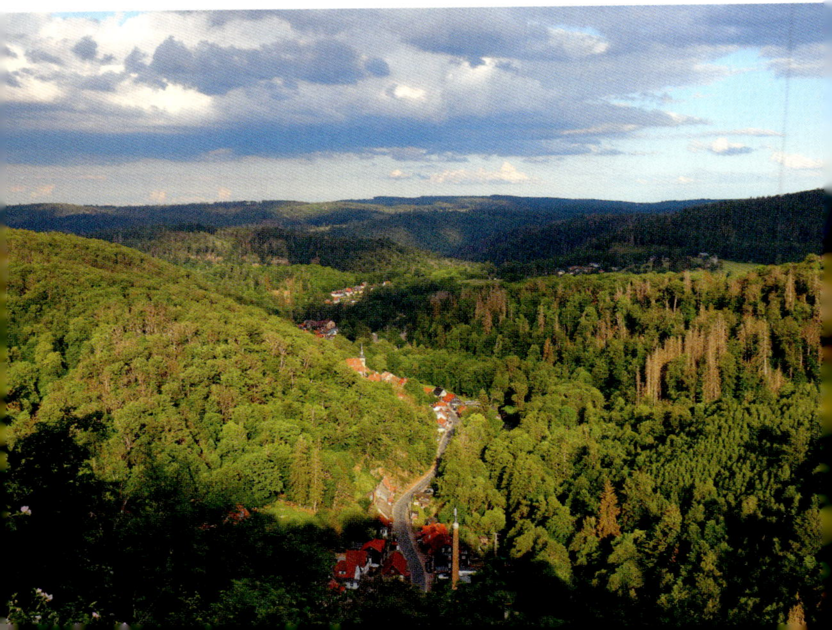

3.00 h	11,9 km
↗ 270 m	↘ 350 m

Variante Titan RT: Rübeland – Altenbrak

Über die Hängebrücke an der Rappbodetalsperre

Der Rappbodestausee ist nicht nur der größte im Harz, im Bereich seiner Talsperre sind vor einigen Jahren auch einige besondere Attraktionen entstanden, die gleichsam den Aufbruch in eine neue Tourismus-Ära verkörpern. Spektakuläres ist angesagt, Fun und Action! 2012 wurde mit der Megazipline die längste Doppelseilrutsche Europas eröffnet. Seit 2017 überspannt parallel zur Staumauer die Hängebrücke Titan RT das rund 100 Meter tiefer gelegene Becken des Wendefurther Stausees. Sie zählt zu den längsten der Welt. Auch die Möglichkeit zu einem Bungeejump darf hier nicht fehlen. Und seit Kurzem steht nebenan auch der »Solitair«, ein rund 40 Meter hoher Aussichtsturm in Stahlgitterkonstruktion, der wahlweise über 160 Stufen oder per Glasaufzug erreicht werden kann. Wer auf solche Superlative steht, kann zwischen Rübeland und Altenbrak eine Variante wählen und hier vorbeischauen. Es handelt sich aber um keine der offiziellen Hexen-Stieg-Varianten, das sei noch hinzugefügt.

Ausgangspunkt: Rübeland, ca. 385 m, an der Bodebrücke nahe dem Bahnhof (nur Museumsbahn) und der Hermannshöhle. Busverbindungen u. a. nach Wernigerode und Blankenburg.
Endpunkt: Altenbrak, ca. 300 m, beim Infopunkt am großen Besucherparkplatz im Rolandseck. Buslinie 257 zwischen Blankenburg und Thale.
Anforderungen: Steile Pfadabschnitte hinter Neuwerk (im Aufstieg) und von der Schöneburg bergab, ansonsten eher leicht. Die Begehung der luftigen Hängebrücke verlangt Schwindelfreiheit.
Einkehr: Bodetaler Basecamp Lodge in Neuwerk. Imbissstände bei der Hängebrücke. Diverse Restaurants in Altenbrak.
Unterkunft: Siehe Tour 7 bzw. 13.
Variante: Man kann vor Erreichen der B81 von einem Parkplatz aus in Richtung Wendefurth absteigen und bei der Talsperre die Hauptroute des Hexen-Stiegs wieder aufnehmen.
Hinweis: Die Hängebrücke ist täglich 8–21.30 Uhr geöffnet, ihre Begehung kostet natürlich eine Gebühr, für Erwachsene 7,50 €, für Kinder 5 € (Stand 2024).
Stempel: Nr. 63 (Schöneburg).

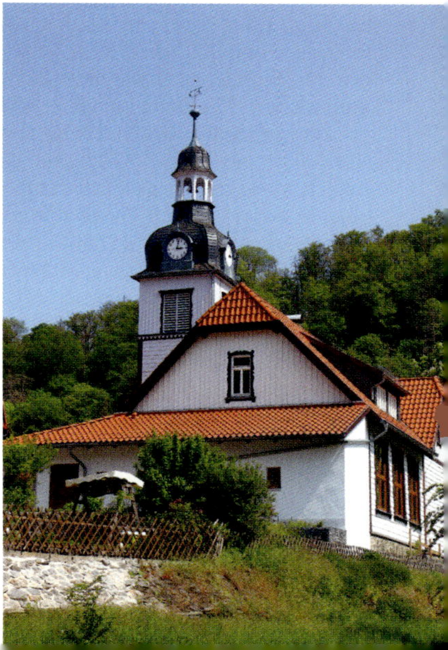

Neuwerk besitzt ein hübsches Kirchlein.

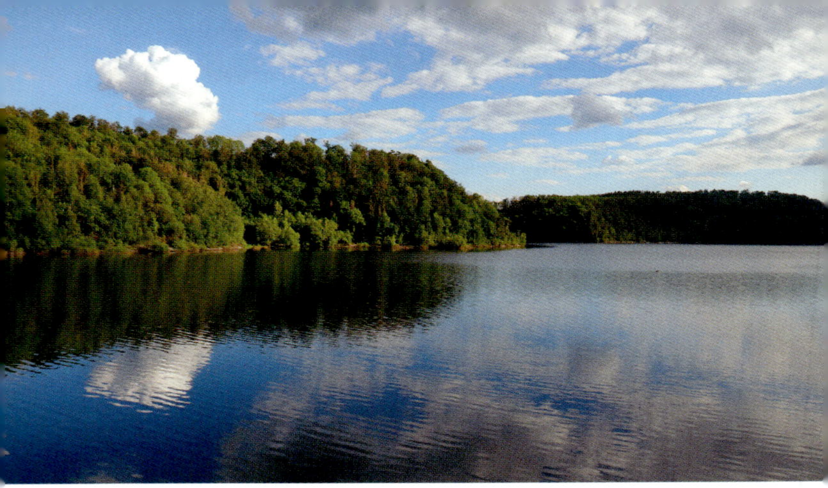

Der Rappbodestausee ist die flächengrößte Talsperre im Harz.

In **Rübeland** ❶ beginnen wir in der *Hasselfelder Straße (L96)* und zweigen dann in den *Philosophenweg* ab. Man bleibt also im Bodetal und passiert die Siedlung Kreuztal. Neben der Straße geht es weiter nach **Neuwerk** ❷, wo nun die offizielle Hexen-Stieg-Route nach rechts aufwärts verlassen wird. Die Straße *Hamburg* leitet in einen schmalen Bergpfad über, der weiter oben links abknickt, dann etwas komfortabler und mit Einmündung in einen Forstweg noch bequemer wird. Dieser bringt uns zur *L96* ❸. Für gut 10 Minuten sind wir jetzt auf einen Trampelpfad entlang der Straße angewiesen, ehe vom Besucherparkplatz zum »Solitair« und zum Beginn der **Hängebrücke »Titan RT«** ❹ angestiegen wird.
Nun steht der knapp 500 Meter lange Gang über dem Abgrund bevor – freilich meist in Gesellschaft zahlreicher Ausflügler. Auf der anderen Seite geht es sofort wieder zur Straße hin, wo wiederum eine Trampelspur verläuft. Man schließt zur *B81* auf und taucht direkt gegenüber ins Gehölz ein. Hier wird eine schöne Traverse am Hang einer Bodeschleife vollzogen, bald in die von Hasselfelde kommende Südroute des Hexen-Stiegs einmündend. Nächstes Ziel ist der Unterstand bei der **Schöneburg** ❺, wo sich plötzlich

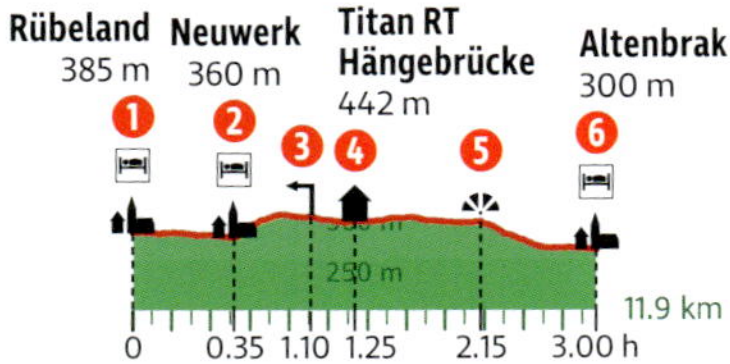

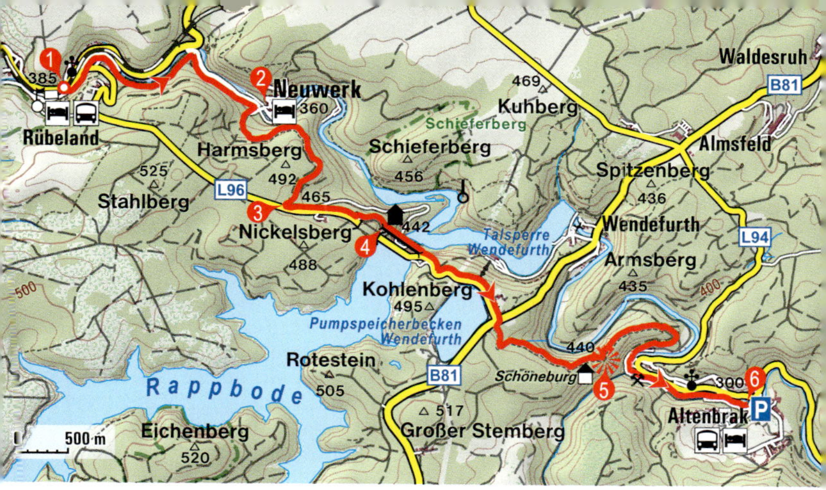

eine herrliche Perspektive auf Altenbrak öffnet. Die Fortsetzung talwärts verläuft ein Stück weit schmal gepfadet am Steilhang, sodass man vorsichtig gehen sollte. Mit einem scharfen Rechtsbogen etwas verschlungen hinunter bis ans Ufer der Bode und schlussendlich auf der Nord- bzw. Hauptroute des Hexen-Stiegs parallel zum Flüsschen in den Zielort **Altenbrak** 6.

Die Hängebrücke »Titan RT« scheint über dem Wendefurther Stausee zu schweben.

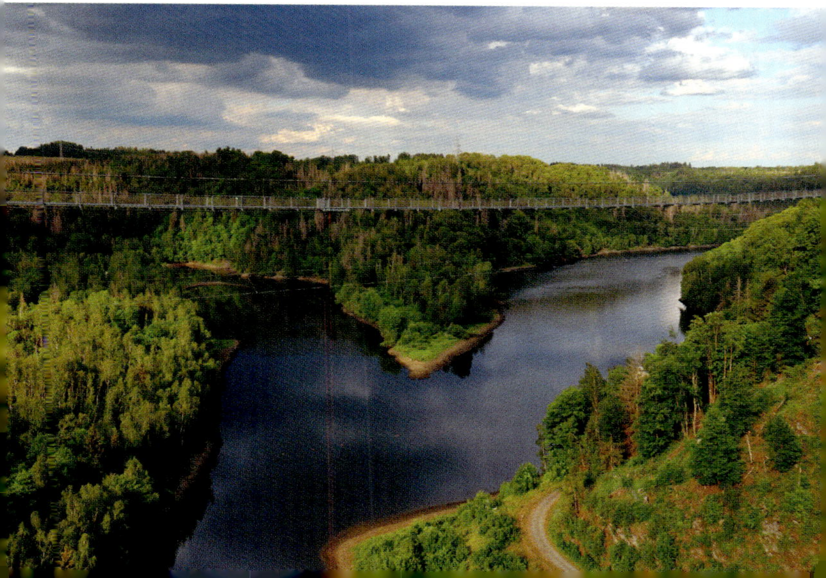

15 Winterumgehung Treseburg – Thale

2.45 h	9,3 km
↗ 310 m	↘ 400 m

Über den berühmten Hexentanzplatz

Da im Winter der Wanderweg durch das Bodetal zwischen Treseburg und Thale aus Sicherheitsgründen gesperrt wird, muss für diese Teilstrecke auch eine praktikable Umleitung her. Diese entbehrt naturgemäß jener wildromantischen Eindrücke, die sich auf der gewundenen Schluchtdurchquerung ergeben, doch langweilig ist sie nicht. Von Treseburg gewinnt man zügig den Aussichtspunkt namens »Weißer Hirsch«, beschreitet anschließend die Ostharzer Rumpffläche am Pfeil-Denkmal vorbei und nähert sich später wieder der Abbruchkante zum Bodetal, wo etliche Granitklippen herausragen. Am Hexentanzplatz ist ein touristischer Hotspot entstanden, der weit und breit nur wenig Vergleichbares kennt. Bevor wir schlussendlich über einen Serpentinensteig nach Thale absteigen, können wir uns hier noch ausgiebig umsehen und letzte Tiefblicke erhaschen. Übrigens ist diese Winterumgehung auch im Sommer durchaus eine Option, wenn man die Bodeschlucht von früheren Begehungen vielleicht schon gut kennt.

La Viershöhe: großartiger Blick über die Granitlandschaft hinaus nach Thale.

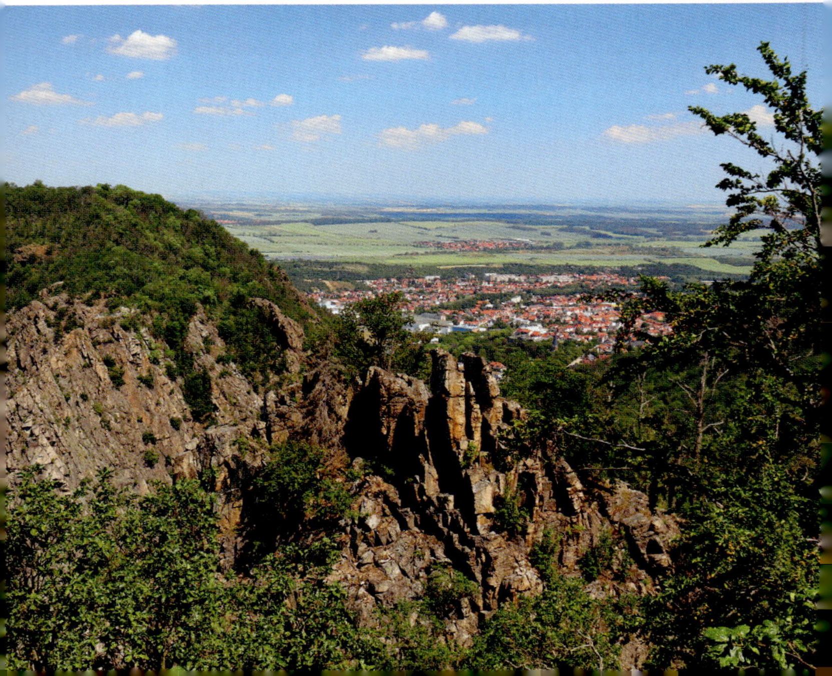

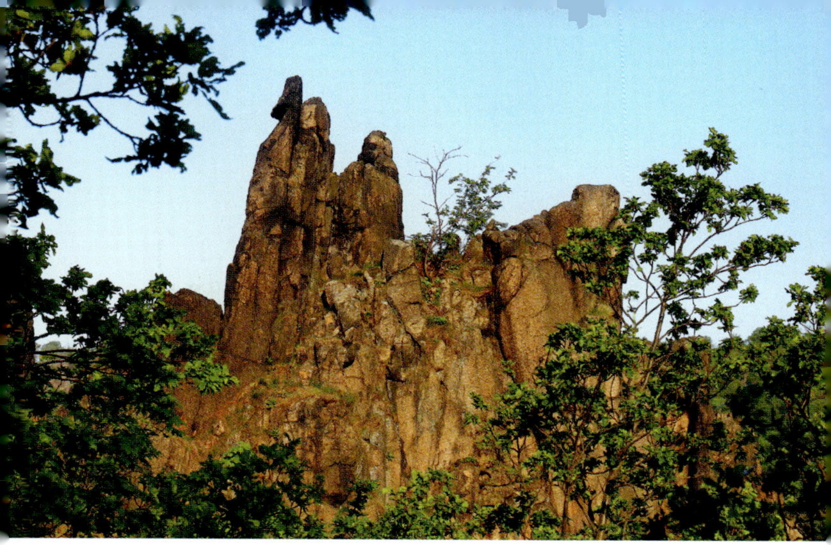

Derartige Felsformationen prägen die Umgebung des Bodetals bei Thale.

Ausgangspunkt: Treseburg im Bodetal, ca. 270 m. Buslinie 557 zwischen Thale und Blankenburg.
Endpunkt: Thale, 180 m. Offizieller Endpunkt beim Wandertreff gegenüber dem Bahnhof.
Anforderungen: Steile Steigpassagen am Anfang und Ende (etwas Trittsicherheit), dazwischen meist hindernislose Wege auf der nur leicht gewellten Hochfläche, oft in Forststraßenbreite.
Einkehr: Mehrere Restaurants in Treseburg (vgl. Tour 8). Berghotel und diverse Imbisse am Hexentanzplatz. In Thale.
Unterkunft: In Thale.
Tipps: Am Hexentanzplatz befindet sich neben reichhaltiger touristischer Infrastruktur auch ein Tierpark (geöffnet 9–18 Uhr, im Winter 10–16.30 Uhr). Den finalen Abstieg kann man bei Bedarf durch eine Seilbahnfahrt ersetzen.
Stempel: Nr. 67 (Weißer Hirsch), Nr. 68 (Pfeil-Denkmal), Nr. 72 (La Viershöhe).

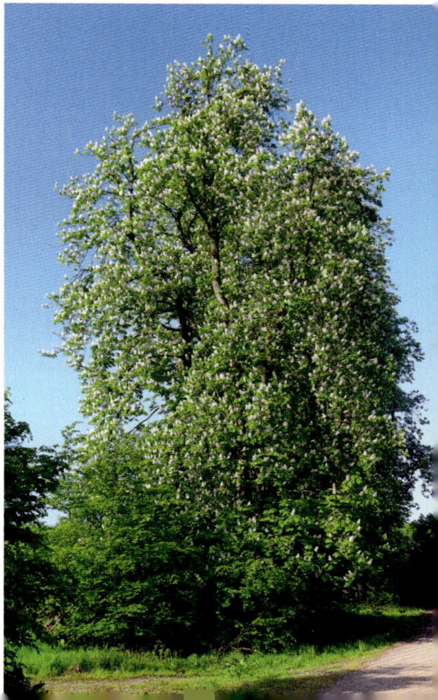

Stattlicher Kastanienbaum auf der Hochfläche.

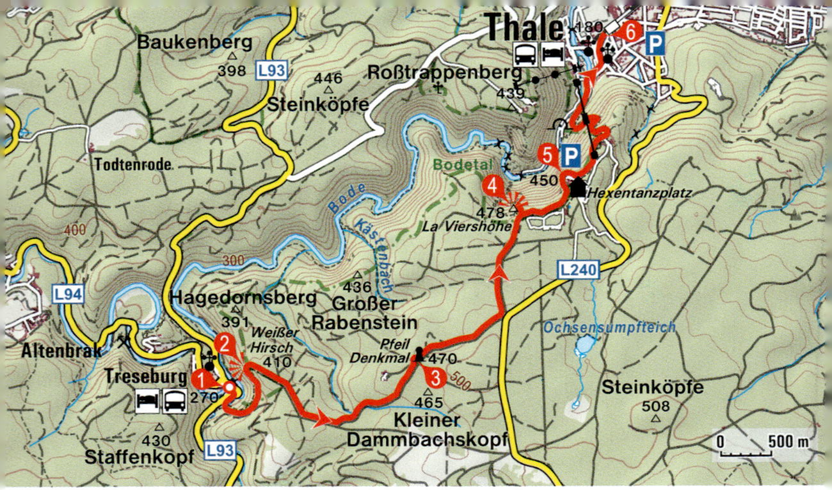

In **Treseburg** ❶ orientieren wir uns am Hotel »Zur Luppbode« vorbei zum gleichnamigen Nebenfluss und steigen auf der anderen Seite in den Berghang ein. Unser Steig (Nr. 32C/43D) absolviert einen Linksbogen und zieht dann schräg hinauf zur Aussichtskanzel am **»Weißen Hirsch«** ❷, wo wir einen Wanderstempel finden. An einem Umsetzer vorbei erfolgt der Anschluss zu einer größeren Forststraße, die gut 300 Meter weiter nach links abknickt. Wenige Gehminuten später biegen wir bei einer Schutzhütte (Ha-

Auf der Winterumgehung kommen wir am Pfeil-Denkmal vorbei.

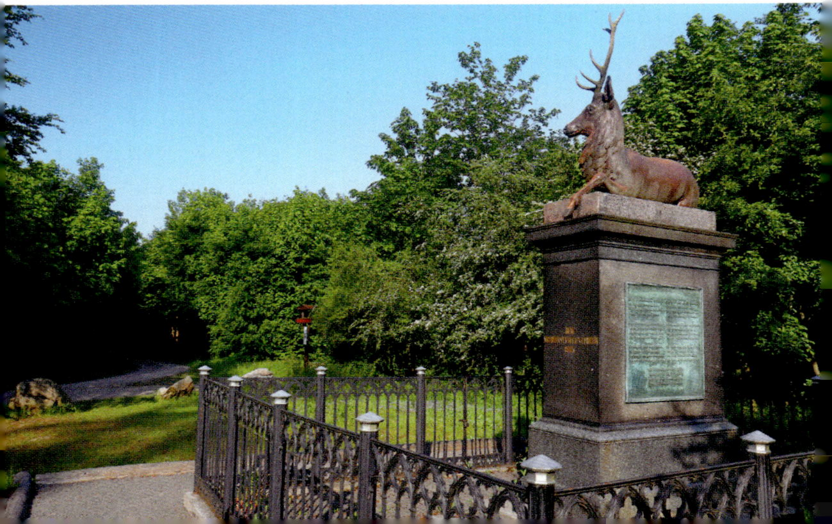

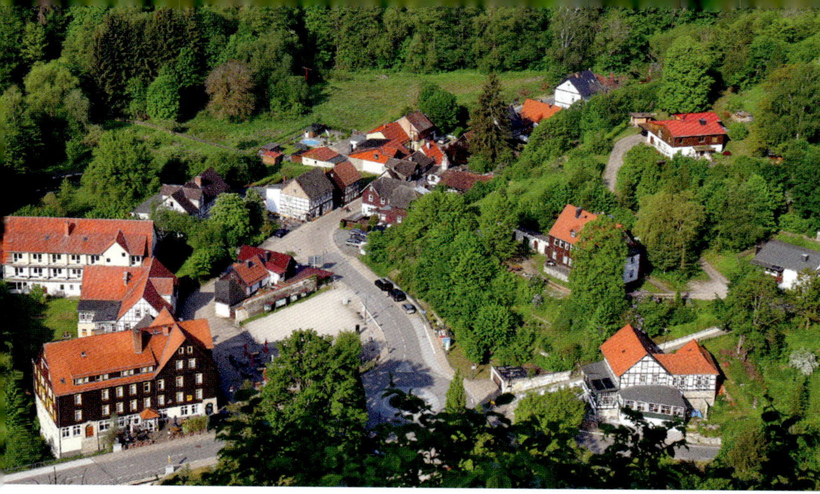

Tiefblick auf Treseburg.

gebornstraße) mit Nr. 32C wiederum links ab und steuern nun das **Pfeil-Denkmal** ❸ an. Es wird von einem Hirsch gekrönt und erinnert an den preußischen Forstfunktionär und Wissenschaftler Friedrich Wilhelm Leopold Pfeil. Auch hier wurde eine Stempelstelle eingerichtet.

Zurück an der nahen Kreuzung, setzen wir den Weg in der ursprünglichen Richtung fort, tangieren später die *L240* und halten uns links. Über einige Waldblößen geht es nun nordwärts an den Rand des Tierparks (auch von außen besteht ein wenig Einblick zum Beispiel ins Wolfsgehege). Ein paar Schritte weiter achten wir auf den Abstecher zur **La Viershöhe** ❹, die zu den besten Aussichtskanzeln über dem Bodetal zählt (Stempelstelle, Ausstieg des Hirschgrundsteigs aus der Bodeschlucht). Hier bleibt es tendenziell auch ruhiger als unmittelbar am **Hexentanzplatz** ❺, wo die Aussichtsplattformen freilich größer bemessen sind und ohnehin allerlei Infrastruktur die Gäste anlockt. Niemand muss ja unbedingt wandern, denn der Parkplatz liegt einen Katzensprung entfernt, ebenso wie die Seilbahn von Thale, die wir am Beginn des Abstiegs passieren.

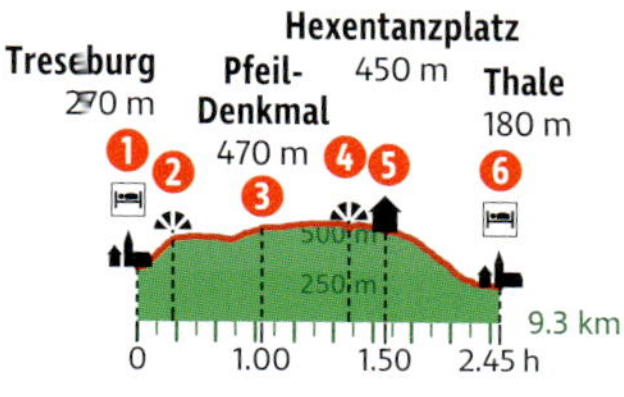

Hinter Walpurgishalle und Harzeum finden wir den Einstieg in den Serpentinensteig, der sich mit Blaupunkt-Markierung am steilen Waldhang hinunterschraubt. Man kommt direkt am Eingang ins Bodetal heraus und geht von der *Hubertusstraße* schließlich noch an der Petrikirche im Friedenspark vorbei zum Bahnhof in **Thale** ❻.

16 Teichrunde um Buntenbock

2.30 h	9,6 km
↗130 m	↘130 m

Wasserwanderweg über zehn malerische Teiche südlich von Clausthal

Rund um Clausthal-Zellerfeld hat die Oberharzer Wasserwirtschaft eine einzigartige Dichte von Teichen hinterlassen. Angelegt wurden sie – gemeinsam mit Gräben und Überleitungsstollen – im Zuge der intensiven Bergbautätigkeit hauptsächlich im 16. und 17. Jahrhundert, teils noch bis in das 19. Jahrhundert hinein: ein beredtes Zeugnis von der aufwendigen vorindustriellen Technik, mit der das für die Erzförderung notwendige Aufschlagwasser bereitgestellt wurde. Die Rechte zur Nutzung wurden vom Landesherrn verliehen und als Wasserregal bezeichnet. Von Buntenbock aus können wir eine fantastische Rundwanderung durch die Teichlandschaft im südlichen Teil der Clausthaler Hochfläche absolvieren und dabei nicht weniger als zehn einzelne Exemplare besuchen. Überall ergeben sich neue malerische Perspektiven. Und dazwischen sind wir meist auf kleinen Pfaden unterwegs, die natürlich kurzweiliger sind als breite Forststraßen. Es ist allerdings nicht ganz einfach, sich in dem Netzwerk an Wegen ohne Weiteres zurechtzufinden. Ein Tourenvorschlag für Entdecker!

Ausgangspunkt: Buntenbock, ca. 540 m. Parkplatz und Bushaltestelle »Mittelweg« (Linie 440 zwischen Osterode und Clausthal-Zellerfeld).
Anforderungen: Fast ausschließlich unbefestigte Naturwege, mitunter nur schmal oder bloß auf Grasnarbe. Wichtig ist ein gutes Orientierungsvermögen, denn Wegschilder nutzen hier nur bedingt und fehlen teilweise auch. Bei nur geringen Höhenunterschieden nicht besonders anstrengend.
Einkehr: Alte Ziegelhütte (geöffnet ab 17 Uhr, am Wochenende ab 10 Uhr, Mo/Di Ruhetag). Pixhaier Mühle (geöffnet ab 11 Uhr). Harzer Speisekammer in Buntenbock (täglich außer Do ab 17 Uhr, So ab 11 Uhr). Harz-Urlaubs-Alm (Restau-

Die Flora setzt bunte Farbtupfer.

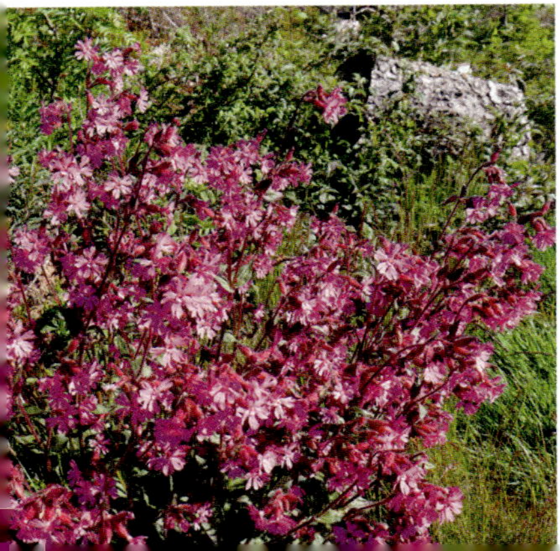

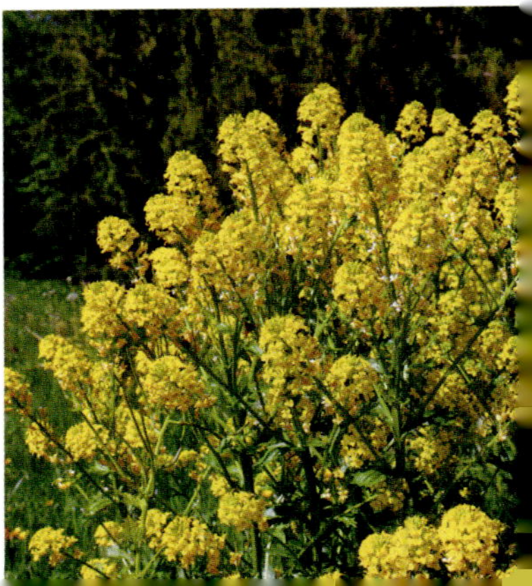

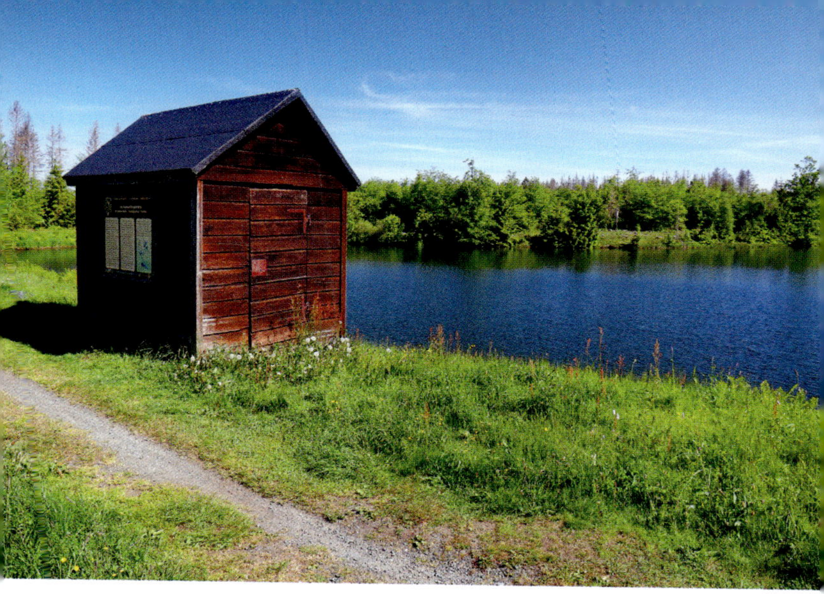

Striegelhäuschen am Semmelwieser Teich.

rant täglich außer Mo 17.30–19.30 Uhr). Restaurant »Bei Georgios« am Campingplatz Prahljust (Di Ruhetag). Café Glücksmoment (geöffnet Mi–So).
Variante: Im Detail gibt es verschiedene Variationsmöglichkeiten. Zum Beispiel könnte man hinter dem Pixhaier Teich am größeren Weg bleiben, zwischen Bärenbrucher und Ziegenberger Teich hindurchwandern und bei der Stempelstelle nach rechts abbiegen.
Stempel: Keine am Weg.

Aus dem *Mittelweg* in **Buntenbock** ❶ gen Süden in den *Moosholzweg* abzweigend und bei der nächsten Gabelung rechts aus dem Siedlungsbereich heraus auf den Bergwiesenweg, wo man auf einer Trampelspur unweit des seichten Tälchens der jungen Innerste unterwegs ist. Sie führt zur Pension Holl und Boll. Auf der Zufahrt weiter bis zu jener Kreuzung, wo der Bauden-Steig vorbeiführt, und hier rechts, um bei nächster Gelegenheit die *B241* zu überqueren. Gegenüber schlägt man knapp links versetzt einen Grasweg ein, der direkt am Prinzenteich entlangführt (also nicht die parallele Route via Alte Ziegelhütte nehmen). Beide kommen nahe der Dammkrone des **Prinzenteichs** ❷ wieder zusammen
Hier auf einem Erdweg wenige Schritte aufwärts und dann sofort

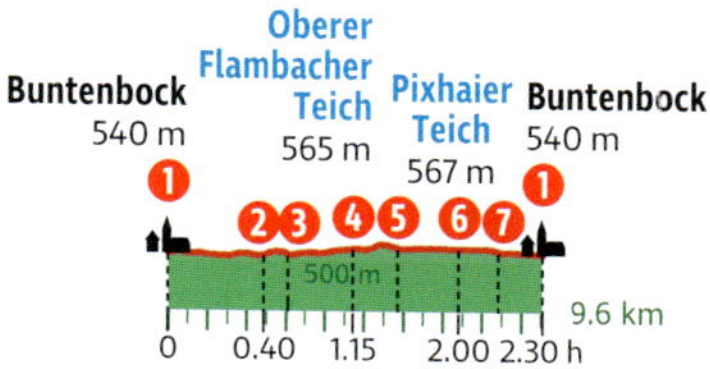

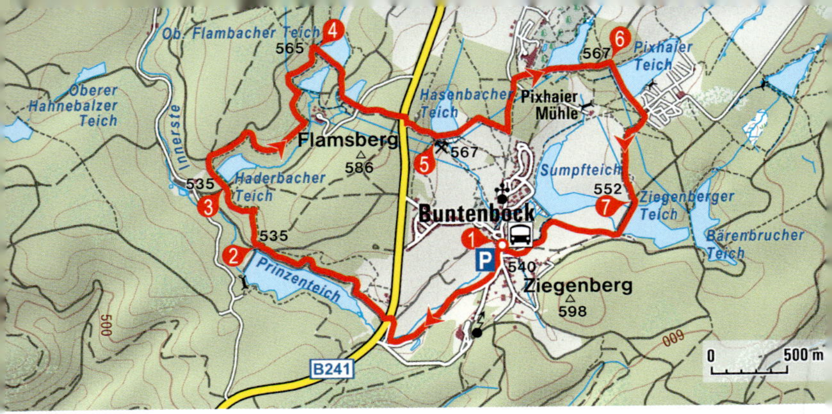

links auf einen schmalen Pfad, der einen weitgehend trockenen, alten Graben begleitet. Nach einer Rechtskurve erblicken wir den **Haderbacher Teich** ❸ und steuern diesen direkt an. Auf der anderen Seite ein paar Meter aufwärts und rechter Hand abermals auf einen Grabenweg, welcher eine scharfe Rechtskurve und einen lang gezogenen Linksbogen beschreibt. Wir gelangen in die Nähe der Flambacher Mühle, bleiben auf der linken Seite und erreichen über einen schmalen Pfad den **Unteren Flambacher Teich**. Hier könnte man den Staudamm nach rechts überschreiten, doch wollen wir von links her auch den **Oberen Flambacher Teich** ❹ einbinden und vollziehen die Traverse erst dort.

Nur ein Katzensprung ist es bis zum auf gleicher Höhe gelegenen **Semmelwieser Teich**. Gleich anschließend werden ein Anrainersträßchen und nach gut 300 Metern etwas höher die *B241* gekreuzt. Vom Parkplatz sind wir rasch am **Hasenbacher Teich** ❺ und wenden uns drüben am besten halblinks (Trampelpfad über die Wiese). Wo man fast am nördlichen Ende von Buntenbock auf einen größeren Weg trifft, mit diesem nach links zur *Schwarzenbacher Straße* und unmittelbar vor dem großen Rehazentrum rechts zum **Schwarzenbacher Teich**. Nur wenig weiter östlich empfängt uns bereits der **Pixhaier Teich** ❻. Bei beiden wird jeweils der Damm überschritten. Man tangiert dahinter den Campingplatz Prahljust und rückt auf Höhe seines westseitigen Ausgangs (Drehtür) von Nr. 10J rechts auf einen schmalen Pfad ab.

Durch ein kleines Gehölz geht es hinüber an den Rand größerer Wiesenflächen, in die sich der Sumpfteich einbettet. Zunächst schlagen wir allerdings einen Bogen über den **Ziegenberger Teich** ❼ und wenden uns unmittelbar hinter seinem Damm scharf rechts auf den Wiesenpfad in Richtung **Sumpfteich**. Gleich vorn dreht man links ab und kommt damit zurück nach **Buntenbock** – zuletzt am Hotel »Bunter Bock« (= Harz-Urlaubs-Alm) vorbei zum Parkplatz und zur Bushaltestelle im *Mittelweg* ❶.

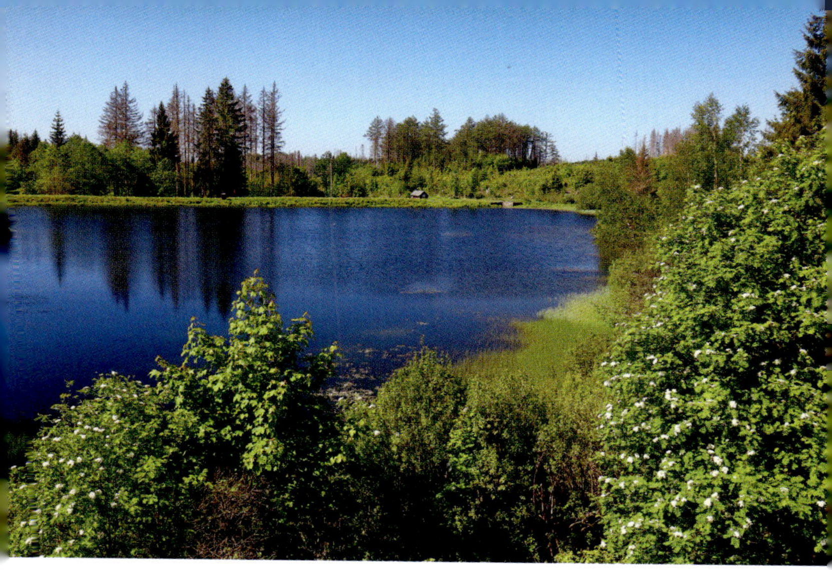

Die zahlreichen Teiche auf der Clausthaler Hochfläche wurden in der Blütezeit des Harzer Bergbaus angelegt.

Buntenbock liegt im südlichen Bereich der Clausthaler Hochfläche.

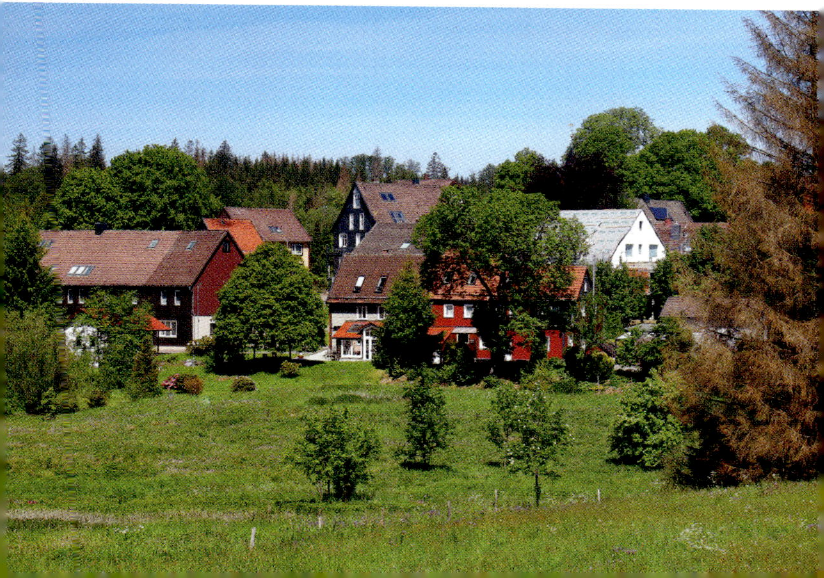

17 Fortuner und Jägersbleeker Teich

4.15 h | 16,9 km | ↗400 m | ↘400 m

Von Altenau über Schwarzenberg und Dietrichsberg

Die ehemalige freie Bergstadt Altenau liegt eingebettet zwischen diversen Höhenzügen im obersten Tal der Oker, noch bevor diese etwas weiter nördlich in der wohl sehenswertesten niedersächsischen Talsperre aufgestaut wird. Unsere Rundtour beginnt am Schwarzenberg unmittelbar nördlich über dem Ortszentrum, holt anschließend über den Dietrichsberg aus und nähert sich in Richtung Clausthal-Zellerfeld zwei Teichen des Oberharzer Wasserregals. Fortuner und Jägersbleeker Teich sind sicherlich die landschaftlichen Highlights dieser Tour, ehe sich am Dammgraben über dem Polstertal und über den Rothenberg hinweg der Kreis schließt.

Ausgangspunkt: Altenau, am besten beim Parkplatz im Schultal, 465 m. Hier auch die Bushaltestelle »Altenau Markt« (Linie 440 von Clausthal-Zellerfeld).
Anforderungen: Etwa je zur Hälfte Naturpfade und befestigte Forstwirtschaftswege. Überwiegend gemäßigter Verlauf, nur anfangs zum Schwarzenberg sowie zum Dietrichsberg steilere Anstiege. Konditionell durchschnittliche Tagestour.
Einkehr: Polsterberger Hubhaus (geöffnet Fr–So 11–18 Uhr). Zahlreiche Restaurants in Altenau (z. B. Landhotel Alte Aue, Hotel Restaurant Parkhaus, Restaurant Athen, Klippen-Grill, Imbiss am Markt, Wurstezipfel).
Variante: Am Lichtleitungsweg nach rechts und dann mit der Grünpunkt-Markierung hinab zum Kellwaser-Vorbecken, weiter am Ufer entlang zur Bushaltestelle »Silberhütte«. Mehraufwand ca. 30 Min.
Tipps: Altenau wirbt mit dem Kräuterpark und der Therme »Heißer Brocken«, außerdem gibt es das Museum »Wunder in Holz« sowie die Heimatstube.
Stempel: Nr. 132 (Schwarzenberg), Nr. 127 (Weppner Hütte).

In **Altenau** ❶ begeben wir uns in die Nähe des Kurgastzentrums mit der Tourist-Information (*Hüttenstraße*) und beginnen gegenüber scharf rechts den Aufstieg zum Schwarzenberg. Am Waldhang werden drei mangelhaft beschilderte Kehren vollzogen, dann erreichen wir an einem Unterstand die Stempelstelle und wenige Schritte davon entfernt den Rast- und Aussichtspunkt am **Schwarzenberg** ❷. Die Fortsetzung führt über einen Grasweg in Grundrichtung Nordost bis zur Einmündung in den Lichtleitungsweg (direkt unter der großen Stromtrasse). Hier nach links. In entwaldetem Ge-

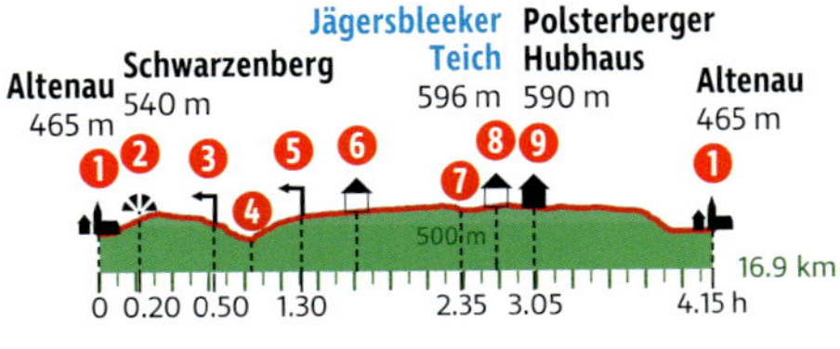

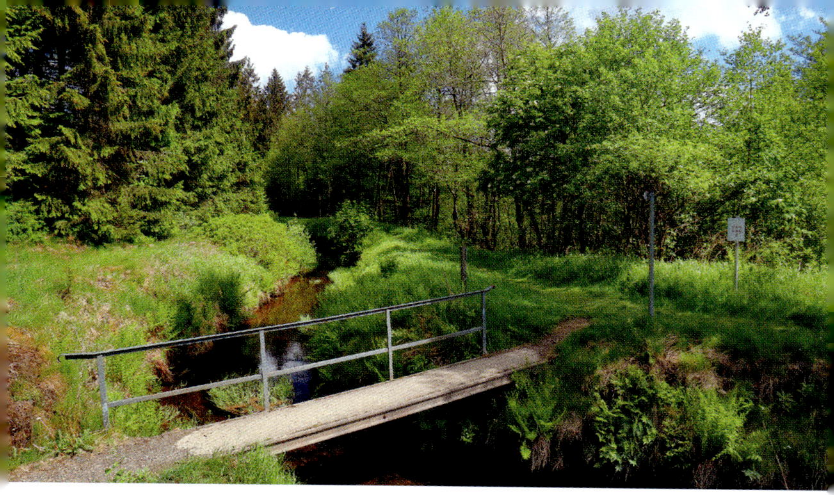

Typischer Grabenweg zwischen den beiden Teichen.

lände vollzieht unsere jetzt Lkw-breite Route allmählich einen markanten Rechtsbogen und senkt sich damit ab. Wir achten jedoch auf den Hinweis zur Alfred-Wellner-Bank ❸, die unweit nach links an der Hangkante steht. Auf kleinem Pfad geht es nun talwärts. Fast schon unten wendet man sich

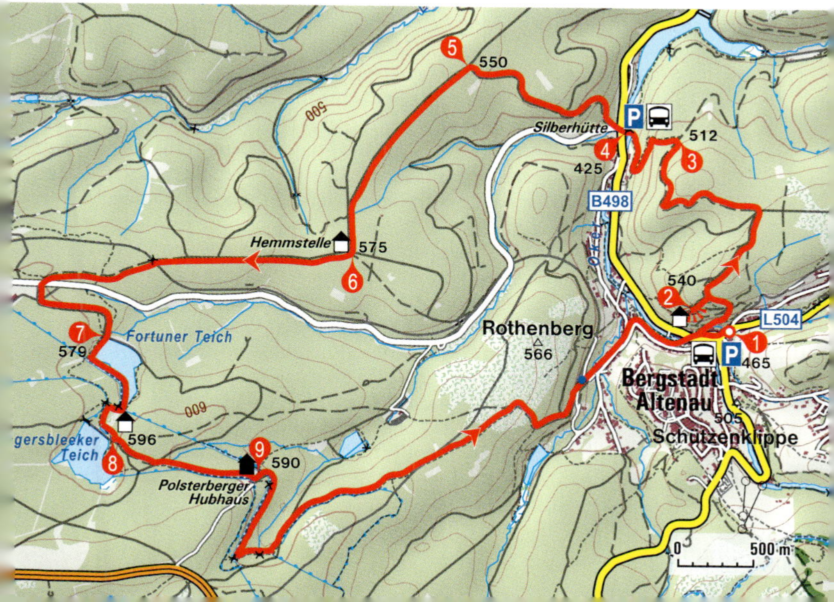

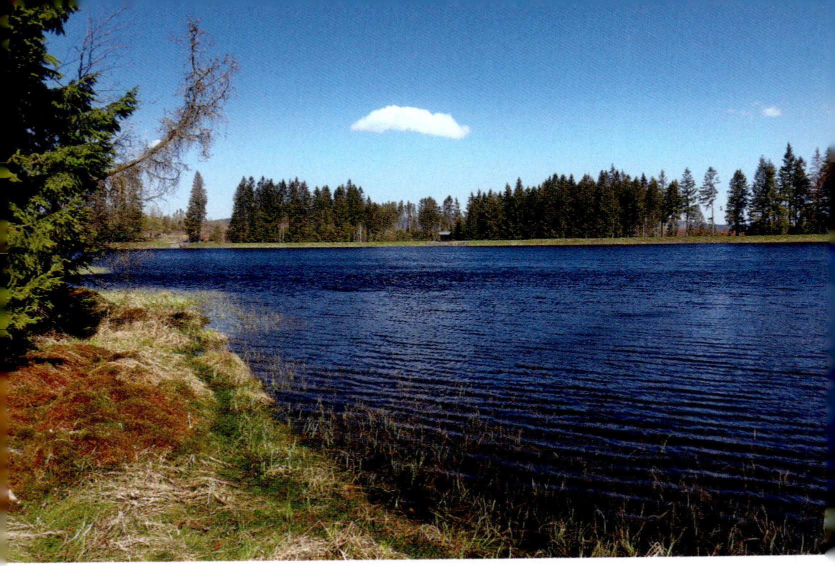

Am Ufer des Fortuner Teichs.

nach rechts zu einem Parkplatz und zur Bushaltestelle **»Silberhütte«** ❹. Nur ein paar Meter weiter bei der Straßenverzweigung (**»Schwarzes Wasser«**) lotst uns die Markierung des Fernwanderwegs E6 am Hang hinauf. Nach einem steilen unbefestigten Stück gelangt man auf eine Forststraße und zur T-Kreuzung am **Dietrichsberg** ❺. Von dort sind es rund 1,5 Kilometer über den Höhenrücken bis zur nächsten größeren Kreuzung bei der **Hemmstelle** ❻. Mit dem Hellertaler Weg orientieren wir uns nach rechts (westwärts) und gewinnen noch ein paar wenige Höhenmeter bis zu jenem Punkt, wo die *K38* überquert wird (Bushaltestelle »Brockenblick«). Gegenüber nun leicht abwärts zum **Fortuner Teich** ❼, den wir wahlweise links oder schöner rechts passieren. Von seinem Südende ist es nicht weit bis zum **Jägersbleeker Teich** ❽, wobei wir gleich links die Weppner Hütte mit der Stempelstelle ansteuern können. Nächstes Ziel ist nur einen Kilometer entfernt das an Wochenenden geöffnete **Polsterberger Hubhaus** ❾. Knapp unterhalb schlagen wir rechter Hand den Weg Nr. 10H am Dammgraben ein und gehen damit das innere Polstertal im Bogen aus. Allmählich kommt man zum weitläufigen Rothenberg voran, nimmt (bis auf einen kurzen Versatz) immer den unbefestigten Pfad und schwenkt allmählich auf die südöstliche Seite des Rückens. Nach einem zwischenzeitlich deutlichen Bergab nähern wir uns dem Alten Bahnhof in Altenau, gelangen über die *Rothenberger Straße* zur *Bergstraße* und an der Kirche vorbei zurück ins Zentrum von **Altenau** ❶.

2.00 h	7,1 km
↗ 300 m	↘ 300 m

Von Torfhaus zur Wolfswarte

18

Herrliche Aussichtsklippe am Bruchberg

Im Bereich zwischen Torfhaus und Altenau ist die Wolfswarte, eine aus Quarzitgestein bestehende Blockklippe, das attraktivste Ziel. Sie erhebt sich zwischen typischem Reitgras-Fichtenwald an der Nordseite des Bruchbergs, der auch größere Kammmoore aufweist. Seit dem Ende der letzten Eiszeit sind hier bis zu drei Meter mächtige Torflagen entstanden. Vom kantigen Felsblockhaufen schweifen die Blicke vor allem über die Höhenzüge im Nord- und Westharz. Ganz knapp spitzt auch der Brocken über die Baumwipfel am Bruchberg.

Ausgangspunkt: Torfhaus, Parkplatz an der L504 in Richtung Altenau, kurz nach dem Abzweig von der B4. Nächstgelegene Bushaltestelle direkt in Torfhaus (Linie 820 zwischen Bad Harzburg und Braunlage).
Anforderungen: Mehrheitlich naturnahe Wege und Pfade, vor allem am Butterstieg relativ steil, aber eher eine Kurztour.
Einkehr: Bavaria Alm Torfhaus (geöffnet ab 11 Uhr, Wochenende ab 9 Uhr). Restaurant Wienerwald des Torfhaus Harzresort.
Variante: Vom unteren Ende des Butterstiegs die L504 überschreiten und rechts haltend zur Einmündung in den Hexen-Stieg, damit am Nabentaler Wasserfall vorbei ins Kellwassertal und im Gegenanstieg zurück zum Parkplatz. Gehzeit etwa 30 Min. länger.
Stempel: Nr. 135 (Wolfswarte).

Fernblick von der Wolfswarte gen Westen in die Gegend um Altenau und Clausthal-Zellerfeld.

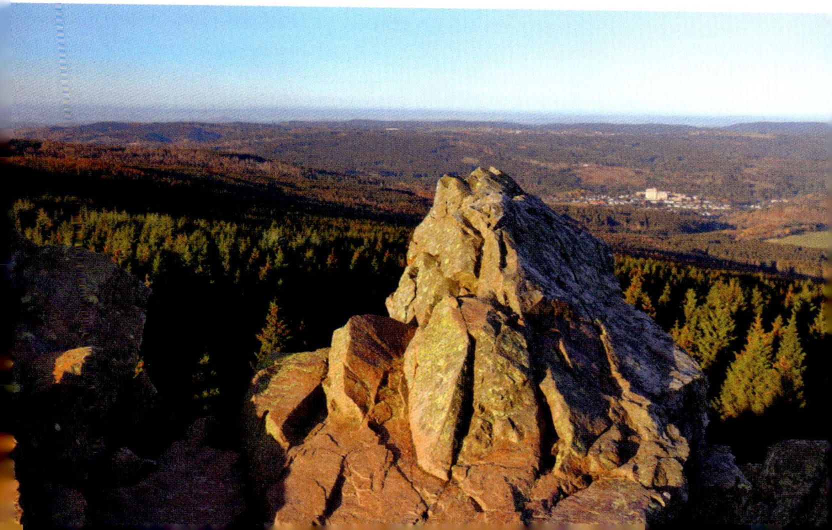

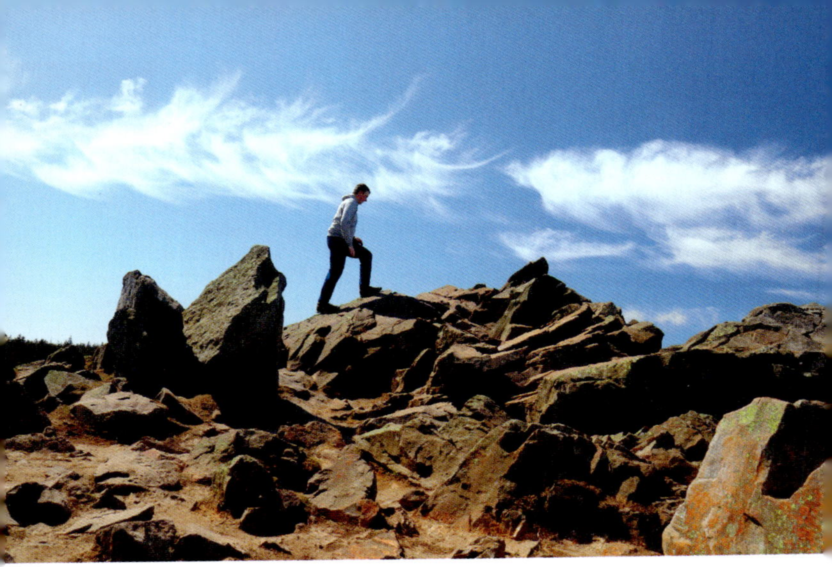

Der höchste Punkt wird von kantigen Quarzitfelsen gebildet.

Die Wanderung beginnt am unteren Ende des Parkplatzes westlich von **Torfhaus** ❶. Wir achten auf den Hinweis »Wolfswarte« (Nr. 18B), folgen zunächst einem Wurzelpfad und überqueren dann die Straße, um gegenüber in einer Art Schneise fortzusetzen. Der etwas steinige Weg führt mäßig steil direkt auf die **Wolfswarte** ❷, 918 m, mit ihren eigentümlichen Quarzitblöcken. Die Umgebung am Bruchberg ist teils dicht bewaldet, aber der nördliche Gesichtskreis erweist sich dennoch als weithin offen.
Jenseits treffen wir rasch auf die Forststraße des Oberen Bruchbergweges, wenden uns an der Unterstandshütte vorbei nach rechts und setzen den Abstieg auf dem steilen und teils wurzligen **Butterstieg** (Nr. 18J) fort. Dieser bringt uns erneut zur *L504* ❸, die jedoch nicht überschritten wird. Vielmehr wandern wir auf knapp zwei Kilometern parallel zu dieser, bis wir auf den Hinweg treffen, und gehen auf diesem weitere 1,3 Kilometer zurück zum Parkplatz bei **Torfhaus** ❶.

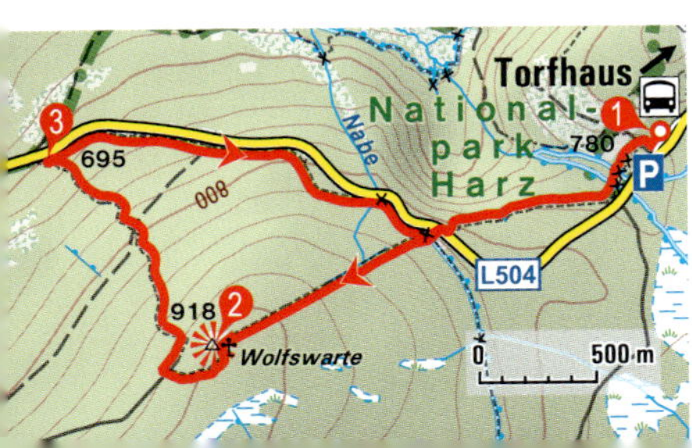

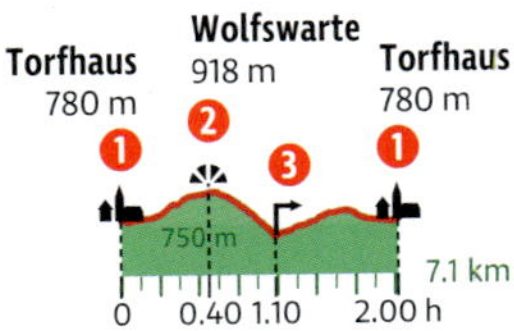

2.00 h	7,6 km
↗200 m	↘200 m

Von Oderbrück auf die Achtermannshöhe

19

Mit einer Schleife übers Bodebruch

Während an Brocken und Wurmberg die Zeichen der Erschließung schon aus der Ferne unübersehbar sind, präsentiert sich der Achtermann – übrigens die dritthöchste Erhebung ganz Niedersachsens – noch so gut wie naturbelassen. Lediglich ein Geländer umgibt den abschüssigen Gipfel, der ganz zuoberst aus Hornfels und sonst ringsum aus dem Granit des Brockenplutons besteht. Dank der hoch gelegenen Startrampe bei Königskrug bzw. Oderbrück kommt man am Achtermann relativ schnell in den Genuss eines großen Harz-Panoramas. Knapp sechs Kilometer nordöstlich dominiert der mächtige Brocken, noch näher liegt östlich der Wurmberg. Davon abgesehen schweifen die Augen gleichsam über die Wogen eines Waldmeeres, das allerdings auch großflächige Wunden offenbart: Allenthalben schimmern silbrig die Legionen nackter Baumpfähle und wüst durcheinander geworfener Gerippe. Ökologen sehen darin aber weniger die Zerstörung als vielmehr eine erste Stufe der Walderneuerung, die hoffentlich zu etwas Robusterem führen wird, als es die Fichten-Monokulturen ehedem waren. Wer in den nächsten Jahren und Jahrzehnten öfters hierherkommt, wird der Natur womöglich beim Wirken zusehen können …

Wurzelsteig am Rand des Bodebruchs.

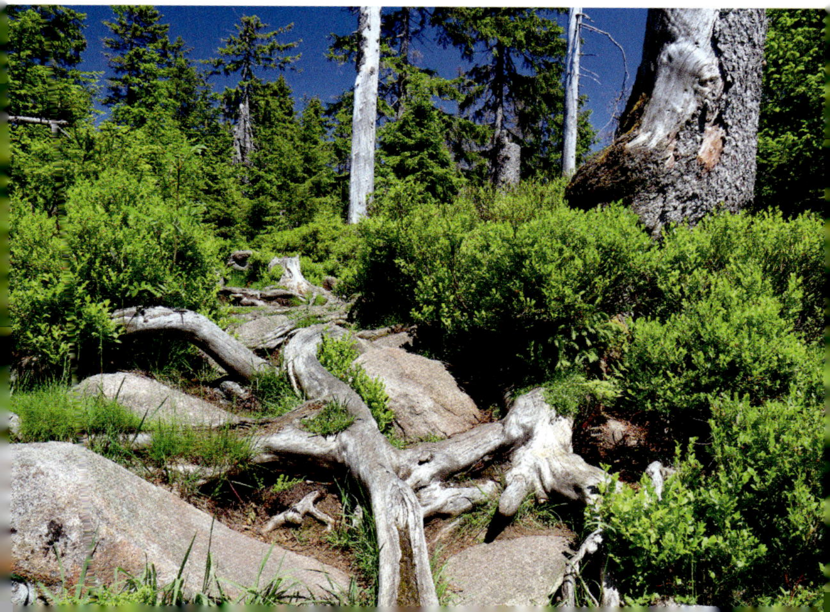

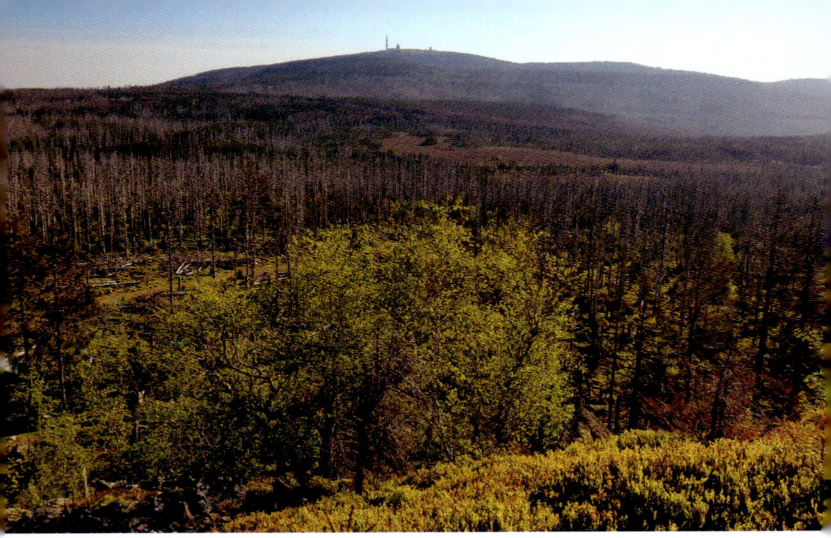

Ausblick vom Achtermann hinüber zum Brocken …

Ausgangspunkt: Oderbrück, ca. 790 m, an der B4 rund 3 km südlich von Torfhaus. Buslinie 820 zwischen Bad Harzburg und Braunlage.
Anforderungen: Häufig komfortabel ausgebaute Wanderwege, abschnittsweise aber auch steindurchsetzt und am Gipfelaufbau der Achtermannshöhe kurzfristig steil, sonst gemäßigt. Relativ kompakte Tour.
Einkehr: Kaffeeklappe Oderbrück (geöffnet ab 11 Uhr, am Wochenende ab 9 Uhr).
Variante: Man kann vom Achtermann auch in Richtung Königskrug absteigen (ebenfalls Bushalt der Linie 820, außerdem Gasthaus).
Stempel: Nr. 12 (Achtermannshöhe), eventuell Nr. 168 (Dreieckiger Pfahl, ca. 600 m ab Bodebruch).

Beim Parkplatz in **Oderbrück** ❶ nehmen wir die südwärts abziehende Route Nr. 31H/12D auf. Die zweitgenannte Nummer gehört hier zum Kaiserweg, der sich nach rund 1,2 Kilometern abtrennt. Wir kreuzen auch den Milliardenweg (Forststraße) und gewinnen auf naturbelassener und etwas holpriger Trasse sukzessive an Höhe. Direkt unterhalb des Gipfels ist bei einer Wegkreuzung ein Rastplatz eingerichtet, den Wanderstempel finden wir in der Unterstandshütte. Ein kurzes, aber steiles und felsdurchsetztes Aufwärtsstück noch und wir können von der **Achtermannshöhe** ❷, 925 m, das Panorama im 360-Grad-Zirkel abnehmen.
Für den Rückweg wollen wir zwischen Hochmoorflächen noch ein wenig ausholen und vor allem den Aussichtspunkt am Bodebruch mitnehmen. Dafür am ostseitigen Hang ein gutes Stück abwärts und mit Nr. 35L bald nach Norden eindrehen. Der Weg führt zwischen Schwarzem Sumpf und

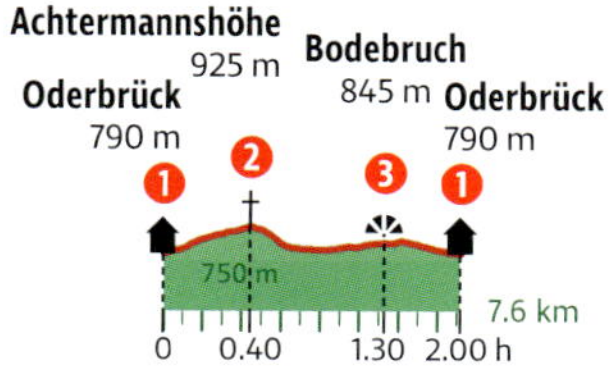

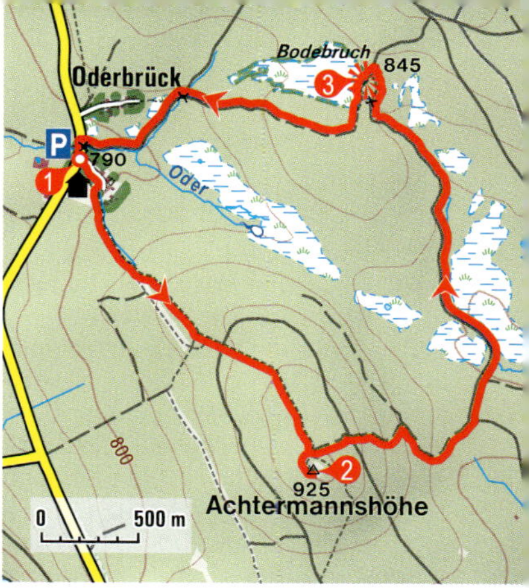

Rotem Bruch hindurch, wobei für uns vor allem der abgestorbene Wald zur prägnanten Begleiterscheinung wird. Noch bevor man den Dreieckigen Pfahl erreicht, wird ein scharfer Linksknick absolviert – und schon stehen wir vor der Aussichtsplattform am **Bodebruch** ❸, dessen typische Wölbung zu erkennen ist. Etwas wurzlig und verschlungen setzt sich der Pfad am Rande des Moores fort, weist auch einige Bohlen auf und schwenkt dann nach rechts. Ein leichtes Gefälle bringt uns zum Kaiserweg, mit dem sich der Kreis in Richtung **Oderbrück** ❶ schließt.

... und in die entgegengesetzte Richtung über den Westharz.

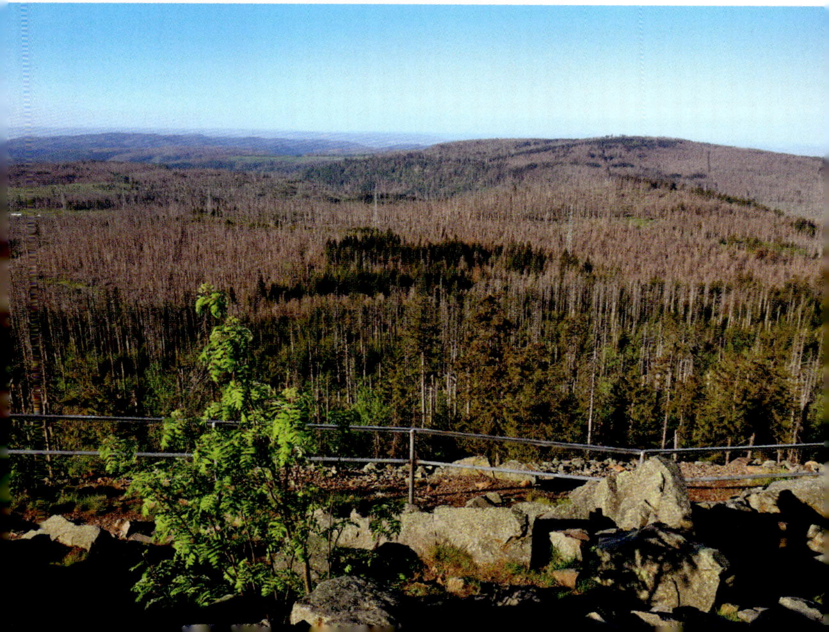

20 St. Andreasberger Höhenwanderweg

4.30 h | 17,1 km | ↗520 m | ↘520 m

Eine alte Bergstadt aus vielen Perspektiven

Sankt Andreasberg gehörte einst zu den »freien Bergstädten« im Harz. Diese der montanindustriellen Blüte im 16. Jahrhundert entsprungenen Prägung sieht man der Höhensiedlung, die sich zwischen Jordanshöhe, Beerberg, Glockenberg, Galgenberg und Sieberberg schmiegt, noch deutlich an. Interessant ist eine Besichtigung der Grube Samson und des Kanarienvogel-Museums »Harzer Roller«. Die kleinen Vögel dienten unter Tage einst als »Frühwarnsystem« bei allfällig auftretenden giftigen Gasen. Heute ist Sankt Andreasberg Luftkurort am Rande des Nationalparks und natürlich vor allem touristisch ausgerichtet. Unser Wandervorschlag stellt den kompletten, offiziellen »Höhenwanderweg« rundherum vor: ein etwa 17 Kilometer messendes, verwinkeltes Auf und Ab, das häufig aussichtsreich verläuft. Immer wieder sind wir auf Bergwiesen unterwegs, die einen anheimelnden Rahmen für unser schmuckes Städtchen bilden – zerschnitten durch einige recht markante Talfurchen, sodass es stets abwechslungsreich bleibt. Freilich wird auch um Sankt Andreasberg die aktuelle Problematik der Waldökologie offenkundig.

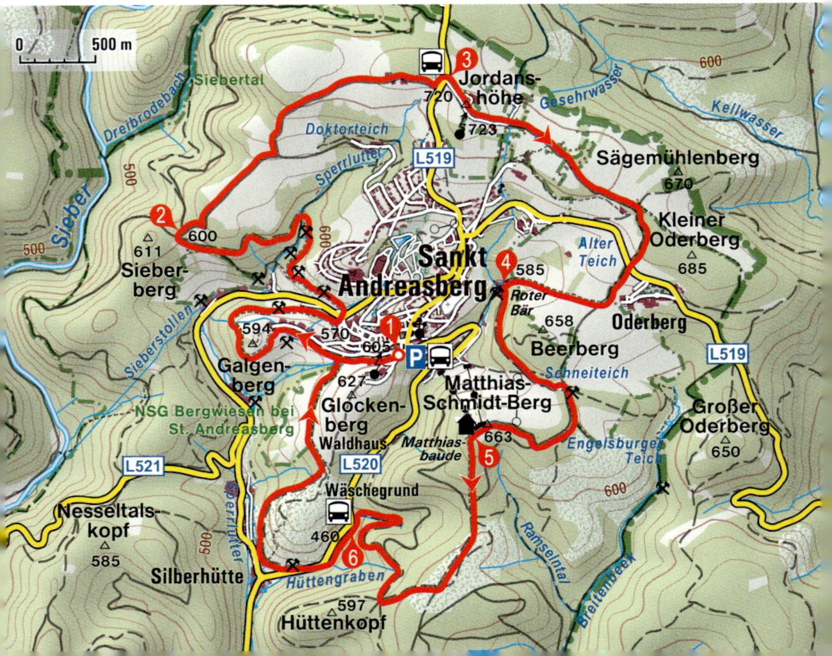

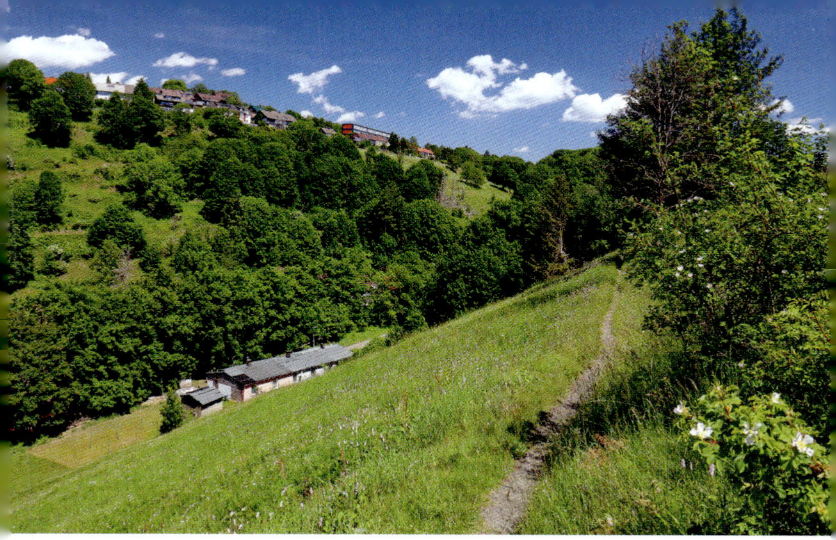

Am schmalen Fritz-Schlamelcher-Weg um den Galgenberg herum.

Ausgangspunkt: St. Andreasberg, Bushaltestelle »Am Glockenberg«, ca. 605 m (hier auch Parkmöglichkeit). Buslinien 450 von Herzberg und 820 von Bad Harzburg über Braunlage. Eine Parkmöglichkeit direkt am Rundweg besteht in der Straße »Schwalbenherd«.
Anforderungen: Wechsel von unbefestigten Wegen mit Grasnarbe (abschnittsweise schmal) und gewöhnlichen Forststraßen; häufig offenes Gelände. Das Auf und Ab summiert sich auf über 500 Hm, solide Ausdauer erforderlich. Die Route ist durchgängig beschildert.
Einkehr: Matthiasbaude (10–17.30 Uhr geöffnet, Mi Ruhetag); ansonsten diverse Restaurants und Cafés in St. Andreasberg.

Varianten: 1. Alternative Einstiegsmöglichkeiten in die Tour ergeben sich auf der Jordanshöhe (an der Straße nach Sonnenberg; hier auch Bushaltestelle), an der Straße kurz vor Oderberg oder bei Silberhütte (ebenfalls Bushalt).
2. Gegen Ende kann man in Richtung Ausgangspunkt etwas abkürzen, indem man sich an die rechte (östliche) Flanke des Glockenbergs hält.
Tipps: Führung durch die Grube Samson, in der Sommersaison täglich, sonst Mo Ruhetag (nähere Infos unter grubesamson.de). Das Bergwerksmuseum kann mit oder ohne Führung besucht werden, ebenso das Kanarienvogel-Museum »Harzer Roller«.
Stempel: Keine am Weg.

Von der Bushaltestelle »Am Glockenberg« in **St. Andreasberg** ❶ orientieren wir uns in die unterhalb gelegene *Silberstraße* und dort gen Westen zur Einmündung in die Straße *Schwalbenherd*, womit wir uns unmittelbar auf der ausgewiesenen Route befinden. Nun geht es in Richtung Galgenberg, der vom sehr reizvollen Fritz-Schlamelcher-Weg umrundet wird (auch ein kurzer Abstecher auf die Kuppe ist empfehlenswert).

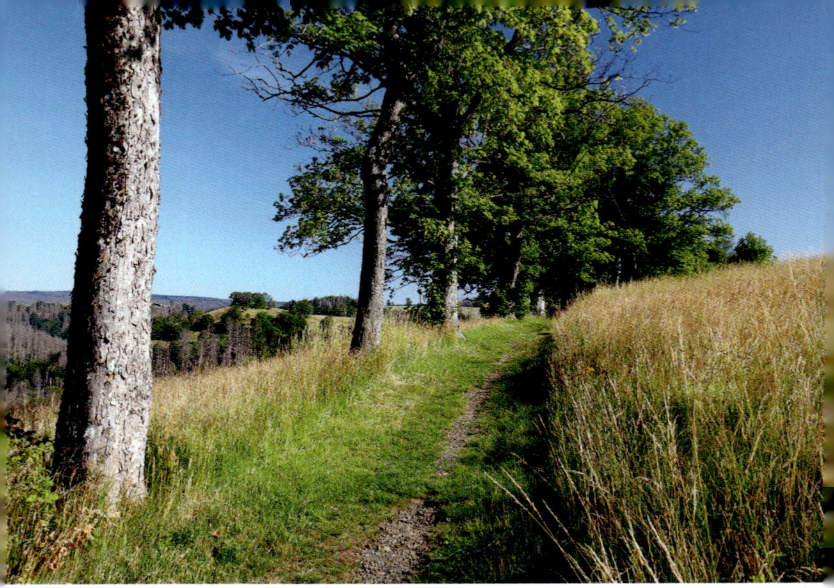

Eine Baumreihe steht am Glockenberg Spalier.

Nach diesem schönen Auftakt führt der schmale Pfad wieder in die Bergstadt hinein, wobei wir aus der *Mühlenstraße* rechts in die *Untere Grundstraße* und sofort links in den *Bäckerhügel* einbiegen. Zwischen zwei Häusern hindurch nehmen wir den nächsten Pfadabschnitt (Gerenner Weg) vis-à-vis dem Galgen- und Glockenberg auf. Nachdem das Sperrental gekreuzt ist, deutlich bergauf zu einer Mehrfachkreuzung am **Sieberberg** 2, wo man sich scharf nach rechts wendet. Etwas höher treten wir auf die ausgedehnten Sperrentaler Wiesen hinaus und genießen einen weiten Panoramablick über den Südharz. Die Route steigt bis zu einem Bauernhof an und trifft im Bereich der **Jordanshöhe** 3 auf die *Clausthaler Straße (L519)*. Nun geht es an einem Hochseilgarten und den Ferienanlagen vorbei ost- bis südostwärts, in Kürze ein Stück weit gemeinsam mit der Südspange des Harzer-Hexen-Stiegs. Hinter einem Trinkwasser-Hochbehälter langsam rechts eindrehend zur *Braunlager Straße* (ebenfalls *L519*), die geradeaus überschritten wird. Nach gut 300 Metern achte man auf den Rechtsabzweig: Ein Grasweg führt in einen Geländeeinschnitt und zur Grube **»Roter Bär«** 4 hinab. Beim Lehrbergwerk dann wieder links hoch und zu einem Rastplatz mit Schutzhütte, wo sich ein toller Ausblick ergibt. Nebenan gewahren wir immer wieder Tafeln zur Geschichte des Bergbaus. Als Nächstes nähern wir uns dem Skigebiet am Matthias-Schmidt-Berg, halten uns zunächst am linken Rand (an einem Speicherteich vorbei) und wandern

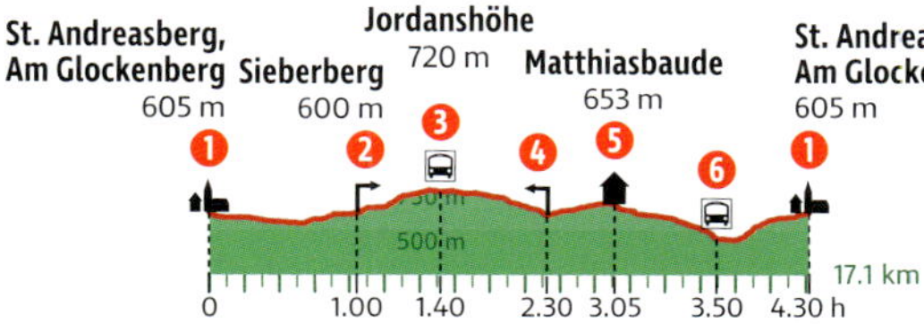

dann auf dem Höhenrücken zu den Liftstationen und zur aussichtsreichen **Matthiasbaude** 5.

Jenseits erfolgt ein deutliches Bergab, unterbrochen allerdings durch eine kleine Gegensteigung, nach der man aufpassen muss, den Rechtsabzweig nicht zu verpassen. Mit mehreren markanten Schleifen führt unsere Route in den Köhlergrund hinunter, der seinerseits in den *Wäschegrund* bei **Silberhütte** 6 mündet. Rund 250 Meter müssen wir entlang der Straße laufen, bis wir nach rechts wieder eine Forststraße einschlagen können. Diese steigt Richtung Glockenberg kräftig an. Ein nicht beschilderter, minimaler Abstecher leitet rechter Hand zur Aussichtskanzel »Rosstrappe«. Entlang der Schiefen Halbe, an der Westseite des Glockenbergs, haben wir anschließend noch das besonders schöne Finale vor uns, ehe wir unmittelbar hinter einer Brücke rechts abzweigen und bald wieder *Am Glockenberg* in **St. Andreasberg** 1 eintreffen.

Blick über die eng bebaute Kernstadt.

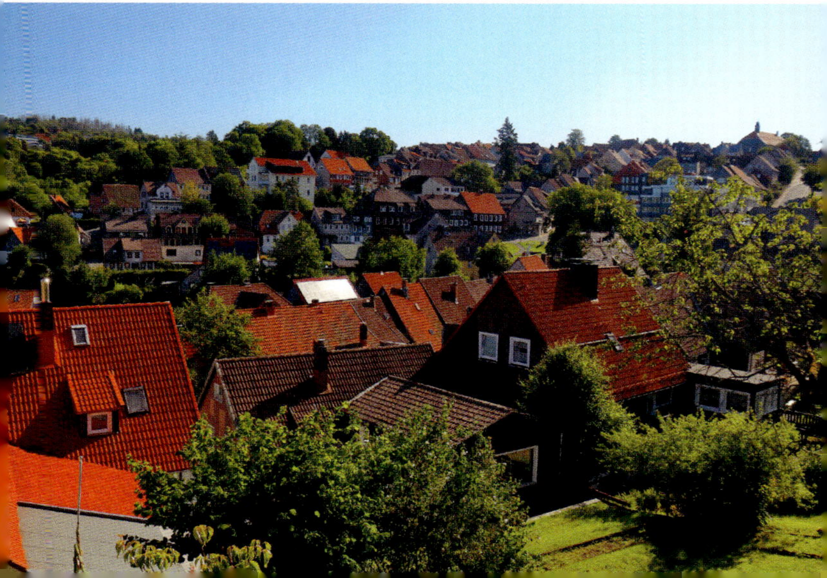

21 Braunlager Rundweg

2.20 h	9,0 km
↗ 200 m	↘ 200 m

Von der Bergstadt zum staatlich anerkannten Luftkurort

Braunlage, am Oberlauf der Warmen Bode sowie auf einer Rumpffläche in rund 600 Meter Seehöhe gelegen, entstand als »Bergstadt« im 16. Jahrhundert, behielt jedoch noch lange Zeit eher dörflichen Charakter, insbesondere als das Hüttenwesen stagnierte. Die »zweite Karriere« wurde dem Ort ab dem Ende des 19. Jahrhunderts mit dem aufblühenden Fremdenverkehr und der Gründung eines Kurbetriebs zuteil. 1934 erfolgte die Anerkennung als heilklimatischer Kurort. Die damalige Schneesicherheit befeuerte den Wintersport, sodass die Gästeschaft gleich in zwei Saisons starken Zuwachs erfuhr. Heute zählt Braunlage rund 800.000 Übernachtungen im Jahr. Dies brachte nach und nach auch ein modernes Erscheinungsbild mit sich, wie sich auf einer Rundtour um das Stadtgebiet immer wieder offenbart. Wir erhalten Perspektiven von allen Seiten und können dem Trubel des Zentrums durchaus für eine Weile entfliehen.

Der »Adamsblick«: hinter Braunlage die Achtermannshöhe.

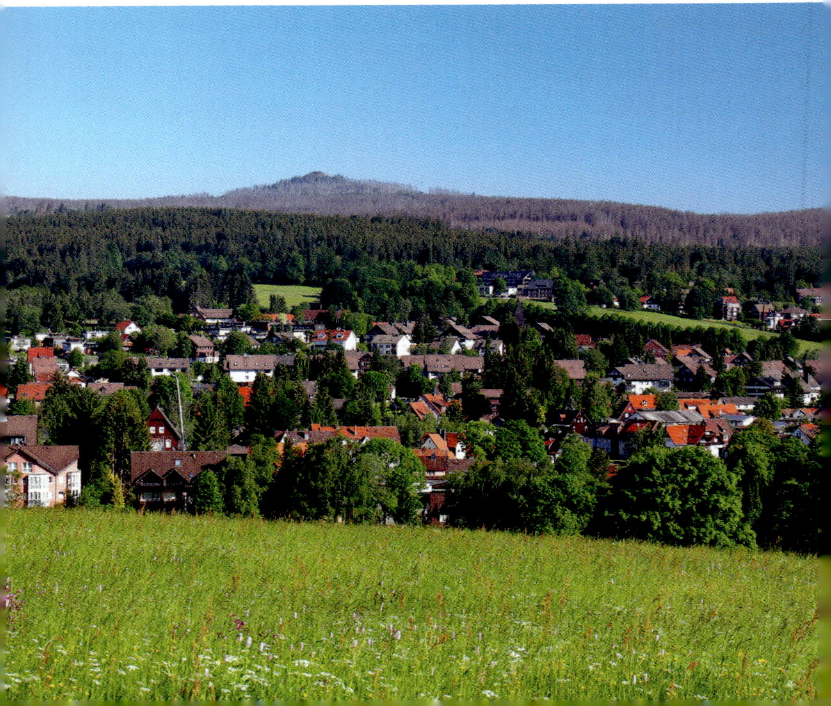

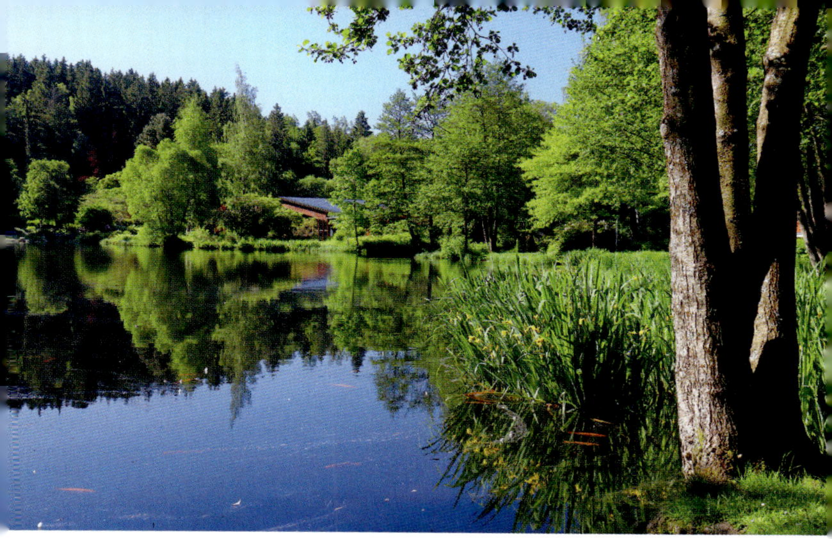

In Braunlage sollte man unbedingt durch den Kurpark spazieren.

Ausgangspunkt: Braunlage, Großparkplatz bei der Wurmbergbahn, ca. 570 m. Buslinien 820 von Bad Harzburg, 470 von Bad Sachsa/Walkenried und 264 von Wernigerode nach Braunlage (nächstgelegene Haltestelle »Eisstadion«).
Anforderungen: Gepflegte Wanderwege, zwischendurch Hartbelag, naturnah speziell in den Bereichen Bodetal und Adamsblick. Moderates Auf und Ab, als Rundweg durchgehend beschildert (allerdings nicht an allen Verzweigungen optimal angebracht).
Einkehr: Zahlreiche Angebote in Braunlage.
Stempel: Keine am Rundweg.

Wir starten bei der **Wurmbergbahn** ❶ in **Braunlage** und nehmen die Route im Uhrzeigersinn auf. Der erste Abschnitt führt nördlich um den Hütteberg herum. Wir kreuzen die *Große Wurmbergstraße* und die *Elbingeröder Straße (B27)*, wenden uns *Am Langen Bruch* in Richtung Kurpark und tangieren das Areal außen am Rand (nebenan eine große, wüste Waldblöße). Dann schweift man nach links ab und nähert sich etwas absteigend dem Tälchen der **Warmen Bode** ❷. Jenseits wieder leicht ansteigend zu den

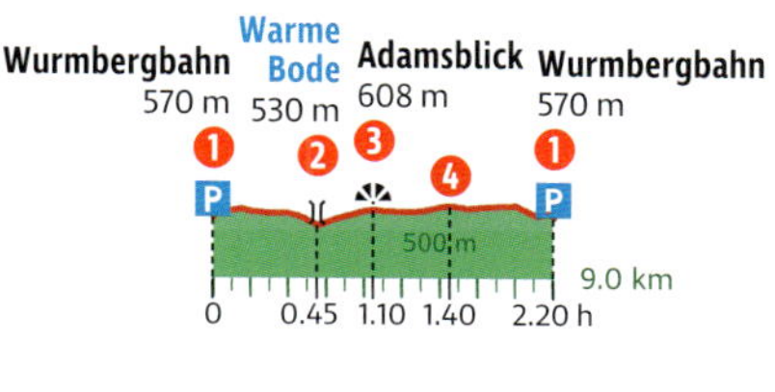

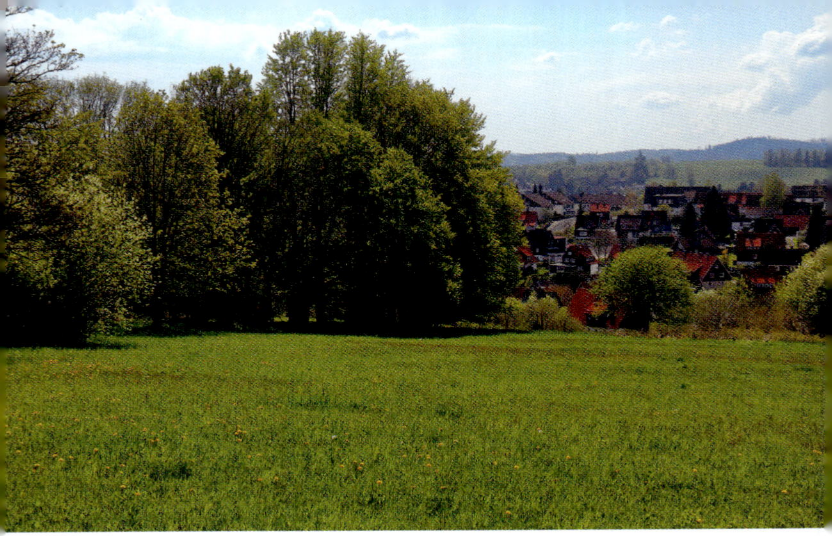

Im Bereich der sogenannten Skiwiese nordwestlich des Zentrums.

südlichsten Siedlungsausläufern der Stadt, über die *Tanner Straße* hinweg und anschließend auf einem Wiesenweg neben dem Hasselkopf-Tunnel (*B4/B242*) zum **Adamsblick** ❸, der wohl das schönste Panorama Braunlages vermittelt.
Wir setzen die südliche Traverse fort, kommen am Meilerplatz vorbei, passieren auch den Friedhof und kreuzen die *Lauterberger Straße (B27)*. Damit geht es allmählich auf der Westseite Braunlages weiter, nach einem Rechtsschwenk zur **Jugendherberge** ❹ und kurz darauf scharf rechts der *Von-Langen-Straße* folgend, bis vor den Sportanlagen wiederum rechtwinklig nach links abgebogen wird. Wir durchschreiten das seichte Schultal, wandern nach einem Rechtsknick kurzzeitig über eine offene Wiesenfläche und setzen unseren Weg beim Café Panorama in der Straße *Unter den Buchen* fort. Mit einem Bogen hinab zur *Harzburger Straße*, gleich darauf auch über die Warme Bode hinweg und damit zurück zur **Wurmbergbahn** ❶.

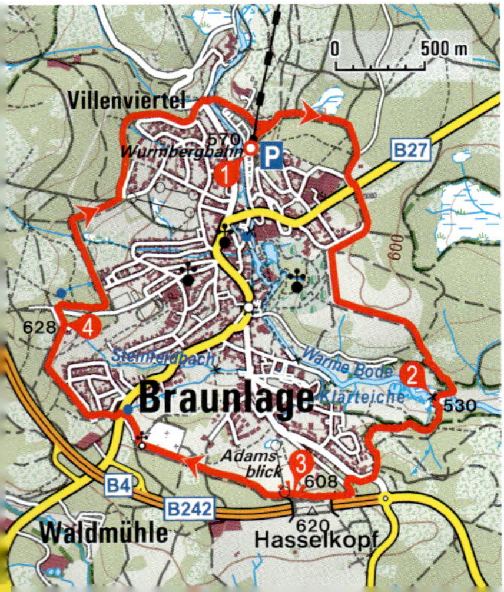

3.30 h	12,5 km
↗440 m	↘440 m

Von Braunlage auf den Wurmberg

22

Zum höchsten Punkt in Niedersachsen

Der Wurmberg ist der Hausberg Braunlages, mit seinen Aufbauten unverkennbar (es sei denn, der Unkundige hält ihn fälschlicherweise für den Brocken) und ein touristischer Anziehungspunkt ersten Ranges, jedenfalls der höchste Berg überhaupt in Niedersachsen. Wenn man oben weilt, sieht man den Brocken natürlich prominent im Panorama, das bei klarem Wetter auch weit über die Harzränder hinausreicht. Viele Besucher »erklimmen« den Wurmberg einfach mit der Seilbahn, doch der redliche Wanderer wird natürlich nach der besten Aufstiegsmöglichkeit suchen. Diese ist gar nicht so eindeutig zu benennen. Wer sich lieber etwas abseits vom Trubel bewegt, sollte wie nachfolgend vorgeschlagen nicht aus dem Stadtgebiet Braunlages starten, sondern vielleicht weiter östlich über den Grenzweg aufsteigen. Unmittelbar neben der Wurmbergschanze gilt es gipfelwärts eine steile Metalltreppe mit mehr als 300 Stufen zu bewältigen. Für den Rückweg sollte man unbedingt den Einschnitt der Warmen Bode erwandern – womöglich die idyllischste Passage überhaupt rund um den Wurmberg.

Ausgangspunkt: Parkplatz beim Gedenkstein Grenzöffnung, 566 m, an der B27 etwa 2 km vom Zentrum Braunlages in Richtung Elend. In der Nähe die Bushaltestelle »Bremkebrücke« der Linie 264 zwischen Braunlage und Wernigerode.
Anforderungen: Auf dem Grenzweg mitunter relativ steiler Anstieg, vor allem auf der langen Treppe zum Wurmberg-Gipfelkomplex. Naturbelassen verläuft speziell der Abschnitt zwischen Bärenbrücke und Brockenwegschanze, sonst meist breite Trassen. Elementare Ausdauer angezeigt.
Einkehr: Hexenritt Alm (kurzer Abstecher vom Kaffeehorst). Wurmberg Alm und »Gipfelstürmer« auf dem Wurmberg (ab 9 bzw. 10 bis 17 Uhr geöffnet). Weitere Möglichkeiten zahlreich in Braunlage.
Variante: Etwas kürzer ist es, wenn man bei Stieglitzecke auf der Fahrstraße bleibt und die Bärenbrücke mit zwei markanten Kehren über den Sögdingsweg (Nr. 35J) ansteuert.
Stempel: Nr. 18 (Kaffeehorst/Grenzweg), Nr. 156 (Wurmberg-Baude).

Knapp östlich der Bremke befand sich einst die innerdeutsche Grenze, die heute durch den **Gedenkstein Grenzöffnung** ❶ angezeigt wird. Hier setzt der ehemalige Kolonnenweg an, der uns auf seinen typischen Betonwaben rasch an Höhe gewinnen lässt. Auf Höhe des Hexenritts (der gleichnamige Parkplatz mit Gaststätte liegt knapp links abseits und ließe sich über die Große Wurmbergstraße anfahren) kann ein kurzer Seitensprung nach rechts zur Stempelstelle »Grenzweg am **Kaffeehorst**« ❷ unternommen werden. Ansonsten setzen wir den Aufstieg geradeaus fort und kommen in den Bereich des Kleinen und Großen Winterbergs voran. Nach einem lang gezogenen Linksbogen zweigen wir beim **Loipenhaus** ❸ links ab und

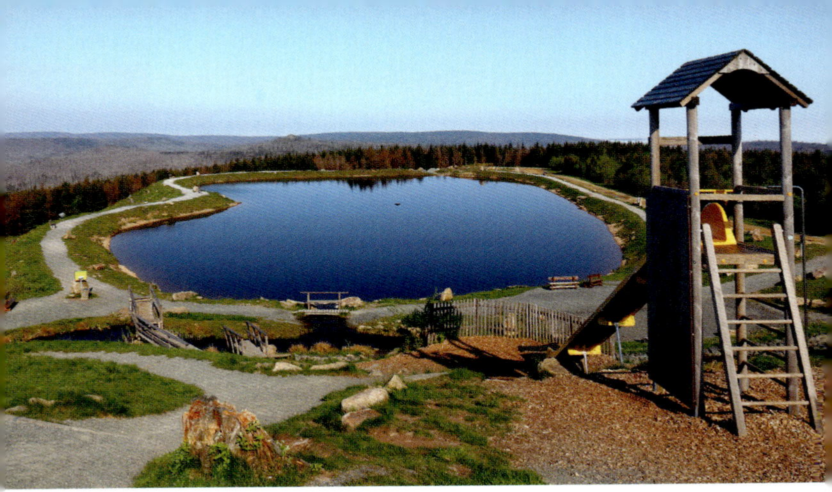

Der Gipfelbereich wurde massentouristischen Bedürfnissen angepasst.

nähern uns der Wurmbergschanze. Parallel dazu führt eine lange Metalltreppe kräftig aufwärts bis zur Wurmberg-Baude (Wurmberg Alm) – die bessere Option anstelle des nebenan verlaufenden Serpentinenpfades, der etwas verwachsen erscheint.

Der Gipfelbereich des **Wurmbergs** 4 offenbart sich als touristischer Park mit allerlei Künstlichkeit (neudeutsch »BergErlebnisWelt« genannt). Dazu zählt auch ein stattlicher Speichersee, den wir beim Abstieg passieren (sofern nicht kurz vorher weiter rechts der Kuhlagerweg eingeschlagen wird). Auf der Fahrstraße laufen wir anschließend ein Stück abwärts bis Stieglitzecke, wo wir ein paar Meter nach rechts auf den naturbelassenen Ulmer Weg wechseln. Damit am Höhenrücken entlang bis zur Kreuzung am **»Bösen Hund«** 5. Nun mit Nr. 35D nach links und auf einer Forststraße leicht abwärts bis zur **Bärenbrücke** 6, die nach rechts überschritten wird.

Für die folgende gute halbe Stunde begleiten wir jetzt die munter plätschernde Warme Bode, die am Oberen und Unteren Bodefall auch kleinere Stufen zeigt. Der naturbelassene Abschnitt endet bei einer Rundbogenbrücke 7 in der Nähe der Brockenwegschanze, wo wir erneut die Seite wechseln und gegenüber den Glashüttenweg aufnehmen. Er zieht in offenes Terrain hinaus, kreuzt die Trasse der Wurmbergbahn sowie mehrere Wege am Südhang, ehe kurz vor der *Großen Wurmbergstraße* in den Hexen-Stieg (Brockenum-

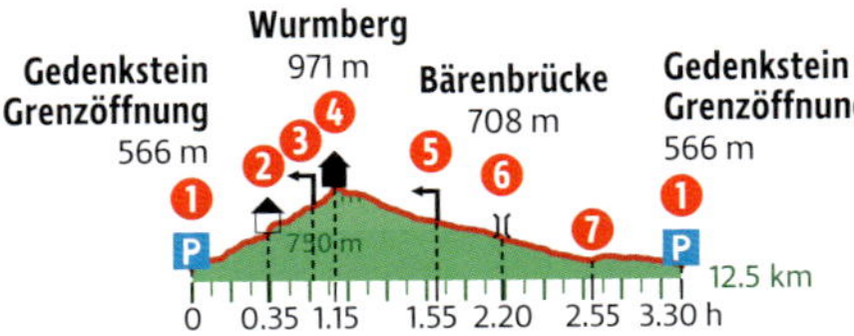

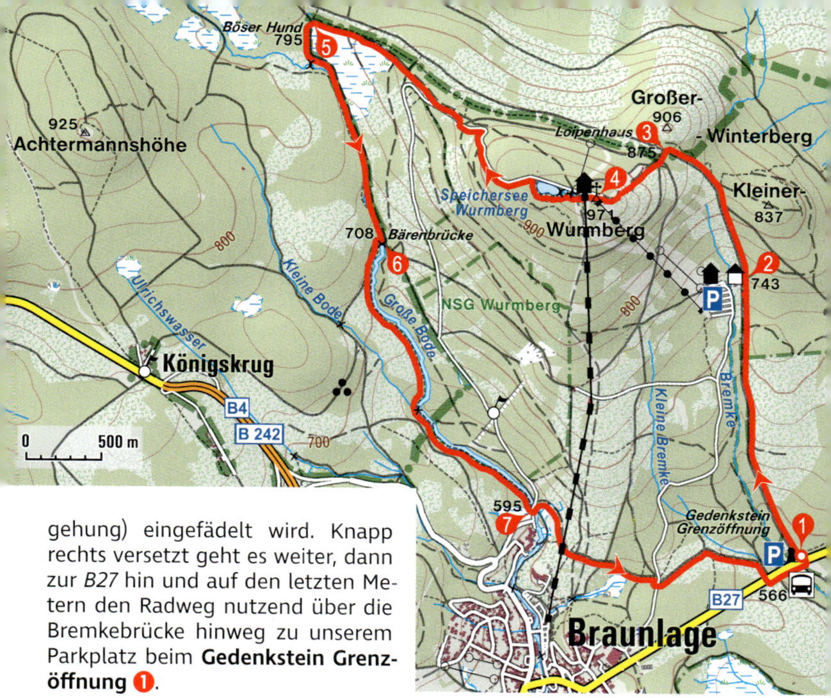

gehung) eingefädelt wird. Knapp rechts versetzt geht es weiter, dann zur *B27* hin und auf den letzten Metern den Radweg nutzend über die Bremkebrücke hinweg zu unserem Parkplatz beim **Gedenkstein Grenzöffnung** 1.

Die Warme Bode rauscht über einige Kaskaden dahin.

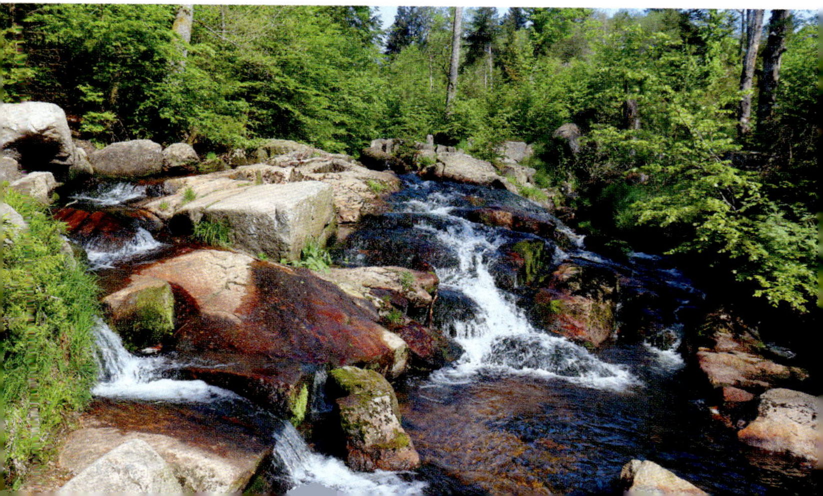

23 Brocken-Rundweg

0.30 h	2,0 km
↗40 m	↘40 m

Ein Panoramaweg auf buchstäblich hohem Niveau

Der Brocken, einst sagenumwoben »Blocksberg« genannt, wird zu jeder Jahreszeit und nahezu bei jedem Wetter besucht – da müsste es schon ein sehr ungemütlicher Tag sein, dass man hier einmal die große Einsamkeit erlebt. Zu den zahlreichen Wanderern (und etlichen Mountainbikern) gesellt sich die enorme Schar der Touristen, die mit der Brockenbahn heraufzuckelt. Bei schönem Wetter ergibt dies ein ordentliches Gewusel, etwa rund um die »Brockenuhr« am höchsten Punkt oder bei den anderen touristischen Einrichtungen, zu denen der Brockenwirt sowie das Gipfelhotel zählen, aber auch das Brockenmuseum, das über die Geschichte dieses außergewöhnlichen Berges informiert, oder der Brockengarten mit teils seltenen Pflanzen. Ein Standardprogramm für halbwegs Gehfreudige ist der Rundweg, den man unbedingt unternehmen sollte, um das gesamte Panorama im 360-Grad-Zirkel zur Entfaltung kommen zu lassen. Bei besonders klarer Luft reicht die Sicht über 100 Kilometer weit, etwa bis zu Thüringer Wald und Rhön, Rothaargebirge und Weserbergland. Im engeren Umfeld überblicken wir die Geländewellen des Harzes aus buchstäblich überragender Perspektive. Auf der Brockenkuppe befindet man sich übrigens schon oberhalb der natürlichen Waldgrenze. Zu beachten ist das Wegegebot, denn abseits davon ist das Gelände mit seiner empfindlichen Flora streng geschützt.

Der Brocken-Rundweg lässt uns weit ins Harzvorland hinausblicken.

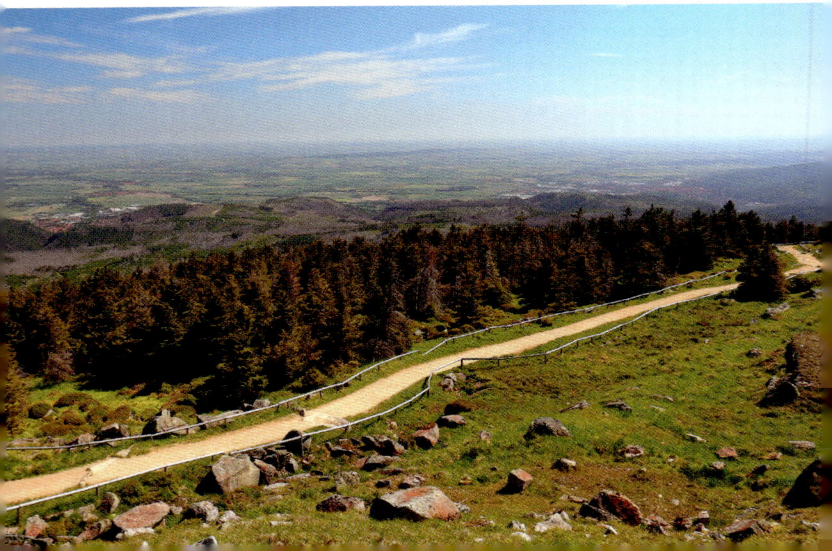

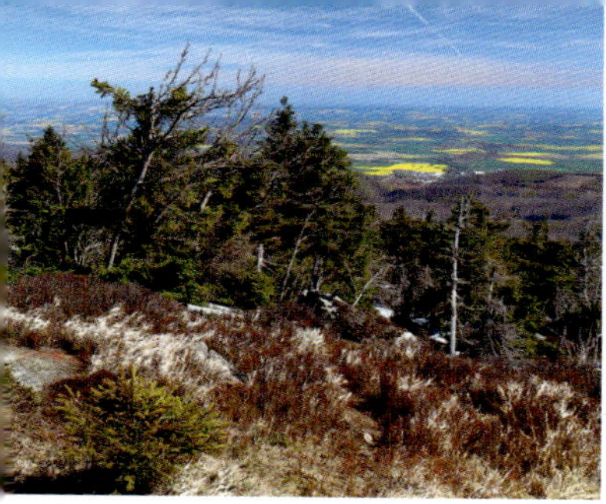

Von Wind und Wetter gezeichnet.

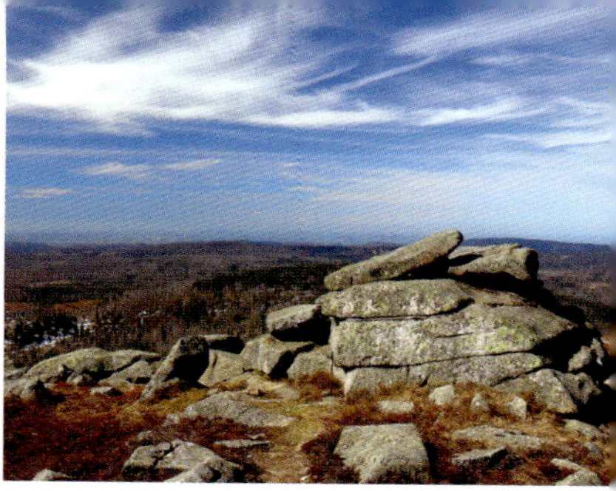

Die Felsformation der Teufelskanzel.

Ausgangspunkt: Brocken-Bahnhof, 1125 m, erreichbar mit der Harzer Schmalspurbahn, die von Wernigerode über Drei Annen Hohne und Schierke heraufführt. Ansonsten natürlich auch über die gängigen Wanderrouten, die in diesem Buch ausführlich beschrieben sind.
Anforderungen: Komfortabel ausgebauter Wanderweg ohne große Höhenunterschiede. Sehr kurze Wanderung, prinzipiell für jede(n) geeignet. An warme Kleidung denken, denn am Brocken kann es auch bei Schönwetter sehr windig sein.
Einkehr: Brockenwirt (beim Bahnhof), Brockenhotel, SB-Restaurant im Touristensaal, Café im Brockenhaus.
Tipp: Brockenhaus (Ausstellung des Nationalparks, geöffnet 9.30–17 Uhr). Brockengarten (zwischen Mitte Mai und Mitte Oktober finden täglich Führungen statt).
Stempel: Nr. 9 (Brockenhaus).

Vom **Brocken-Bahnhof ❶** nehmen wir den deutlich beschilderten Rundweg im Uhrzeigersinn auf, d. h. zunächst an der Südflanke der Gipfelkuppe unweit der Wetterwarte und des Brockengartens entlang. Wir passieren mit Teufelskanzel und Hexenaltar zwei kleine Klippen und drehen nach einem minimalen Gefälle rechts ein. Der von Norden heraufkommende Hirtenstieg wird gekreuzt, obgleich man mit ihm auch am riesigen Sendeturm vorbei rasch gipfelwärts gelangen könnte. Stattdessen komplettieren wir den offiziellen Rundweg jetzt aber mit der nordseitigen Traverse, die uns weit ins Vorland blicken lässt, und stoßen dann auf die Brockenstraße. Scharf rechts aufwärts schließt sich der Kreis in Richtung **Brocken-Bahnhof ❶**. Der Gipfel ist hier kaum fünf Gehminuten entfernt.

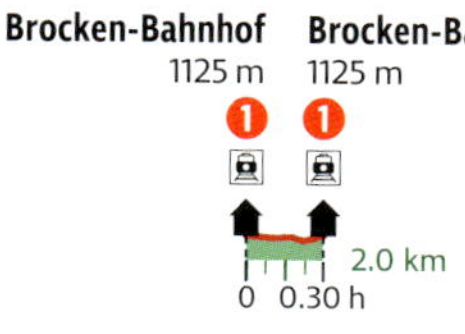

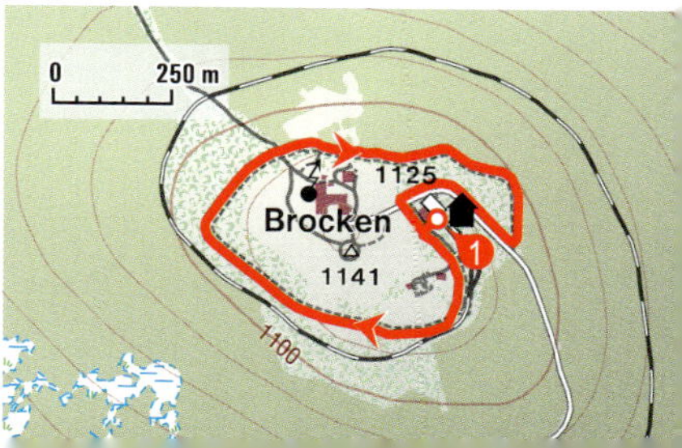

24 Leistenklippe und Ahrensklint

2.50 h	9,1 km
↗ 350 m	↘ 350 m

An den Hohneklippen oberhalb des Brockendorfes Schierke

Es muss nicht immer der Brocken sein! Im Gegensatz zum Trubel auf dem »Dach des Harzes« lassen sich am Hohnekamm noch ziemlich urtümliche und auch vergleichsweise ruhige Erkundungen absolvieren. Einer der höchsten Punkte in diesem Bereich ist die Leistenklippe, wo nicht nur der Brocken in sechs Kilometern Entfernung quasi auf dem Präsentierteller liegt, sondern sich auch ein beeindruckender Fernblick über die Harzhochflächen und hinaus ins Vorland ergibt. Solch ein Thron lädt zum stillen Verweilen förmlich ein. Etwas mehr los ist gewöhnlich an der zweiten namhaften Aussichtskanzel dieser Tour, dem Ahrensklint. Diese Klippe eröffnet eine tolle Perspektive über das Schierker Hochtal (Elendstal) und hinüber zum Wurmberg. Man ist aber auch einmal mehr bestürzt darüber, wie kahl die Umgebung geworden ist. Wie sich das Landschaftsbild wohl in den nächsten Jahren und Jahrzehnten entwickeln wird?

Ausgangspunkt: Schierke, gebührenpflichtiger Parkplatz »Am Thälchen« in der Hagenstraße. Nächstgelegene Bushaltestelle »Schierke Rathaus« (Linie 264 zwischen Wernigerode und Braunlage).
Anforderungen: Häufig kleine, holprige und streckenweise auch recht steile Naturpfade, relativ geringer Anteil von Forststraßen. Leistenklippe und Ahrensklint sind jeweils mit Metallstiegen erschlossen. Grundlegende Trittsicherheit vorteilhaft.

Einkehr: Mehrere Angebote in Schierke (z. B. Brockenstübchen, Brockenwirt, Zum Holzfäller, Gasthaus Zur Klippe, Asia Haus, Zum Brockenbäcker, Café Alte Schmiede, Café im Kurpark), außerdem die Bahnhofsbaude.
Varianten: 1. Man kann alternativ beim Bahnhof Schierke starten (ebenfalls gebührenpflichtiger Parkplatz; Zufahrt vom Schierker Stern). Beim Rückweg steigt man dann nicht ganz bis in den Ort ab, sondern nutzt den Bahnparallelweg.
2. Vom Kreuzungspunkt Spinne nach rechts zum Trudenstein und von dort über den Hohnekopf hinauf zur Leistenklippe.
Stempel: Nr. 15 (Leistenklippe), Nr. 13 (Ahrensklint), eventuell Nr. 17 (Trudenstein, ab Spinne ca. 800 m).

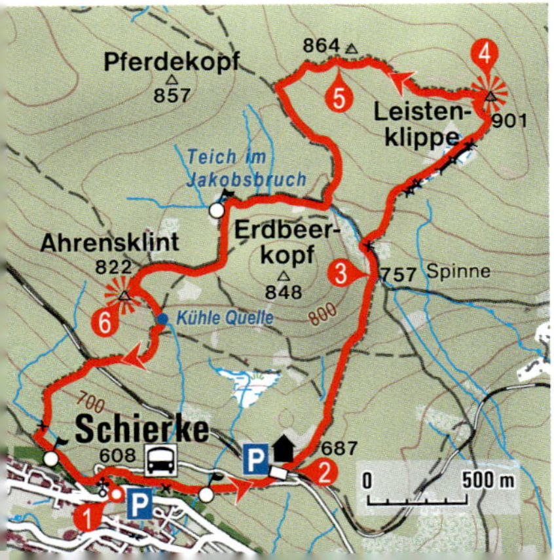

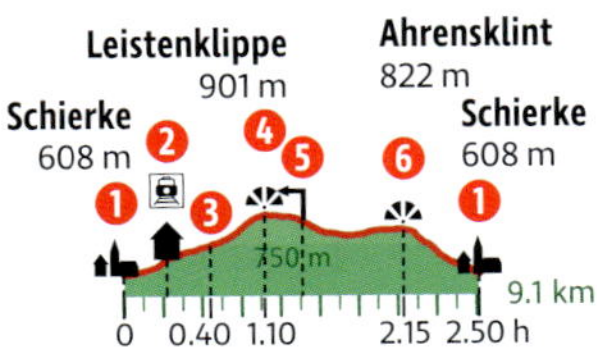

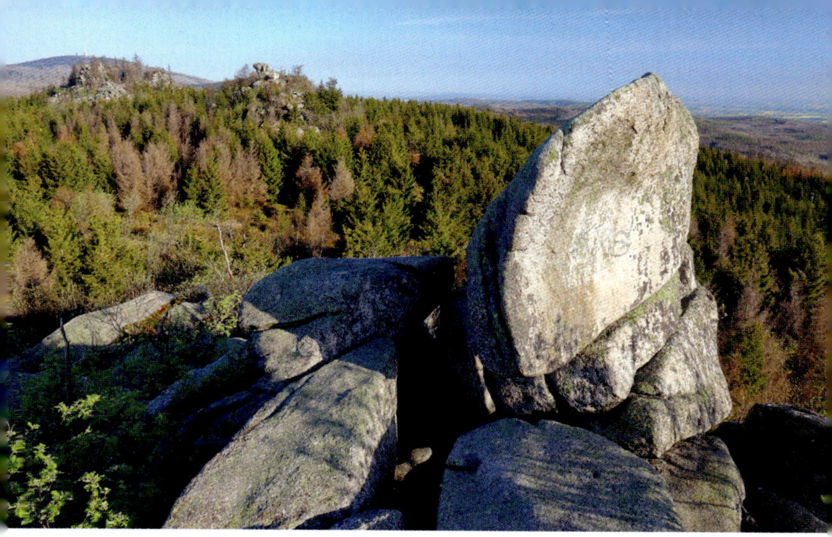

Die Leistenklippe erhebt sich am urwüchsigen Hohnekamm.

Vom großen Parkplatz am »Brocken-Coaster« in **Schierke** ❶ orientieren wir uns zum knapp oberhalb verlaufenden Ottoweg und folgen diesem nach rechts, zunächst fast horizontal, anschließend schräg ansteigend zum **Bahnhof Schierke** ❷. Nach Kreuzen der Gleise geht es direkt weiter bergan – links ragen die Feuersteinklippen aus dem Hang. Nach der Beschilderung »Leistenklippe« steuern wir den Kreuzungspunkt **Spinne** ❸ an und wenden uns hier bei der zweiten Möglichkeit nach links, um wenige Schritte weiter den Moorstieg einzuschlagen. Dieser ist nur schmal gepfadet, recht wurzlig und auch mal etwas steiler. Durchfeuchtete Bereiche werden mit soliden Bohlen überbrückt. Allmählich schließt der Moorstieg zum Kammbereich auf, verbindet sich mit der Route über den Hohnekopf und nähert sich der **Leistenklippe** ❹, 901 m, die mit einigen Eiseninstallationen gangbar gemacht ist (kurzer Abstecher, Stempelkasten am Fuß der Felsen).
Besonders romantisch gestaltet sich die Fortsetzung am Hohnekamm nordwestwärts, wobei die Grenzklippe Spalier steht. Nach 15 bis 20 Minuten gabelt sich der Pfad ❺. Während rechts der noch urwüchsigere Eulenstieg beginnt, uns aber letztlich von Schierke entfernen würde, orientieren wir uns links hinunter zum Forstmeister-Sietz-Weg, nutzen diesen anschließend auf gut 700 Metern bis zur Einmündung in den Glashüttenweg (P. 783) und biegen dort nach rechts ein. Am Standort der ehemaligen Glashütte vorbei sind nochmals einige Höhenmeter zu gewinnen, ehe nach mehreren Verzweigungen – ein kurzes Stück auch gemeinsam mit dem Harzer-Hexen-Stieg – der **Ahrensklint** ❻, 822 m, erreicht wird. Die Klippe

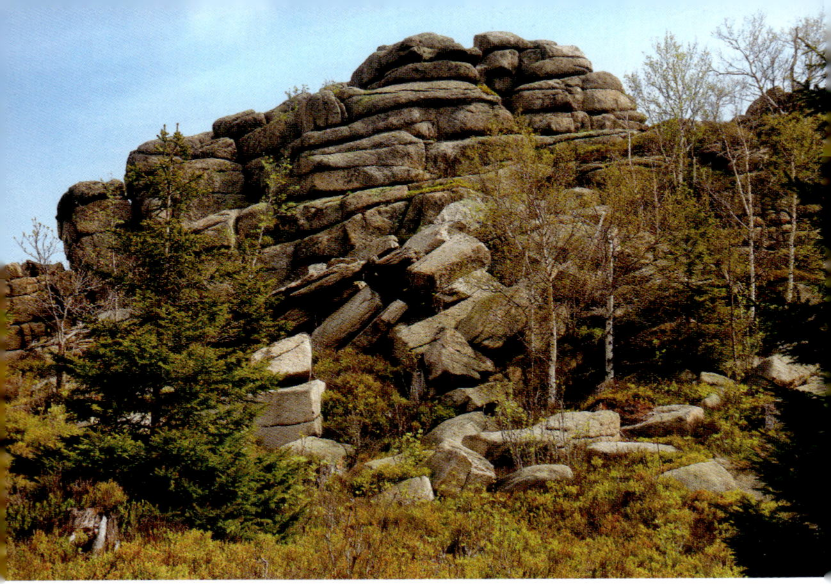

Weitere wollsackverwitterte Granitklippen säumen den Kammweg.

zählt zu den beliebtesten Aussichtspunkten rund um Schierke (auch die obligatorische Box für Stempeljäger fehlt nicht). Der Abstieg vom Ahrensklint erfolgt nun über den **Pfarrstieg**, der zwischendurch die Gleise der Brockenbahn (sowie unmittelbar davor den Bahnparallelweg) kreuzt und weiter unten in den Neuen Weg einmündet. Damit laufen wir schließlich wieder in **Schierke** ❶ ein.

Sonnenliebend: der Rote Fingerhut.

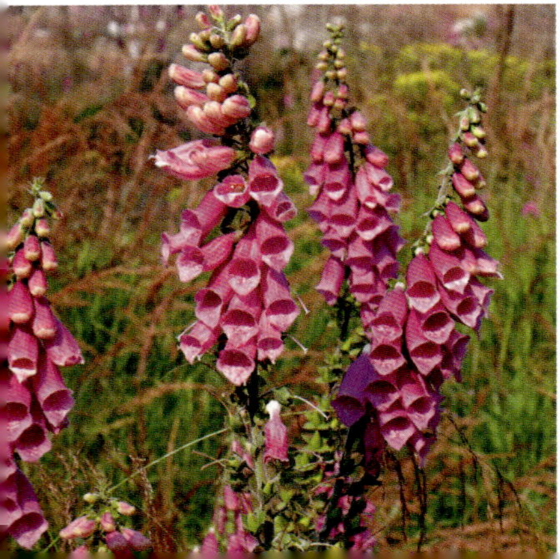

Gut ausgebauter Moorstieg.

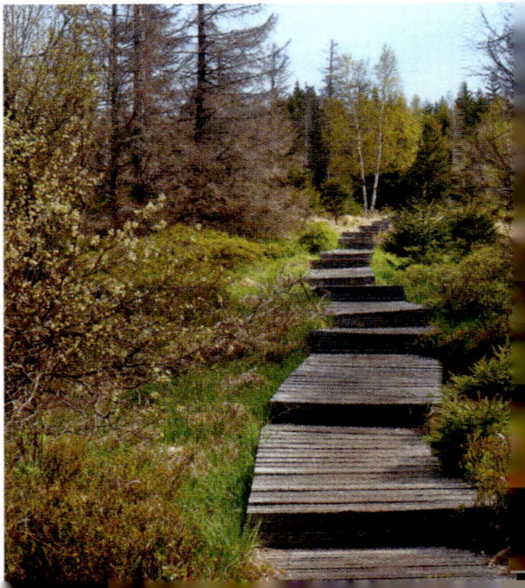

2.40 h | 9,7 km
↗260 m | ↘260 m

Ottofelsen und Hohnsteinklippen

25

Von Drei Annen Hohne zu einer berühmten Felsformation im Nationalpark

Wollsackverwitterte Granitklippen sind ja eine absolute Spezialität des Harzes. Zu den bekanntesten zählt der Ottofelsen im Wernigeröder Hinterland, früher geheimnisvoll aus dichtem Wald ragend, heute fast verloren inmitten riesiger Blößen stehend. Die Vergänglichkeit des harten Granits misst sich natürlich in anderen Dimensionen als jene der belebten Natur, aber dass wir es binnen weniger Jahre mit einer nahezu kompletten Entwaldung der Umgebung zu tun bekommen würden, hätte wahrscheinlich kaum jemand für möglich gehalten. Während der Ottofelsen bereits 1892 touristisch erschlossen wurde, präsentieren sich die etwas oberhalb gelegenen Hohnsteinklippen bis heute als vollkommen ursprüngliche Blockhaufen. Auf einem kleinen Trampelpfad können wir uns ihnen nähern und – mit entsprechender Vorsicht – auch ein wenig herumkraxeln. Den Rückweg nehmen wir dann über die Eschwegestraße und statten auch dem interessanten Natur-Erlebniszentrum HohneHof gern noch einen Besuch ab.

Ausgangspunkt: Drei Annen Hohne, 544 m. Gebührenpflichtige Parkplätze unweit des Bahnhofs der Harzer Schmalspurbahn, an der T-Kreuzung zwischen Wernigerode, Schierke und Elbingerode.
Anforderungen: Im Prinzip überwiegend leichte Wege (meist in Forststraßenbreite), die Besteigung des Ottofelsens über steile, luftige Eisenleitern erfordert allerdings Schwindelfreiheit, am Hohnstein naturbelassene Felsblöcke ohne Weganlage.
Einkehr: HohneHof (täglich 10–17 Uhr geöffnet, im Winter bis 16 Uhr). Hotel »Der Kräuterhof« und Gaststätte »Zur Harzquerbahn« (beide beim Bahnhof Drei Annen Hohne; am Parkplatz zudem ein Imbiss).
Tipps: Im Nahbereich von Drei Annen Hohne gibt es speziell für Familien den Löwenzahn-Entdeckerpfad mit Stationen zum Spielen und Lernen. Der HohneHof trägt eine Funktion als Natur-Erlebniszentrum des Nationalparks. Es werden auch geführte Wanderungen angeboten.
Stempel: Nr. 27 (Ottofelsen), Nr. 174 (HohneHof).

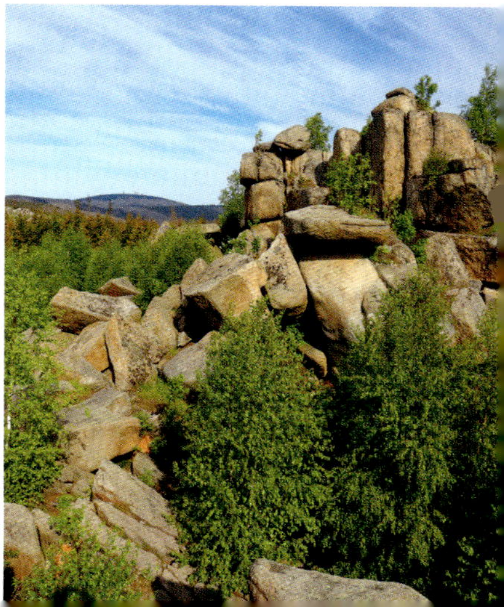

Ganz ungezähmt ragen die Hohnsteinklippen aus dem Gelände.

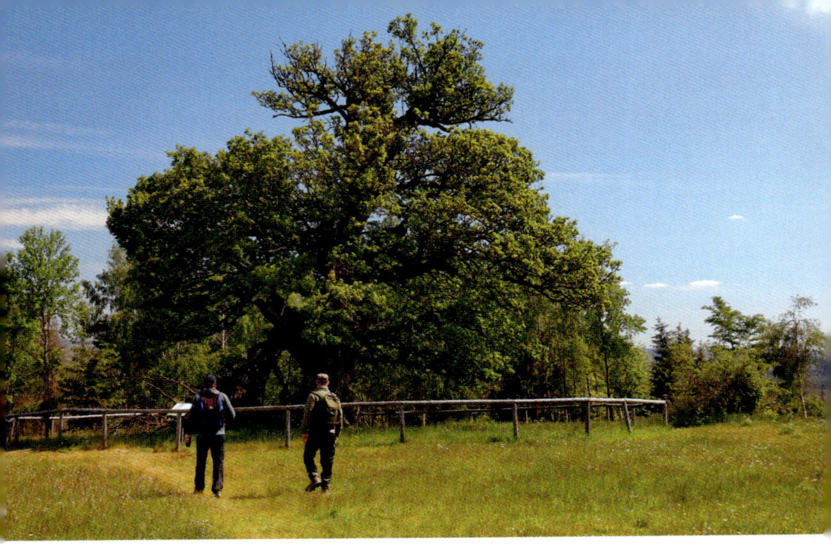

Über 400 Jahre alt: die imposante Hohne-Eiche unweit des Startpunkts

Von **Drei Annen Hohne** ❶ starten wir auf der Zufahrt in Richtung Hohne-Hof, schlagen aber schon nach wenigen Schritten rechts den Weg Nr. 28E ein, der in einigem Abstand zur *L100* bzw. der Harzer Schmalspurbahn nordwärts zieht. Unmittelbar vor dem **Jugendwaldheim Drei Annen** ❷ links haltend und mit dem Grünpunkt-Symbol auf die Forststraße Nr. 22D, die jetzt ein wenig ansteigt. Bei einer T-Kreuzung rechts und dann rund 1,8 Kilometer bis zur einer Bergwachthütte, wo man sich links zum längst sichtbaren Ottofelsen wendet. Die Annäherung wird aber letztlich mehr von hinten vollzogen – von der Stempelbox schließlich über eine Reihe Eisenleitern steil hinauf zur Spitze des **Ottofelsens** ❸. Die Aussicht ist weitreichend, auch der Brocken gibt sich zu erkennen.
Für die Fortsetzung müssen wir kurz zurück zum Hauptweg, wo wir uns dann links halten (das ehemalige Karlshaus wird nicht berührt; die Pfade dorthin enden an Zäunen). Zwischen zuletzt noch vorhandenen Fichtenbeständen etwas aufwärts und kurz vor Einmündung in die Eschwegestraße

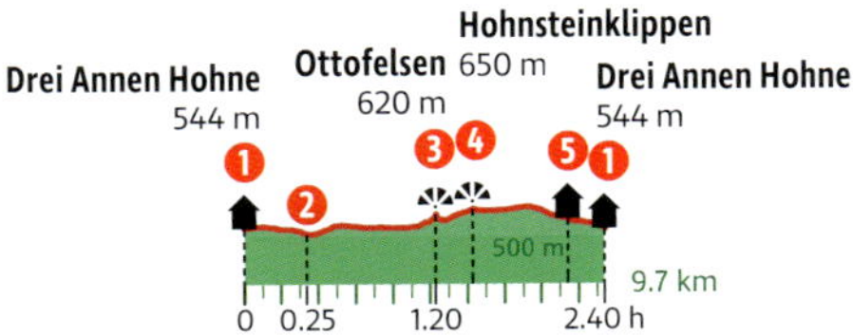

links per Abstecher zu den **Hohnsteinklippen** 4. Zumindest eine der Felsformationen lässt sich rasch und nicht allzu schwer erklimmen.
Auf der Eschwegestraße geht es danach südwärts weiter. Wo diese markant nach links abknickt, kann eventuell eine Abkürzung genutzt werden. Dieser Pfad wurde jedoch unlängst durch Waldarbeiten in Mitleidenschaft gezogen und ist nicht offiziell ausgewiesen. Nach Wiedereinmündung in die Eschwegestraße kommen wir in Kürze zum **Hohne-Hof** 5, wo der Nationalpark ein Informationszentrum mit Café und Spielmöglichkeiten unterhält. Noch ein Kilometer verbleibt von dort zurück nach **Drei Annen Hohne** 1.

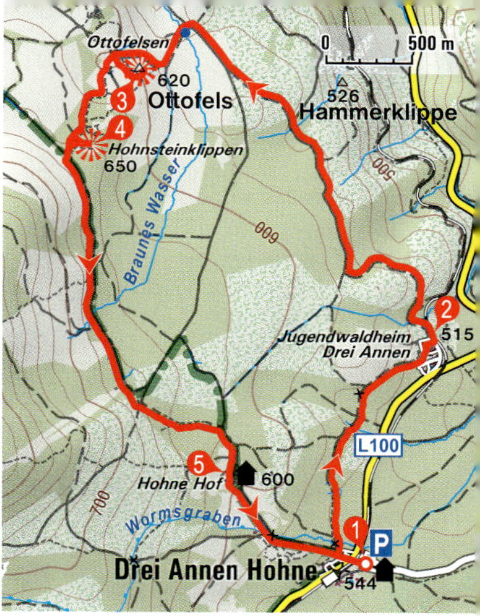

Der Ottofelsen kann seit 1892 über Eisentreppen erklommen werden.

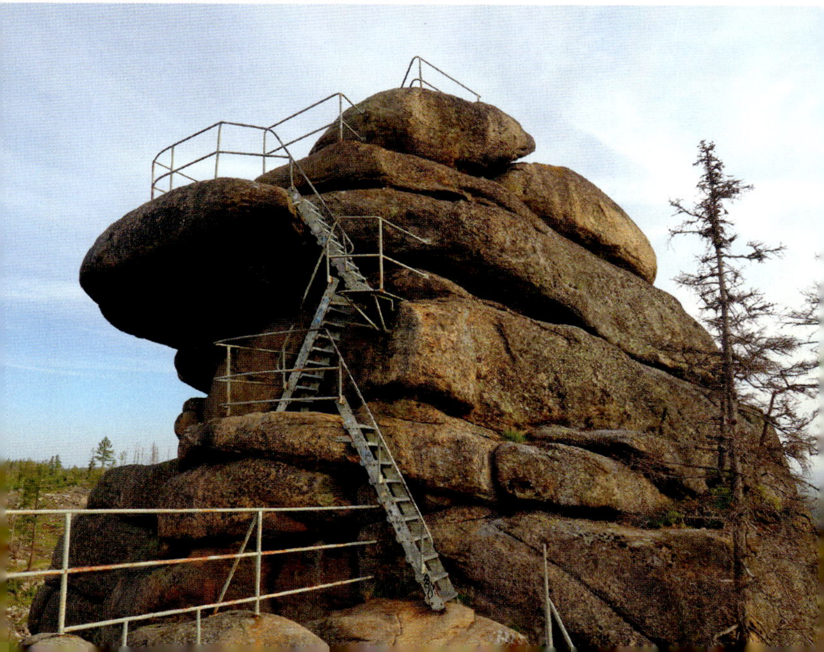

26 Wiesenwanderweg Königshütte

1.30 h	4,9 km
↗ 110 m	↘ 110 m

Wo sich der Wald längst in offenes Grünland wandelte

Die Flächen zwischen Königshütte und Elbingerode sind weithin waldfrei, machen allerdings einen viel freundlicheren Eindruck als anderswo. Anstelle aktueller Waldzerstörung dehnt sich hier nämlich eine Wiesenbedeckung aus, die zwar ebenfalls nicht »natürlich« sein mag, dem Auge jedoch eine gewisse Harmonie im Landschaftsbild suggeriert. Wer rund um Königshütte ein kleines Zusatzprogramm sucht, kann zum einen die Ruine Königsburg erkunden oder andererseits den sogenannten Wiesenwanderweg unter die Sohlen nehmen. Dieser ist noch in Karten jüngeren Datums zu finden, im Gelände selbst aber nicht adäquat ausgeschildert und auf einem Teil der Schleife kaum noch trassiert, gleichwohl nicht ohne Reiz. Eine etwaige Erweiterung der Tour auf der Westseite von Königshütte hat sich im Zuge einer Recherche hingegen als wenig lohnend herausgestellt.

Ausgangspunkt: Königshütte, Parkplatz in der Ackertklippe, ca. 430 m (Zufahrt zur Pension »Am Felsen«). Bushaltestellen »Tanner Straße« (Linie 265) oder »Alte Brockenstraße« (Linie 264).
Anforderungen: In der ersten Hälfte gewöhnlicher Feldweg inmitten der Wiesenflur, im zweiten Teil ist die Trasse indes auf Grasnarbe weitgehend aufgelöst und nur noch im Ansatz erkennbar. Bei Nässe nicht ratsam, zumal es hier im Sommer eventuell auch mal höher wuchern kann.
Einkehr: Pension »Am Felsen« in Königshütte.
Tipp: Aufstieg zur Ruine Königsburg am besten vom Parkplatz in der Tanner Straße (südlicher Ortsausgang) über die Warme Bode hinweg und sofort am Zickzackweg hinauf.
Stempel: Eventuell Nr. 41 (Ruine Königsburg), am Wiesenwanderweg keine.

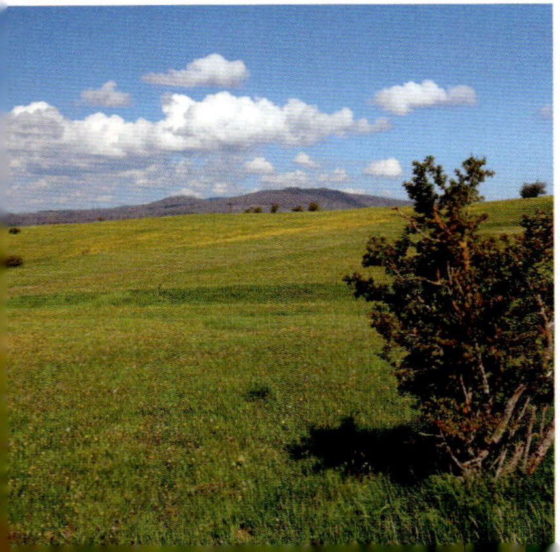

Die offene Landschaft gewährt Fernblicke über die Harzhochfläche.

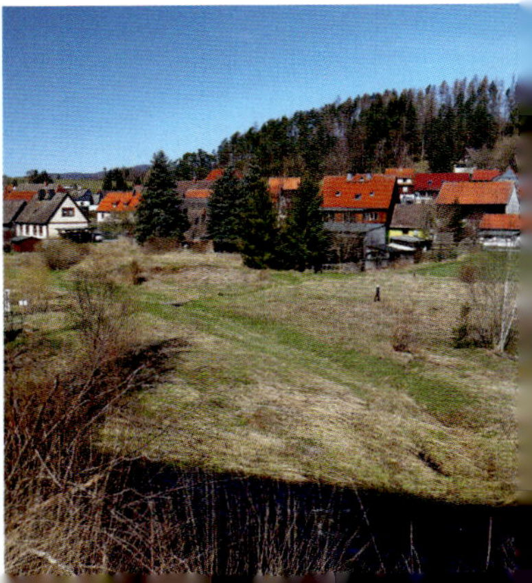

Königshütte an der jungen Bode im Vorfrühling.

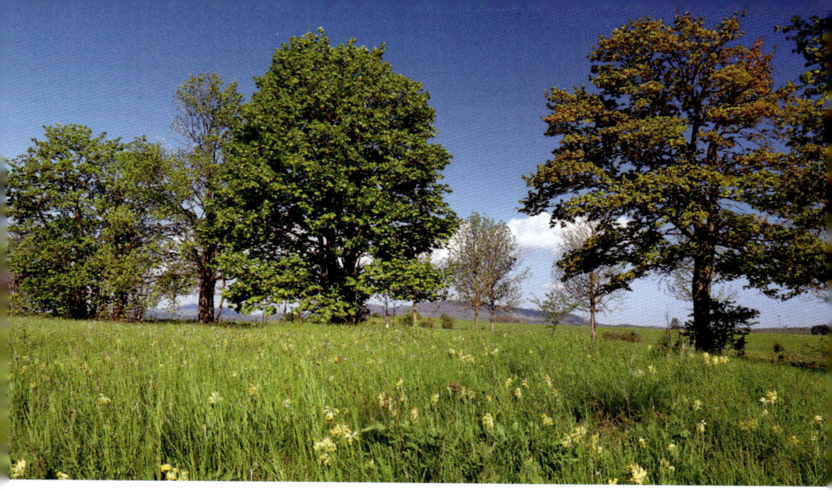

Im Mai entfaltet sich die Wiesenflora.

In **Königshütte** ❶ orientieren wir uns vom Parkplatz in der *Ackertklippe* bzw. von der Haltestelle in der *Tanner Straße* in die ansteigende Straße *Am Katzenberg*, die bald in einen Feldweg übergeht. Mit leichtem Linksdrall gewinnt die Route allmählich an Höhe, und zwar in Richtung einer auffälligen Geländeerhebung, die aus dem Elbingeröder Tagebau entstanden ist. Davor schwenken wir links zur *B27* ❷ und setzen ein paar Meter links versetzt auf der anderen Seite unseren Weg fort.

Dort haben wir nur mehr für rund 300 Meter eine richtige Trasse vor uns, ehe mit einem Linksknick bergab die Routenführung höchstens noch andeutungsweise zu erkennen ist. Man bewegt sich unterhalb des Großen Hornbergs in Grundrichtung Südwest, nähert sich gegen die Ortschaft hin wieder der Bundesstraße, überquert diese jedoch erst direkt in **Königshütte**, wo wir ganz kurz die *Friedenstraße* einschlagen und noch vor der Bodebrücke links der Markierung des Harzer-Hexen-Stiegs folgen. Dieser bringt uns durch ein Gehölz zur Pension »Am Felsen« und unmittelbar zurück zum Ausgangspunkt ❶.

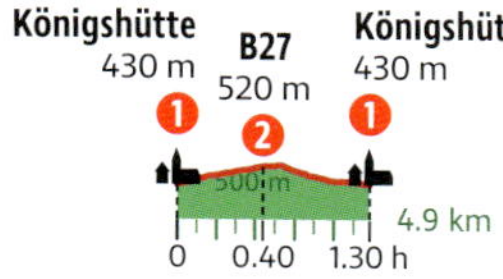

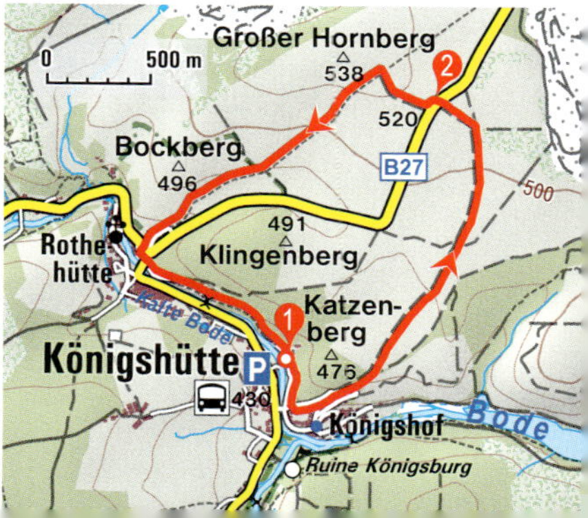

27 Rund um Rübeland

3.40 h | 13,4 km
↗400 m | ↘400 m

Die Aussichtspunkte Hoher Kleef und Schornsteinberg sowie der Blaue See

Mit zwei Schauhöhlen, die in den Devonkalken des sogenannten Elbingeröder Komplexes angelegt sind, weist der Bodeort Rübeland seine größten Attraktionen aus. Er kann aber auch mit einer schönen Umgebung punkten. Zwei erhöht gelegene Aussichtskanzeln finden sich unter den Stempelstellen der Harzer Wandernadel – und man weiß kaum, welche Perspektive man mehr loben soll, jene vom Hohen Kleef oder jene vom Schornsteinberg. Wir machen einfach die Probe aufs Exempel und besuchen beide, erhalten auch Einblicke ins jeweilige Hinterland, das zumindest nordseitig der Bode ausgedehnte Wiesenbedeckung trägt, und unternehmen zudem noch einen kleinen Abstecher zum Blauen See. Das Gewässer in einer durch den Bergbau entstandenen Kuhle wird durch Karstquellen gespeist und besitzt jahreszeitlich nicht nur einen stark schwankenden Wasserstand, auch die Farbe wechselt tatsächlich zwischen blau und grün.

Ausgangspunkt: Rübeland, ca. 385 m, an der Bodebrücke nahe dem Bahnhof (nur Museumsbahn) und der Hermannshöhle. Busverbindungen u. a. nach Wernigerode und Blankenburg.
Anforderungen: Abschnittsweise unbefestigte Naturwege, manchmal schmal und auch relativ steil gepfadet, manchmal auf Grasnarbe. Dazwischen Strecken auf typischen Forstwirtschaftswegen.
Einkehr: Bodetaler Basecamp Lodge in Neuwerk. Tannengrund, Café Numero 1-Pension und Ungarisch-Deutsches Restaurant in Rübeland.
Variante: Auf dem Nickelsteig geradeaus weiter und damit näher zum Rappbodestausee hin. Man könnte in diesem Rahmen die Hängebrücke »Titan RT« besuchen (siehe auch Tour 14).
Tipp: Baumannshöhle und Hermannshöhle in Rübeland (Öffnungszeiten und nähere Infos unter harzer-hoehlen.de).
Stempel: Nr. 88 (Hoher Kleef), Nr. 89 (Schornsteinberg).

In **Rübeland** ❶ steigen wir aus der *Burgstraße* südseitig der Bode sofort in den Waldhang ein, erreichen schon nach wenigen Minuten den Schützenplatz mit der **Ruine Birkenfeld**, auf der zuoberst eine Wetterfahne steht. Ein schmaler Pfad setzt sich entlang eines kleinen Geländerückens fort und führt zum hübschen Aussichtspavillon am **Hohen Kleef** ❷, wo der

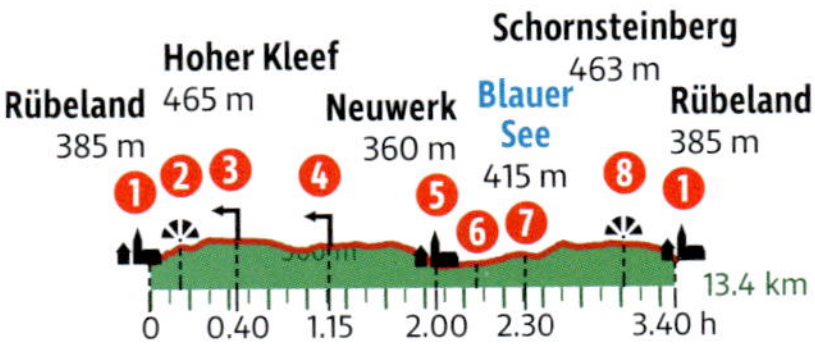

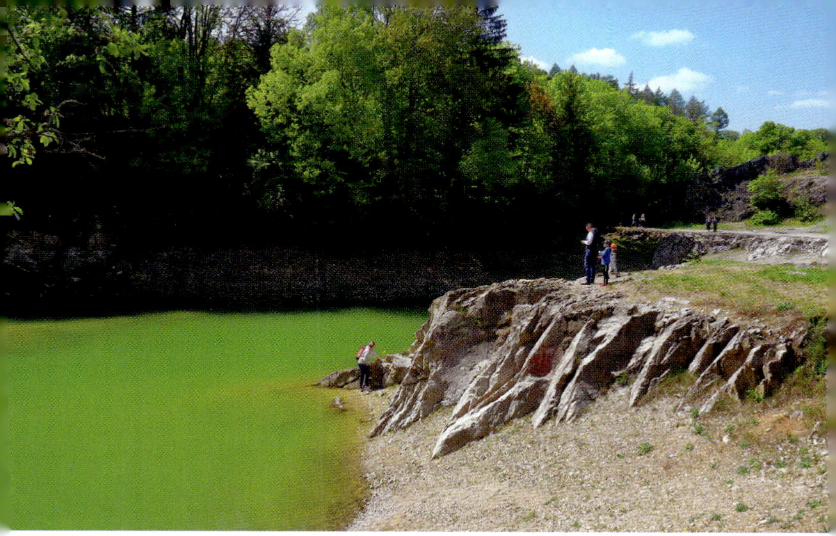

Der Blaue See erscheint manchmal eher grün.

Tiefblick auf Rübeland begeistert (Stempelkasten). Kurz darauf mit einem Rechtsschwenk zum Friedhof und südwärts weiter auf der ehemaligen Route des Hexen-Stiegs (die vor ein paar Jahren »ausgemustert« worden ist, sich aber eigentlich noch bzw. inzwischen wieder ordentlich begehen lässt). Wo es gegen den Stahlberg hinangeht, halten wir uns zweimal kurz hintereinander rechts (Hexen-Stieg-Beschilderung zumindest teilweise noch vorhanden) und landen damit auf einem Grasweg, der sich zwischen einem Wall des Bergbaugebiets und mittlerweile entwaldeten Flächen der Tiefesitte entlangzieht. Nachdem ein Gefälle eingesetzt hat, verlassen wir den originalen Hexen-Stieg nach links auf eine Forststraße ❸. 500 Meter weiter geht es bei der nächsten großen Kreuzung wiederum nach links. Laut Karte gilt die Nr. 27A, doch sind die Wegschilder in diesem Bereich mangelhaft. Nachdem bei P. 442 eine kleine Senke mit einer Rechtskurve durchschritten ist, öffnet sich das Blickfeld auf den riesigen Rappbodestausee. Bei der nächsten Gelegenheit biegen wir links ab ❹ und kreuzen nach einer kleinen Gegensteigung die *L96*. Schräg rechts hinüber auf einen anderen Forstweg, nach einer markanten Linkskurve auf den Rechtsabzweig nach Neuwerk achtend (jetzt unbefestigt) und später nochmals rechts auf schmalem und steilem Pfad nach **Neuwerk** ❺ hinunter.

Nun läuft man rund einen Kilometer parallel zur Bode (und zur Straße) bis zur Siedlung **Kreuztal** ❻ und hier rechts direkt neben der *B27* durch die Kurve. Beim letzten Haus taucht ein schmaler Pfad auf der linken Seite ins Gehölz ein. Er führt zunächst zur Verzweigung im Peersgrund, wo wir im

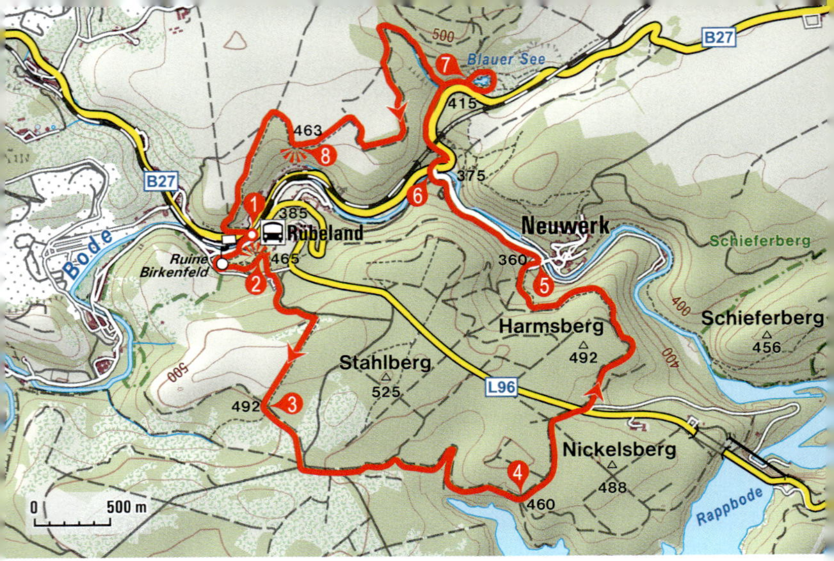

Prinzip links aufwärtsschwenken würden, doch den nahe gelegenen **Blauen See** 7 wollen wir natürlich nicht verpassen. Er lässt sich auch umrunden. Nach dem Abstecher also wie erwähnt in den Peersgrund hinein. Der mit gelbem Balken signalisierte Weg vollzieht weiter oben einen scharfen Linksknick, setzt sich als breiter Erdweg mit etwas Auf und Ab fort und leitet dann ins freie Wiesengelände hinaus. Dort achte man gut auf die Richtungswechsel, denn je nach Bewuchs ist möglicherweise nur eine undeutliche Trampelspur vorhanden. Am Rande des Gehölzes zum Talhang hin empfängt uns die Stempelstelle **Schornsteinberg** 8 mit Rastbänken und einer herrlichen Aussicht auf Rübeland. Den direkten Steilabstieg ins Tal schlagen wir hier aus, stattdessen folgen wir dem lauschigen Pfad am Saum zum offenen Gelände, der sich allmählich deutlicher absenkt. Bei einem Haus scharf links und mit den letzten Schritten hinunter nach **Rübeland** 1, wo man direkt an Bahnkreuzung bzw. Bodebrücke herauskommt.

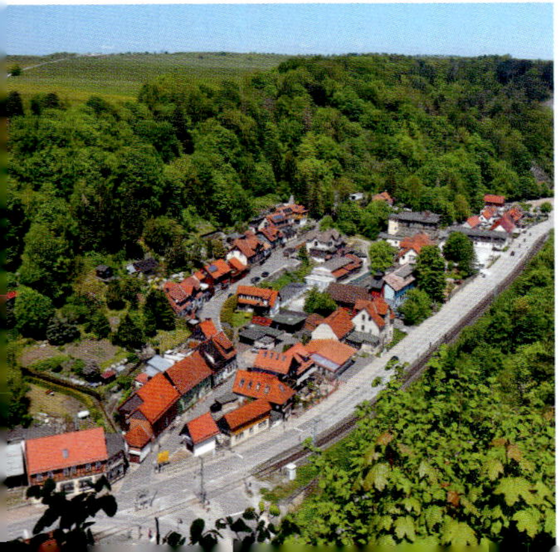

Rübeland, bekannt als Höhlenort, schmiegt sich ins Bodetal.

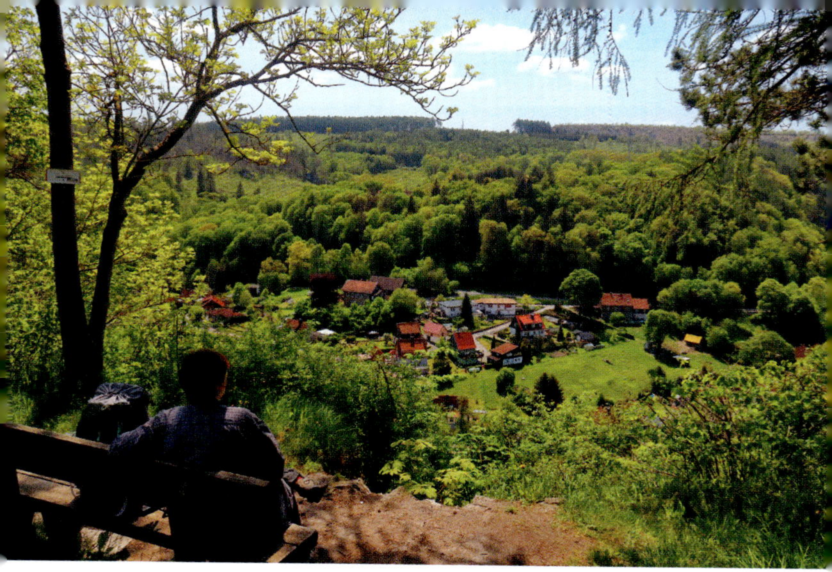

Am Schornsteinberg lädt eine Rastbank zum Verweilen ein.

Erinnerungen an die Bergbauhistorie.

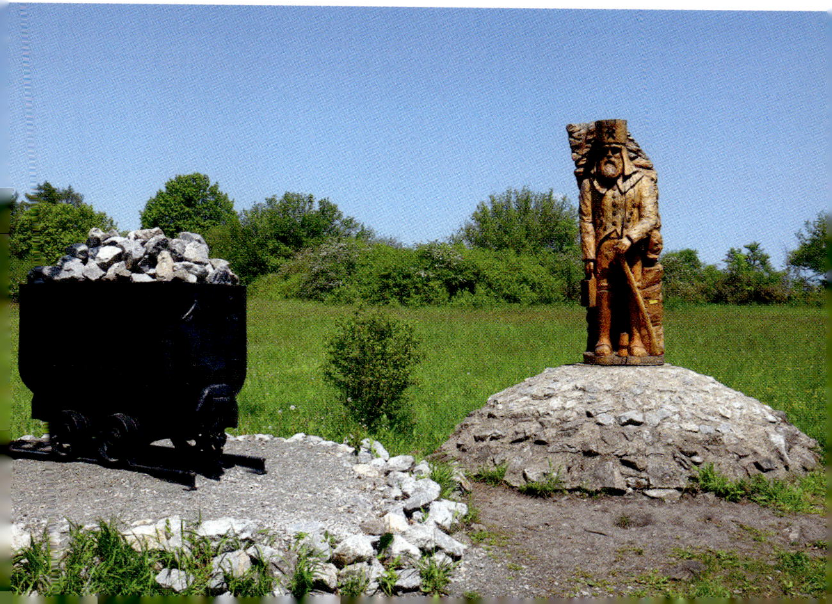

28 Trageburg und Kleine Rabenklippe

4.10 h | 16,3 km | ↗ 250 m | ↘ 250 m

Am Rappbode-Talsperrensystem zwischen Trautenstein und Hasselfelde

Der riesige Rappbodestausee im Zentrum des Ostharzes wird über zwei Vorbecken gespeist, zwischen denen auch die Südroute des Hexen-Stiegs verläuft (siehe Tour 12). Wer in diesem Bereich noch vielfältigere Eindrücke sammeln möchte, dem sei die hier beschriebene Extrarunde zwischen Trautenstein und Hasselfelde empfohlen. Wer sie von Hasselfelde (respektive Hagenmühle) aus absolviert, wählt eher die umgekehrte Richtung. Die Tour weist zwar einige Längen auf, integriert aber mit Trageburg und Kleiner Rabenklippe zwei lohnende, erhöhte Aussichtspunkte und besitzt auch entlang des Vorbeckens Hassel sowie in der Niederung bei Trautenstein schöne Abschnitte. Im Ort selbst begeistert kulturell Interessierte die barocke Fachwerkkirche.

Ausgangspunkt: Trautenstein, Parkplatz beim Dorfgemeinschaftshaus in der Schützenstraße, ca. 450 m. Buslinie 263 von Blankenburg über Hasselfelde und Trautenstein nach Benneckenstein.
Anforderungen: Mehrheitlich breite Forst- und Flurwege, auf kürzeren Teilstrecken auch schmalere Fußwege. Längere Marschdistanz bei verhältnismäßig geringen Höhendifferenzen, grundlegende Ausdauer angezeigt. Die Beschilderung ist meist ausreichend, außer beim Rückweg von Hagenmühle nach Trautenstein.
Einkehr: Hotel-Restaurant Druidenstein in Trautenstein (täglich ab 11.30 oder

Zu den schönsten Abschnitten gehört die Traverse der Hasselvorsperre.

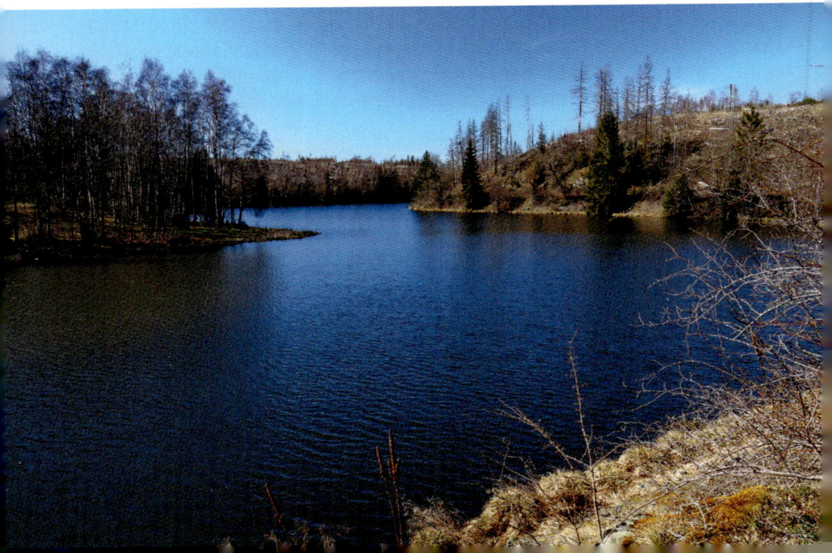

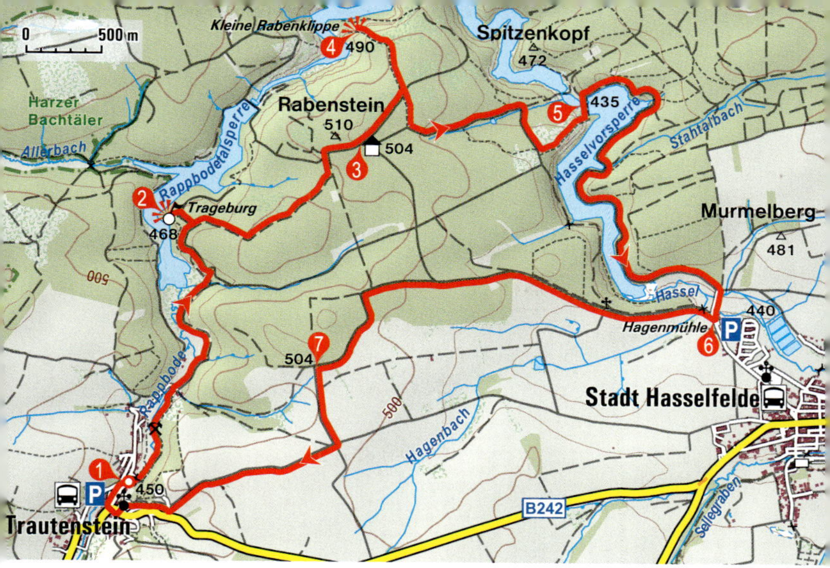

12 Uhr geöffnet, Mi nur abends).

Varianten: 1. Auch der Verlauf des Hexen-Stiegs kann zwischen den Vorbecken Rappbode und Hassel in die Tour einbezogen werden (vgl. Tour 12). Außerdem sind mehrere Abkürzungen denkbar.

2. Wer sich den etwas monotonen Rückweg sparen möchte, geht von Hagenmühle nach Hasselfelde hinein und fährt mit dem Bus zurück (Busbahnhof in der Hagenstraße).

Stempel: Nr. 52 (Trageburg), Nr. 53 (Hasselvorsperre).

Von **Trautenstein** ❶ bewegen wir uns am Rande des Wiesentälchens, in welchem sich die kleine Rappbode dahinschlängelt. Anfangs werden uns zwei parallele Wege angeboten, deren Unterschied nur wenige Meter am Hang ausmacht. Anschließend geht es gemeinsam auf breiter Trasse weiter, bis das südliche Ende des Stausees neben uns auftaucht. Mit einem kleinen Anstieg schließen wir zum Harzer-Hexen-Stieg auf und folgen diesem zur **Trageburg** ❷, deren Geschichte bisher kaum rekonstruiert werden konnte. Wahrscheinlich diente sie der Sicherung eines mittelalterlichen Handels-

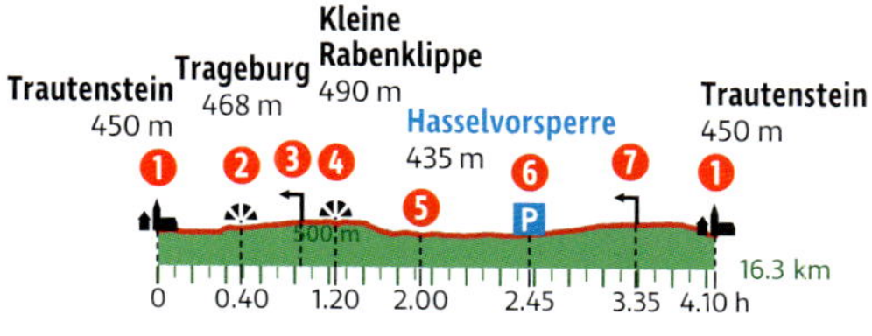

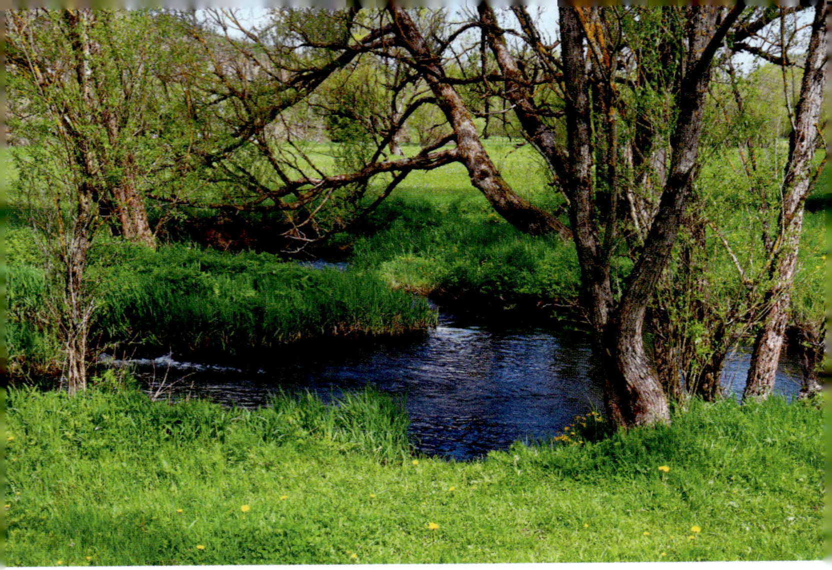

Die Rappbode schlängelt sich durchs Tälchen nördlich von Trautenstein.

weges. Bereits kurz davor zweigt die Verbindung in Richtung Rabenklippen (auf Schildern oft »Rabensteine«) ab, der wir anschließend folgen.
Es handelt sich um eine noch leicht ansteigende Forststraße quer durch entwaldete Flächen. Man kommt zu einer Schutzhütte 3, hält sich hier links und nach gut 400 Metern nochmals links. In nördlicher Richtung steuern wir nun die **Kleine Rabenklippe** 4 an, die sich als felsdurchsetzter Kegel erweist. Beim Rückweg müssen wir nicht wieder das Eck über die Schutzhütte ausgehen, sondern können eine Abkürzung über einen nicht beschilderten Erdweg nutzen. Mit der Grünpunkt-Markierung geht es abwärts bis in eine Senke, dann rechter Hand ein Stück aufwärts und links abbiegend auf kleinerem Pfad zur **Hasselvorsperre** 5. Auf der anderen Seite der Staumauer finden wir die Stempelstelle.
Nun wird das Ostufer des Vorbeckens Hassel mit etlichen Kurven abgelaufen, was schöne Perspektivwechsel mit sich bringt. Bei **Hagenmühle** 6 schwenken wir markant nach rechts und nehmen den »Weg deutscher Kaiser und Könige des Mittelalters« auf. Die breite, befestigte Trasse steigt am Bodendenkmalpunkt »Paradieskopf« vorbei allmählich an und zieht sich etwas eintönig in die Länge. Bei Verzweigungen halten wir uns immer eher links und biegen später sogar rechtwinklig nach links ab 7, um den Radweg weiter südlich anzusteuern. Dieser führt mit einem Gefälle direkt hinein nach **Trautenstein**, an der Kirche vorbei zum Hotel Druidenstein, von wo es nur noch ein Katzensprung zum Wanderparkplatz 1 ist.

2.20 h	7,6 km
↗300 m	↘300 m

Von Thale auf die Rosstrappe

Zur grandiosen Aussichtskanzel über der Bodeschlucht

Wo die Bode bei Thale das Harzgebirge mit einem Paukenschlag verlässt, befinden sich auf beiden Seiten altbekannte Aussichtskanzeln, die frappierende Tiefblicke in die urtümliche Schlucht erlauben. Von den Höhenparkplätzen und Seilbahnstationen aus sind sowohl Hexentanzplatz als auch Rosstrappe für jeden Ausflügler leicht und rasch erreichbar, doch verspricht der Aufstieg von unten sicher ein Plus an Erlebnis. Pfiffig schlängelt sich der Steig im Bergwald zunächst zur versteckten Bülowshöhe empor, die einen ersten Vorgeschmack gibt. Buchstäblicher Höhepunkt ist natürlich das Panorama vom granitenen Rosstrappenfelsen (genau gesagt handelt es sich hier um diverse Stellen mit leicht unterschiedlichen Perspektiven), wo sich das wohl schroffste Relief des gesamten Harzes wunderbar entfaltet. Die Steilabbrüche hinab zum Bodefluss werden anschließend – wie weiland von listigen Jägern – auf dem Zickzackkurs durch die Schurre elegant ausgetrickst. Ein bisschen wähnt man sich hier schon in alpinen Gefilden …

Ausgangspunkt: Bahnhof Thale, ca. 180 m, bzw. der Großparkplatz in der nahen Straße »An der Hütte«. Bahnverbindung von Magdeburg über Quedlinburg nach Thale, außerdem regionaler Busverkehr.
Anforderungen: Gut angelegte Serpentinenwege im Steilgelände, zum Teil etwas steinig. Elementare Trittsicherheit und gute körperliche Verfassung angezeigt; speziell in der Schurre Steinschlaggefahr beachten (diese Passage war schon des Öfteren gesperrt).
Einkehr: Berghotel Rosstrappe, Gaststätte Königsruhe, weitere Möglichkeiten in Thale.
Tipps: Am Eingang ins Bodetal gibt es allerhand touristische Attraktionen, mit Spielpark und Hochseilgarten teils auf Familien ausgerichtet. Geschichtsinteressierte besuchen das Hüttenmuseum.
Stempel: Nr. 71 (Rosstrappe, am Abzweig in die Schurre), Nr. 178 (Gasthaus Königsruhe/Hirschgrund).

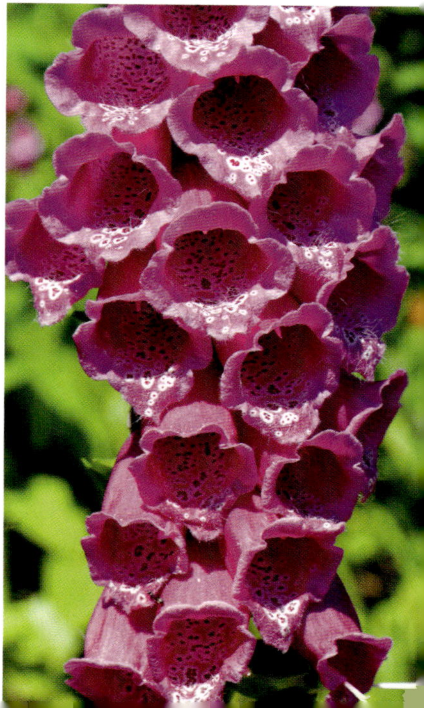

Blütenstand des Roten Fingerhuts.

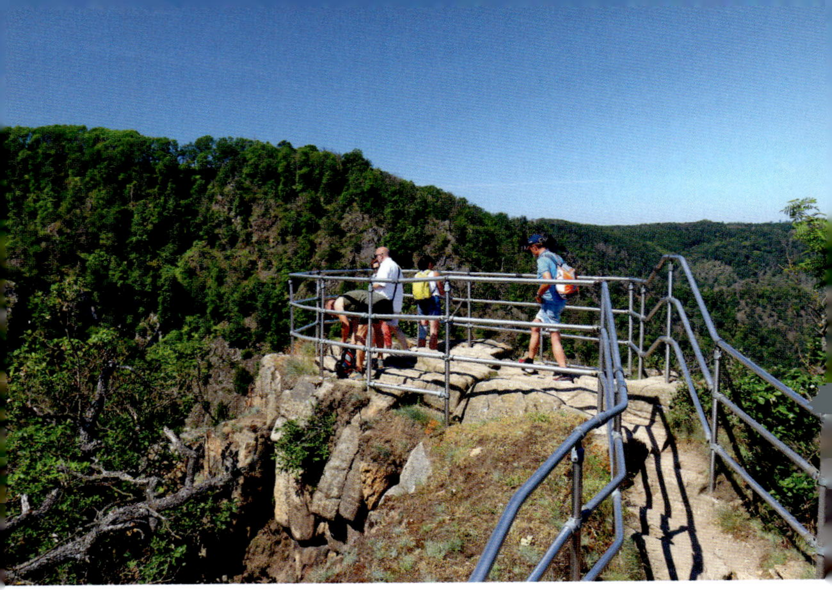

Der Roßtrappenfelsen wurde für Touristen erschlossen.

Vom Bahnhof in **Thale** ❶ orientieren wir uns zum Eingang ins Bodetal, dessen Schlucht gleich hinter der Talstation der Kabinenbahn beginnt. Allerdings wandern wir nur wenige Minuten hinein, um uns bei der ersten Möglichkeit beim Hinweis »Rosstrappe« nach rechts aufwärts zu wenden ❷. Der Weg holt deutlich nach Norden aus, vollzieht bei der Downhillstrecke eine Spitzkehre und führt mit einigen Windungen zunächst zur **Bülowshöhe** ❸, einer mit Steiganlage erschlossenen Felskanzel. Ein paar Serpentinen noch und wir gelangen zum Berghotel Rosstrappe nahe dem Parkplatz.

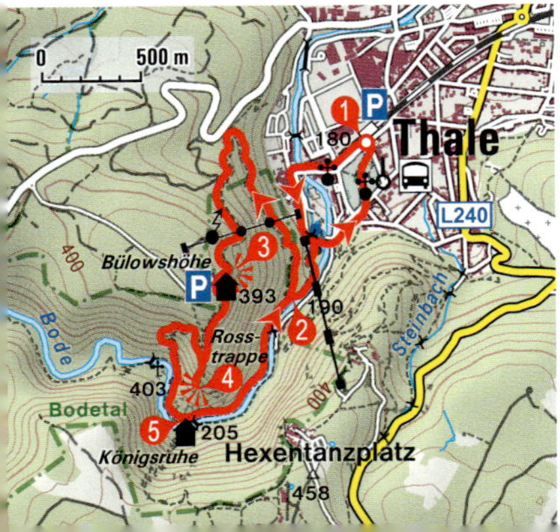

Ab dort führt ein gut ausgebauter, mit Geländern abgesicherter Weg bis zum am weitesten vorspringenden Felsen der **Rosstrappe** ❹. Bereits ein Stück davor zweigt der

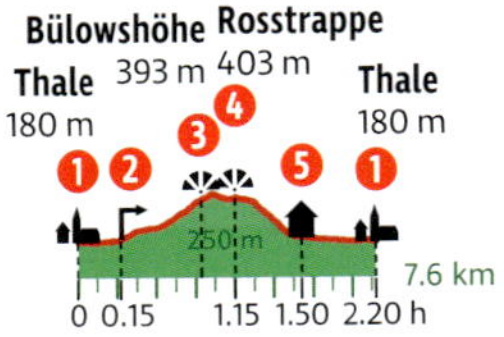

Zickzacksteig in die Schurre ab: aufwendig trassiert und fortwährend von Witterungseinflüssen heimgesucht. Ganz schön unsolide und beweglich mutet das Gelände hier an. Fast 200 Meter tiefer betreten wir den Grund des Bodetals und wandern einige Minuten talauswärts bis zur **Königsruhe** 5, wo wir einen lauschigen Biergarten finden – einen der ältesten überhaupt in Deutschland.

Dahinter wird der Weg wesentlich gemütlicher. Vorerst bleibt die Bode aber von den Steilflanken noch eng eingefasst – unter anderem steht der Goethefelsen Spalier. Man lässt die Katerbrücke hinter sich und wandert talauswärts in Richtung **Thale**. Dort beim Hochseilgarten über die Brücke und durch den Friedenspark mit der fotogenen Petrikirche zurück zum **Bahnhof** 1.

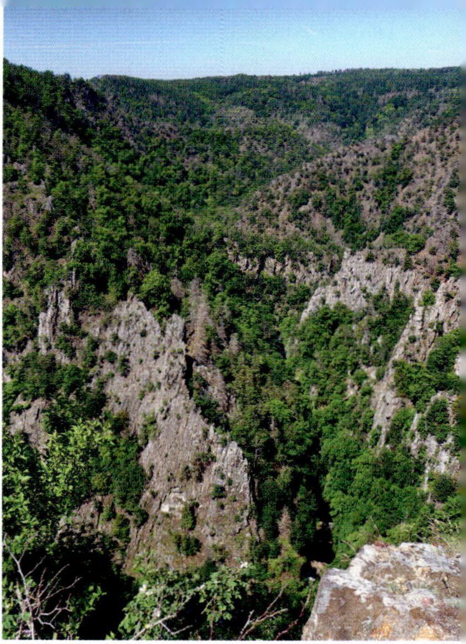

Die großartige Bodeschlucht im Überblick.

Inmitten der Bodeschlucht befindet sich das Gasthaus Königsruhe.

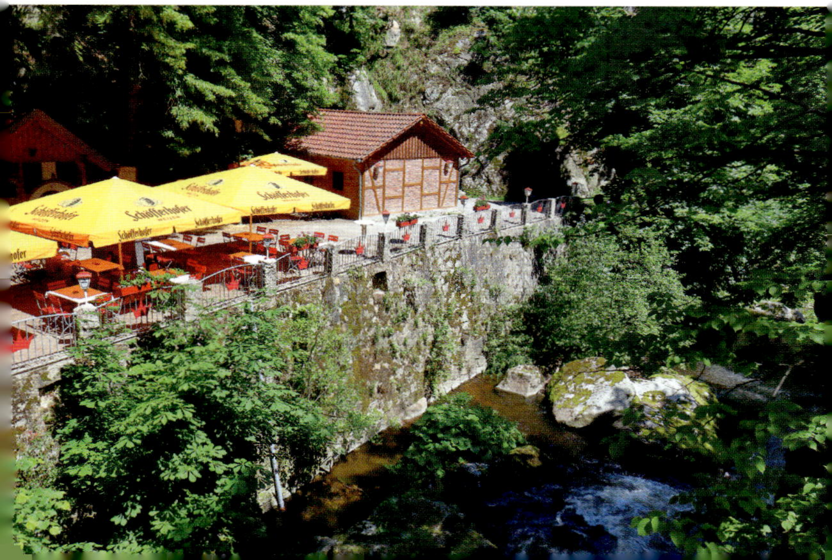

30 Von Schierke über Eckerlochstieg

3.20 h | 10,8 km | ↗500 m | ↘500 m

Der kürzeste Anstieg auf das Dach des Harzes

Kein anderes Dorf liegt so nah am Brocken wie Schierke im oberen Talabschnitt der Kalten Bode, auf der Südostseite unseres Berges. Von hier kommt demnach auch der kürzeste Aufstieg, jener durchs Eckerloch, für den aber immerhin 500 Höhenmeter zu bewältigen sind. Mit ihren Granitblöcken, über die man immer wieder steigen muss, gilt die Route als sehr urwüchsig. Oder sollte man besser sagen: galt? Leider ist man heute nicht mehr wie einst in intakten Fichtenwäldern unterwegs, sondern bewegt sich durch jede Menge Totholz. Da insbesondere bei Sturm oder Schneeauflast keine ausreichende Sicherheit gewährleistet werden kann, sah sich die Nationalparkverwaltung bereits zu zeitweiligen Sperrungen veranlasst. Ein Klassiker ist und bleibt der Eckerlochstieg dennoch ...

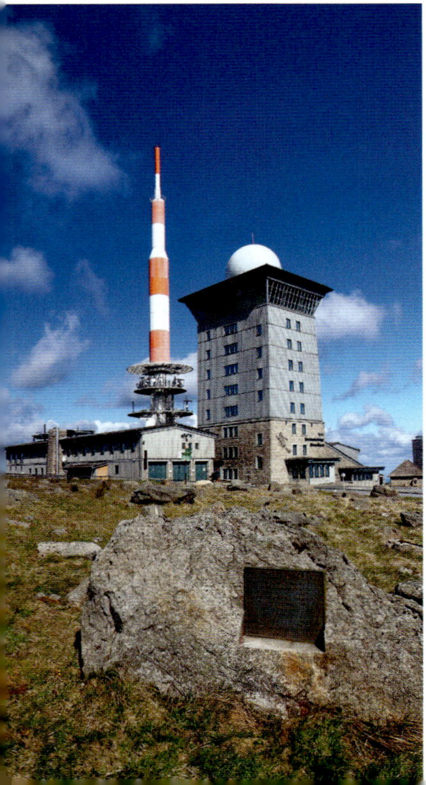

Ausgangspunkt: Schierke, 640 m, letzte Parkmöglichkeit vor dem Fahrverbot in der Brockenstraße (hinter dem Hotel Brockenscheideck). Alternativ: Parkplatz »Alte Bobbahn« oder Parkhaus »Am Winterbergtor« (alle gebührenpflichtig). Haltestelle »Jugendherberge« der Buslinie 264 von Wernigerode.

Anforderungen: Recht steiler und durchaus anstrengender Aufstieg auf von Blöcken und Wurzeln durchsetztem, teils auch erdigem Steig durchs Eckerloch, im oberen Bereich über die breite, asphaltierte Brockenstraße. Überall gut beschildert.

Einkehr: Auf dem Brocken (Brockenhotel, SB-Restaurant im Touristensaal, Café im Brockenhaus sowie Brockenwirt); diverse Möglichkeiten in Schierke.

Variante: Bitte vorab Information über die Begehbarkeit des Eckerlochstiegs einholen. Bei Sperrung kann über die Alte Bobbahn, am Mönchsstein vorbei und schließlich über einen längeren Abschnitt der Brockenstraße ausgewichen werden (ggf. auch Variante für den Abstieg).

Stempel: Nr. 11 (Eckerloch), Nr. 9 (Brockenhaus).

Unverwechselbare Gipfelarchitektur am Brocken.

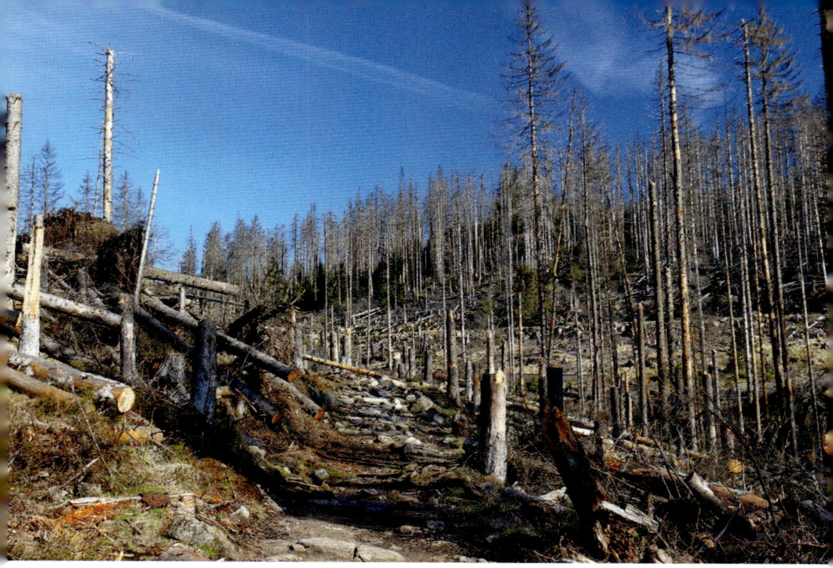

Abgestorbener Fichtenwald am Eckerlochstieg.

Am Ortsende von **Schierke** ❶ folgen wir zunächst weiter der – für den öffentlichen Verkehr gesperrten – *Brockenstraße*, passieren das Nationalparkhaus und zweigen beim **Schwarzen Schluftwasser** ❷ nach rechts auf den Eckerlochstieg ab. Links des Bacheinschnitts zieht die Route vorerst mäßig steil höher und berührt zwischendurch nochmals die *Brockenstraße*. Nachdem die Trasse der Brockenbahn gekreuzt

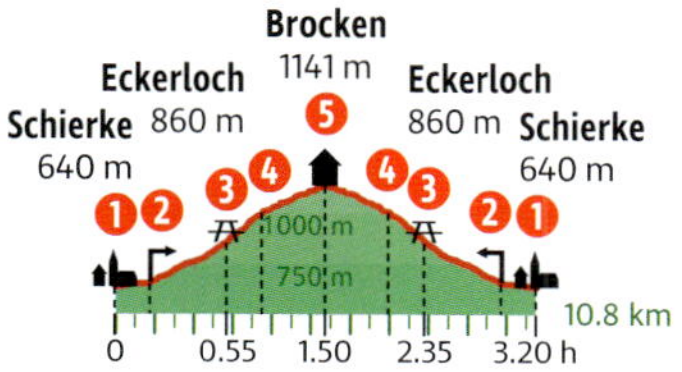

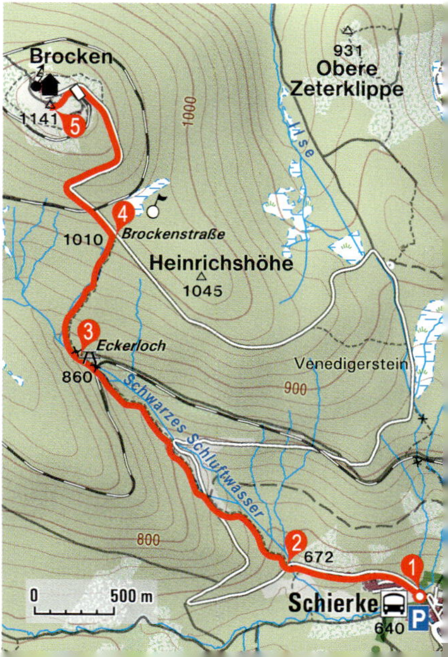

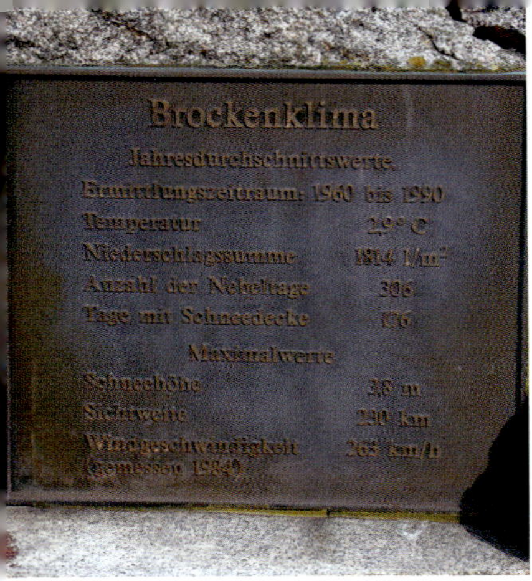

In Stein gemeißelt ist das Brockenklima nicht wirklich – Werte verändern sich.

ist, kommen wir zum Rastplatz im **Eckerloch** 3. Rechts eindrehend wird der von Granitblöcken begleitete Steig phasenweise steiler und mündet auf gut 1000 Meter Höhe in den oberen Teil der ***Brockenstraße*** 4. Darauf in Kürze nochmals über die Gleise hinweg (an dieser Stelle mündet der Goetheweg ein) und nach der sogenannten »Knochenbrecherkurve« allmählich in den baumfreien Gipfelbereich mit seinen charakteristischen Bauten. Am Bahnhof vorbei streben wir dem Granitblock inmitten der »Uhr« zu, der den höchsten Punkt des **Brockens** 5, 1141 m, markiert. Abstieg wie Aufstieg.

Das altehrwürdige Hotel Brockenscheideck in Schierke.

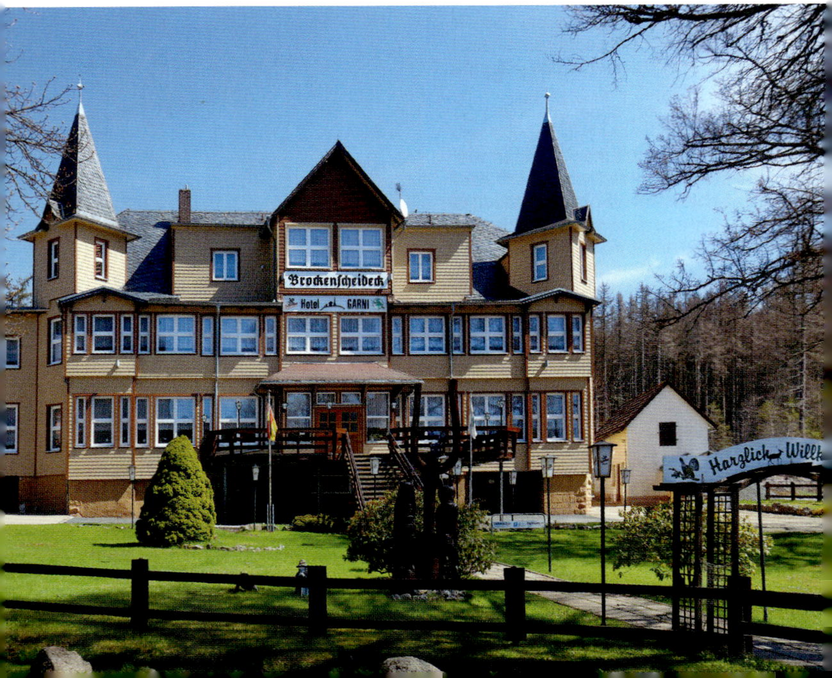

4.15 h	15,0 km
↗ 400 m	↘ 400 m

Von Oderbrück zum Goetheweg

Ein vorteilhafter Zugang von der niedersächsischen Westseite

Über den Goetheweg pilgern besonders viele Wanderer von Torfhaus aus in Richtung Brocken. Da diese Route bereits in den Hexen-Stieg integriert ist (siehe Tour 4), soll hier noch auf eine alternative Startmöglichkeit an der B4 aufmerksam gemacht werden, nämlich in Oderbrück. Nachdem man von dort zunächst das Bodebruch passiert hat, erfolgt die Zusammenführung. Gut zwei Kilometer verlaufen direkt entlang der Brockenbahn, die stets mit Begeisterung erwartet wird, bevor sich im Bereich der Gipfelkuppe – die sich ja oberhalb der natürlichen Waldgrenze erhebt – das große Panorama entfaltet. Hoffentlich erwischt man einen klaren Tag ...

Ausgangspunkt: Oderbrück, ca. 790 m, an der B4 zwischen Torfhaus und Braunlage. Bushaltestelle der Linie 820 vom Bahnhof Bad Harzburg nach Braunlage.
Anforderungen: Fast durchgängig gut ausgebaute Wanderwege, nur die Passage am Bodebruch ist etwas holprig (von Wurzeln und Steinen durchsetzt). Im obersten Abschnitt Teerbelag. Steilstücke sind relativ kurz. Bestens ausgeschildert und insgesamt eine konditionell durchschnittliche Tour.
Einkehr: Auf dem Brocken (siehe Tour 30). Kaffeeklappe Oderbrück (nachmittags).
Stempel: Nr. 168 (Dreieckiger Pfahl), Nr. 136 (Eckersprung), Nr. 9 (Brockenhaus).

Von **Oderbrück** ❶ nehmen wir Weg Nr. 9D auf, der sich bald vom Kaiserweg trennt und rechts abdreht. Er wird zunehmend wurzlig und führt zu einer Aussichtsplattform am **Bodebruch** ❷. Kurz danach in eine Forststraße einmündend und leicht aufwärts zur großen Wegspinne beim **Dreieckigen Pfahl** ❸. Eine breite Trasse führt nun am Bodesprung vorbei und teils mit Betonwaben bestückt zur Vereinigung mit dem von Torfhaus kommenden **Goetheweg** ❹. Die Stempelstelle »Eckersprung« findet man ein paar Schritte weiter links. Unsere Route setzt sich dann allerdings nach rechts aufwärts fort und führt all-

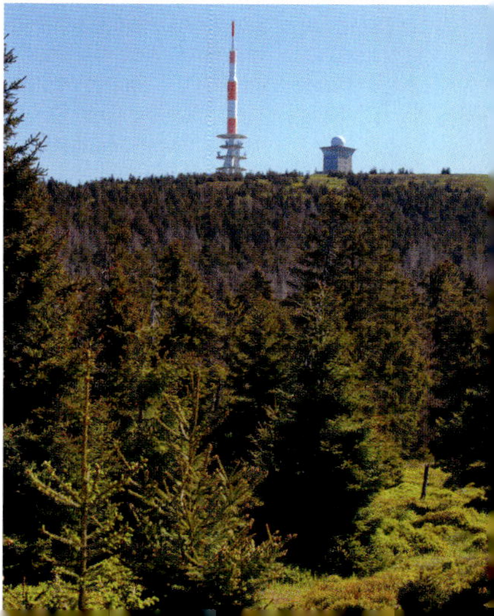

Die Brockenkuppe schon im Blickfeld, wird sich der Aufstieg noch ein Weilchen hinziehen.

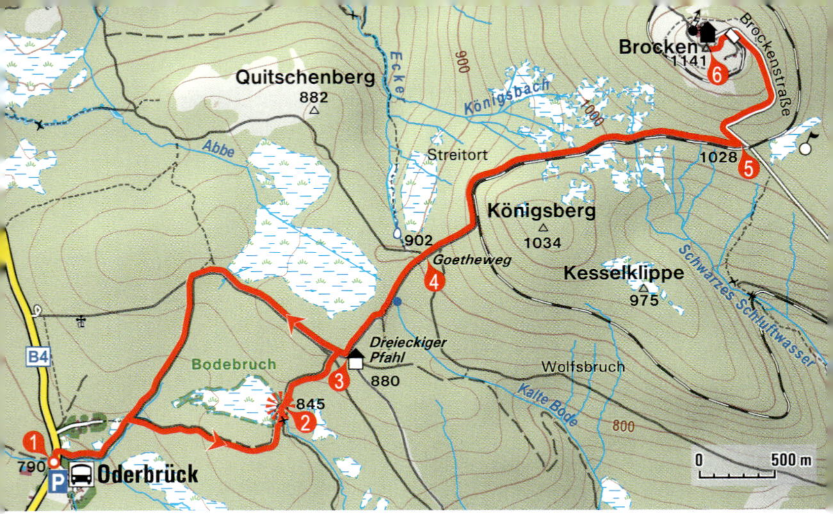

Jungfichten im Bodebruch.

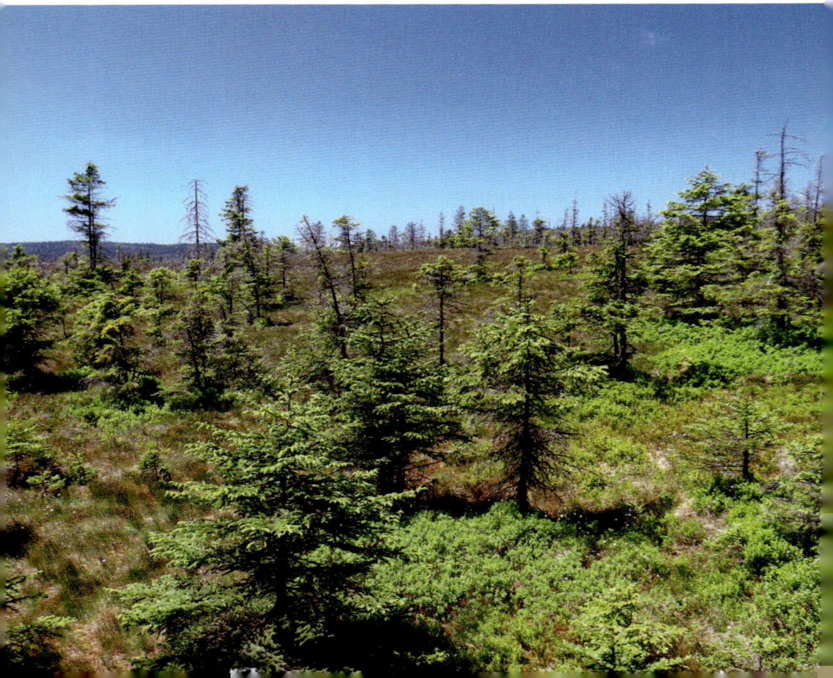

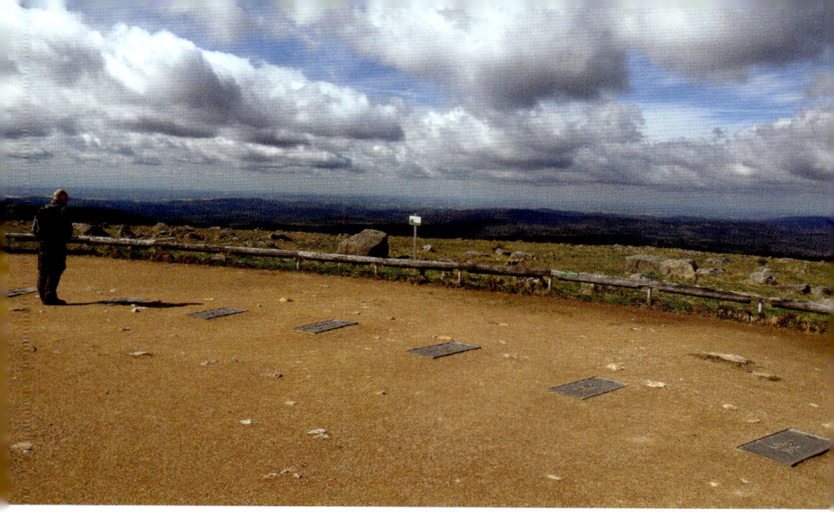

Mit Interesse werden die Tafeln der »Brockenuhr« beäugt.

mählich etwas steiler bis unmittelbar vor die Schienen der Brockenbahn. An dieser Stelle warten oft Schaulustige auf den vorbeischnaufenden Zug. Mit etwas Glück kann man diesen innerhalb der folgenden halben Gehstunde unmittelbar beobachten, denn die Gleise und unser Weg verlaufen bis zur Einmündung in die **Brockenstraße** 5 parallel.

Der Schlussanstieg muss dann auf Asphalt zurückgelegt werden, zumal das Gelände abseits davon durch den Nationalpark streng geschützt ist. Zunächst also über die markante »Knochenbrecherkurve«, dann mit einem lang gezogenen Linksbogen bis unter den Brocken-Bahnhof und die letzten Meter hinauf zum Gipfelfelsblock des **Brockens** 6, 1141 m, der inmitten der »Brockenuhr« liegt.

Zurück geht es im Wesentlichen auf demselben Weg. Beim **Dreieckigen Pfahl** 3 nehmen wir aber abwechslungshalber Nr. 35E in Nordwestrichtung, schwenken später links haltend in den Kaiserweg ein und wandern auf der Westseite des Bodebruchs in leichtem Gefälle zurück nach **Oderbrück** 1.

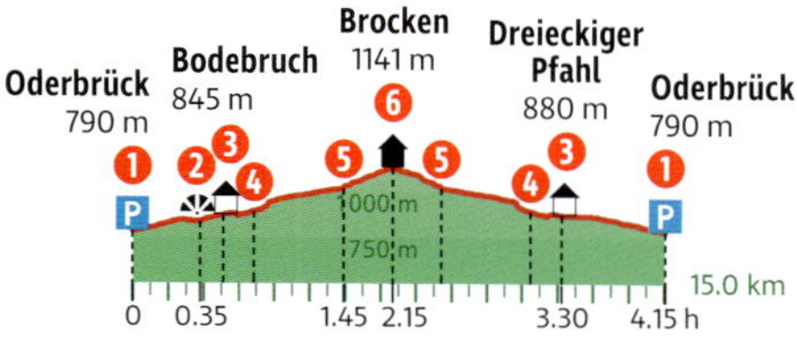

32 Von Bad Harzburg über Teufelsstieg

6.15 h | 22,0 km
↗950 m | ↘440 m

Ein langer Marsch via Eckerstausee und die Nordseite

Die Nordanstiege zum Brocken sind besonders lang, bieten aber meist auch viel Abwechslung und schon von Beginn an lohnenswerte Eindrücke. Wer in Bad Harzburg startet, passiert hinter dem Ettersberg das traditionsreiche Molkenhaus, welches bereits seit 200 Jahren an dieser Stelle existiert, und kommt ins Eckertal mit der gleichnamigen Talsperre, wo bis zur Wiedervereinigung jedweder Seitenwechsel Illusion war, denn die Grenze verlief exakt durch die Staumauer. Ein Zwischenstopp bei der Rangerstation am Scharfenstein ist sicher willkommen, ehe im weiteren Verlauf des Teufelsstiegs noch gut 500 Höhenmeter über den nordseitig abstreichenden Rücken zu absolvieren sind – Schritt für Schritt bis zur höchsten Wölbung des Harzes. Wer nach dem langen Bergauf den Abstieg kürzer halten möchte, kann Torfhaus bzw. Oderbrück ansteuern und von dort recht unkompliziert per Bus nach Bad Harzburg zurückkehren.

Ausgangspunkt: Bad Harzburg, gebührenpflichtige Großparkplätze bei der Burgbergbahn, ca. 290 m, sowie im weiteren Verlauf der Bundesstraße 4. Mit der Stadtbuslinie 873 vom Bahnhof zur Burgbergbahn.
Endpunkt: Torfhaus, 805 m. Touristische Siedlung an der B4, Busverbindung nach Bad Harzburg bzw. Braunlage (Linie 820). Auch Oderbrück kommt als Endpunkt infrage (siehe Tour 31).
Anforderungen: Anstrengender Aufstieg mit langem Vorlauf bereits zum Eckerstausee, dabei häufig naturnahe

Hasselteich mit Molkenhaus.

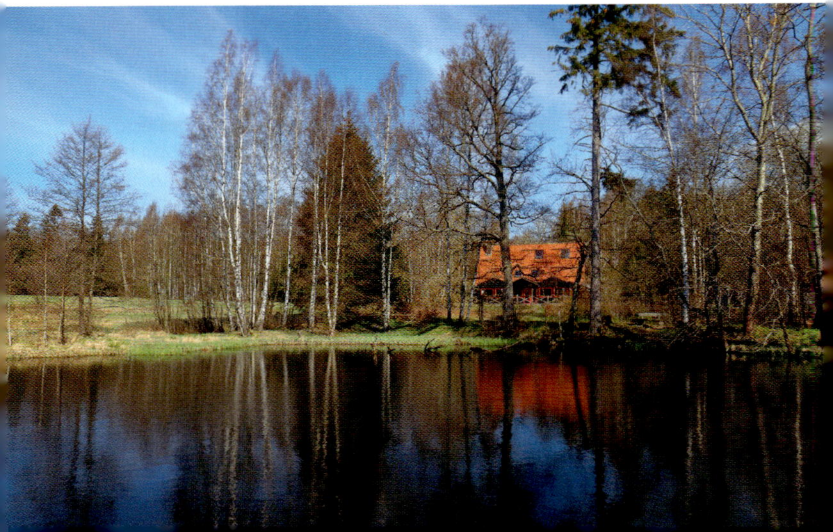

Trassen, zum Gipfel hin typischer Betonwabenweg. Bei fast 1000 Höhenmetern und 22 Kilometern Marschstrecke (bis Torfhaus; bei Rückweg ab dem Brocken nach Bad Harzburg wären es insgesamt 26 km!) erhebliche Ausdauer vonnöten.
Einkehr: Molkenhaus, Imbiss in der Rangerstation am Scharfenstein, auf dem Brocken (siehe Tour 30), Bavaria Alm und Harzresort (Restaurant Wienerwald) in Torfhaus.
Variante: Vom Brocken kann auf der Fortsetzung des Teufelsstiegs in Richtung Schierke abgestiegen werden, gleichlaufend mit dem Eckerlochstieg (siehe Tour 30). Die Rückkehr nach Bad Harzburg ist jedoch umständlich.
Hinweis: In der Sommersaison lässt sich das Molkenhaus von Bad Harzburg mit dem Nationalpark-Bus erreichen. Die Fahrpläne erscheinen für eine solch lange Tour aber eher suboptimal.
Stempel: Nr. 169 (Molkenhaus), Nr. 1 (Eckertalsperre), Nr. 2 (Rangerstation Scharfenstein), Nr. 9 (Brockenhaus), Nr. 136 (Eckersprung).

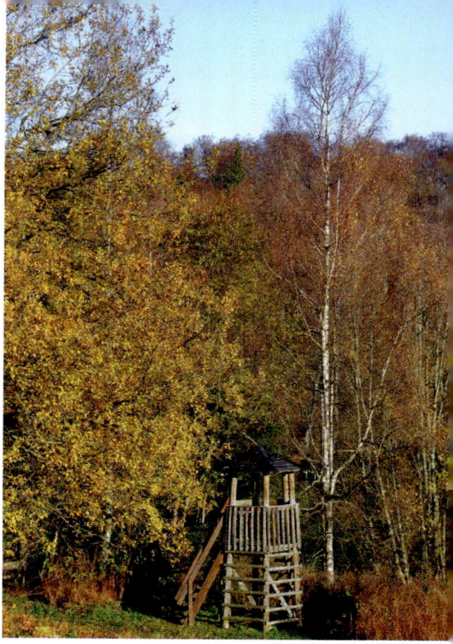

Waldlichtung unweit des Molkenhauses.

Auf der östlichen Seite der *B4* in **Bad Harzburg** ❶, gegenüber der Burgbergbahn, kommen wir im Märchenwald rasch zu den Installationen des Baumwipfelpfades und drehen mit dem Hinweis »Brocken über Ettersbergklippe« nach rechts ab. Dies ist der Teufelsstieg, der sich am Waldhang als laubbedeckter Pfad in Richtung Ettersberg bergauf schraubt. Später gemäßigter weiter südostwärts und zum jüngst wiedereröffneten **Molkenhaus** ❷ am Rande einer Freifläche (im Winter Wildfütterungsareal). Wir gehen am kleinen Hasselteich vorbei und biegen gleich hinter dem Spielplatz links ab. Nach einer Wiesentraverse senkt sich der Weg ins Eckertal, wo wir auf den Harzer Grenzweg stoßen und uns mit diesem bergauf wenden. Unterhalb der Staumauer muss eine große Schleife ausgegangen werden, um Höhe zu gewinnen und die Dammkrone von Südwesten her betreten zu können. Die Stempelstelle für die **Eckertalsperre** ❸ finden wir auf der anderen Seite, wo sich der Rundweg um den Stausee als lauschiger Naturpfad fortsetzt. Im Hintergrund wölbt sich bereits der Brocken auf – noch ernüchternd weit entfernt.
Nachdem unser Weg breiter geworden ist, achten wir auf den Linksabzweig in Richtung Scharfenstein (Nr. 11C), erreichen mit einer Steigung zunächst den Frickenplatz und wenige Schritte abseits die **Rangerstation Scharfenstein** ❹. Binnen einer Viertelstunde wäre auch ein Abstecher auf die etwas

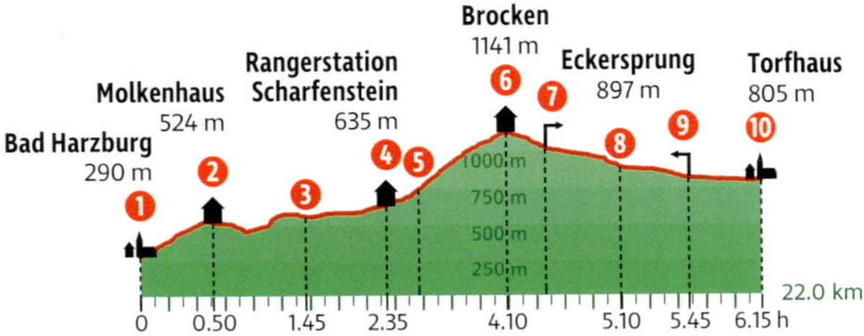

ausgesetzte Scharfensteinklippe möglich. Die Fortsetzung der Brockenroute führt indes von der Kreuzung am Frickenplatz auf dem Hirtenstieg südwärts bergauf (weiterhin Nr. 11C der Harzklub-Markierung). 20 Minuten später trifft von links her die Hermannstraße auf unsere Route, womit sich auch der Ilsenburger Zugang über den Heinrich-Heine-Weg dazugesellt 5. Nur einen Katzensprung entfernt befindet sich die Hermannsklippe. Eine Betonwabentrasse vermittelt nun ein recht steiles Bergauf. Mit einigen Kurven passieren wir die Geländeabstufungen an der Bismarckklippe und am Kleinen Brocken, letztere schon auf knapp über 1000 Meter Seehöhe. Allmählich rückt auch der Gipfelkomplex näher – nach Kreuzen der Brockenbahn und des Rundweges steuern wir direkt den höchsten Punkt des **Brockens** 6, 1141 m, an.
Im Abstieg folgen wir der Brockenstraße bis über die Knochenbrecherkurve und biegen unmittelbar vor den Gleisen nach rechts auf den **Goethe-**

Typische Landschaft an der Nordseite des Brockens.

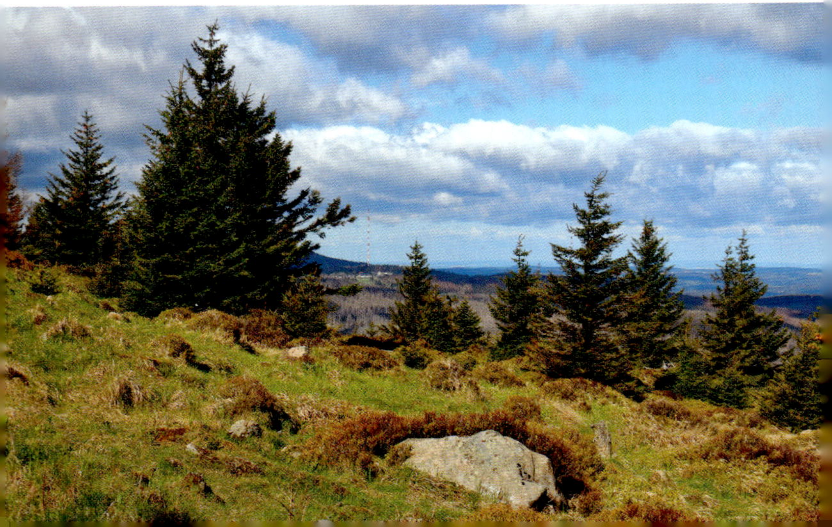

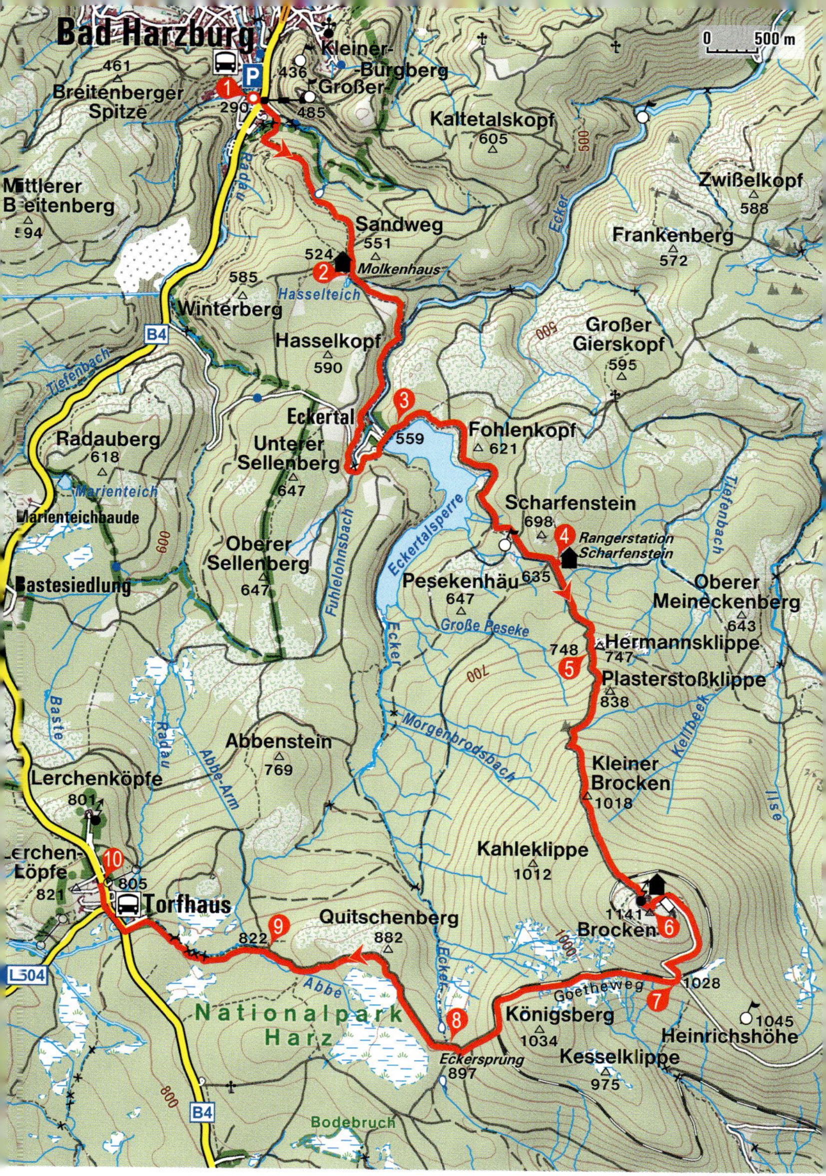
Bad Harzburg
0 500 m
461
Breitenberger Spitze
290
Kleiner-Burgberg
436
Großer-
485
Kaltetalskopf
605
500
Radau
Mittlerer Breitenberg
594
Sandweg
551
524
Molkenhaus
Ecker
Zwißelkopf
588
Frankenberg
572
585
Hasselteich
Winterberg
B4
Hasselkopf
590
Großer Gierskopf
595
Tiefenbach
Eckertal
559
Fohlenkopf
621
Radauberg
618
Unterer Sellenberg
647
Marienteich
Marienteichbaude
600
Scharfenstein
698
Rangerstation Scharfenstein
Eckertalsperre
Fuhlelohnsbach
Oberer Sellenberg
647
Bastesiedlung
Pesekenhäu
635
647
Oberer Meineckenberg
643
Große Peseke
Ecker
748
Hermannsklippe
747
Plasterstoßklippe
838
700
Baste
Radau
Abbe-Arm
Morgenbrodsbach
Abbenstein
769
Kellbeek
Lerchenköpfe
801
Kleiner Brocken
1018
Ilse
Kahleklippe
1012
Lerchen-Köpfe
821
805
Torfhaus
1141
Brocken
Quitschenberg
882
822
1000
L504
Abbe
Goetheweg
1028
Königsberg
1034
1045
Heinrichshöhe
Nationalpark Harz
Eckersprung
897
Kesselklippe
975
800
B4
Bodebruch
1
2
3
4
5
6
7
8
9
10

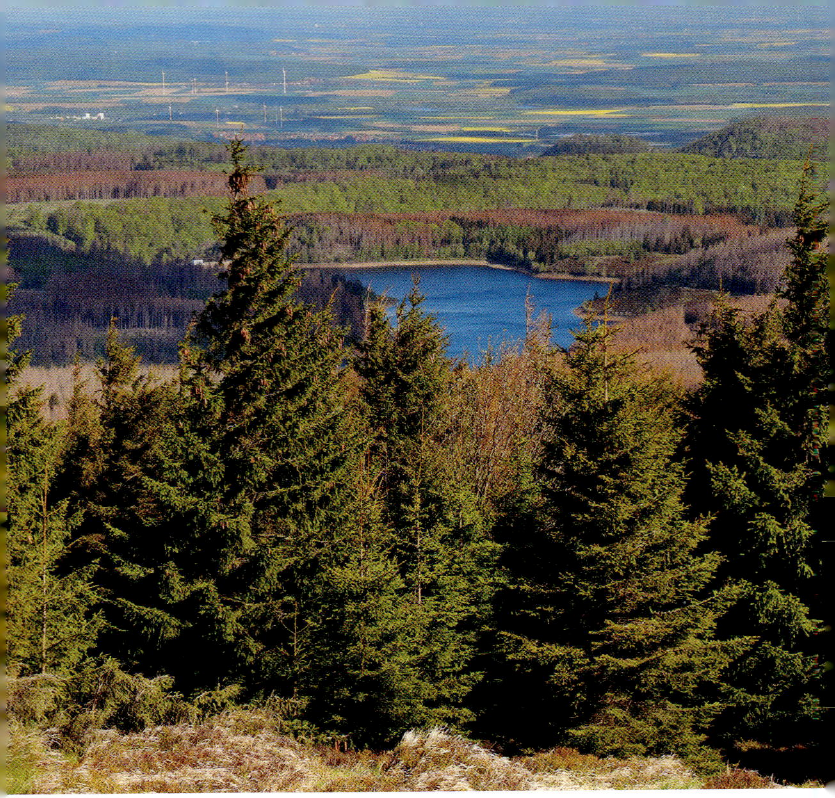

Mittlerweile ist der Eckerstausee schon weit entfernt.

weg 7 ab. Die Trasse der Brockenbahn wird nun eine ganze Weile begleitet, ehe man rechts davon abrückt und mit einem Gefälle zur Stempelstelle **Eckersprung** 8 kommt. Wer nach Oderbrück möchte, hält sich kurz davor mit dem Harzer Grenzweg und Nr. 9D links in Richtung Dreieckiger Pfahl. Ansonsten weicht der Goetheweg dem sumpfigen Brockenfeld nordseitig aus, tangiert den Quitschenberg (Quitsche ist ein anderer Name für die Eberesche, die wohl einst hier wuchs) und verbindet sich nach dem nächsten Gefälle mit dem Kaiserweg, um ihn bei nächster Gelegenheit aber schon wieder zu verlassen 9. Wir begleiten den Abbegraben und sollten eventuell noch den kleinen Schlenker über den Moorstieg (Bohlenweg) einbauen, um einen unmittelbaren Eindruck vom Großen Torfhausmoor zu erhaschen. Schließlich geht es zur *B4* hin und parallel dazu ein Stück nach Norden bis zur Bushaltestelle in **Torfhaus** 10.

6.30 h	22,5 km
↗ 900 m	↘ 900 m

Von Ilsenburg über Heinrich-Heine-Weg

Klassischer Nordanstieg aus dem romantischen Ilsetal

Für viele Harzkenner gilt der Brockenaufstieg von Ilsenburg als der schönste. Er firmiert auch unter dem Namen Heinrich-Heine-Weg, bezugnehmend auf die Harzreise, die der berühmte Dichter anno 1824 als Student absolvierte und mit großem Erfolg literarisch verarbeitete. Im tiefen Einschnitt des Ilsetals zeigt sich eine wildromantische Szenerie mit urwüchsigem Pfadverlauf. Gipfelwärts weiten sich nach und nach die Ausblicke (besonders interessant jener von der Hermannsklippe), wobei wir mit insgesamt fast 900 Höhenmetern eine beachtliche Spanne bis in die subalpine Stufe knapp oberhalb der Waldgrenze durchlaufen.

Ausgangspunkt: Ilsenburg, zentraler Startpunkt »Blochhauer«, ca. 270 m, in der Mühlenstraße oder etwas weiter beim großen, gebührenpflichtigen Parkplatz. Buslinie 270/274 von Wernigerode oder vom Bahnhof Ilsenburg zu Fuß in 20–25 Min. erreichbar.
Anforderungen: Vor allem im unteren Teil felsdurchsetzte Naturpfade, der recht steile Schlussanstieg nutzt dann eine mit Betonplatten befestigte Trasse. Hin und zurück ein beachtliches Marschpensum, daher nur für einigermaßen konditionsstarke Wanderer zu empfehlen.
Einkehr: Brocken (siehe Tour 30). Ansonsten in Ilsenburg.
Stempel: Nr. 6 (Bremer Hütte), Nr. 8 (Stempelsbuche), Nr. 9 (Brockenhaus). Weitere auf der erwähnten Variante: Nr. 22 (Gelber Brink), Nr. 16 (Ferdinandstein), Nr. 7 (Plessenburg), Nr. 30 (Ilsestein).

Verzweigung bei der Bremer Hütte, das Ziel schon im Blick.

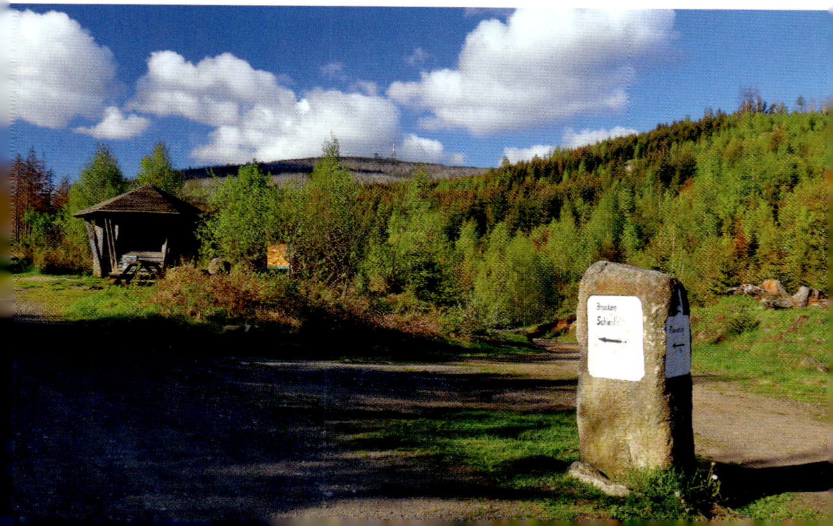

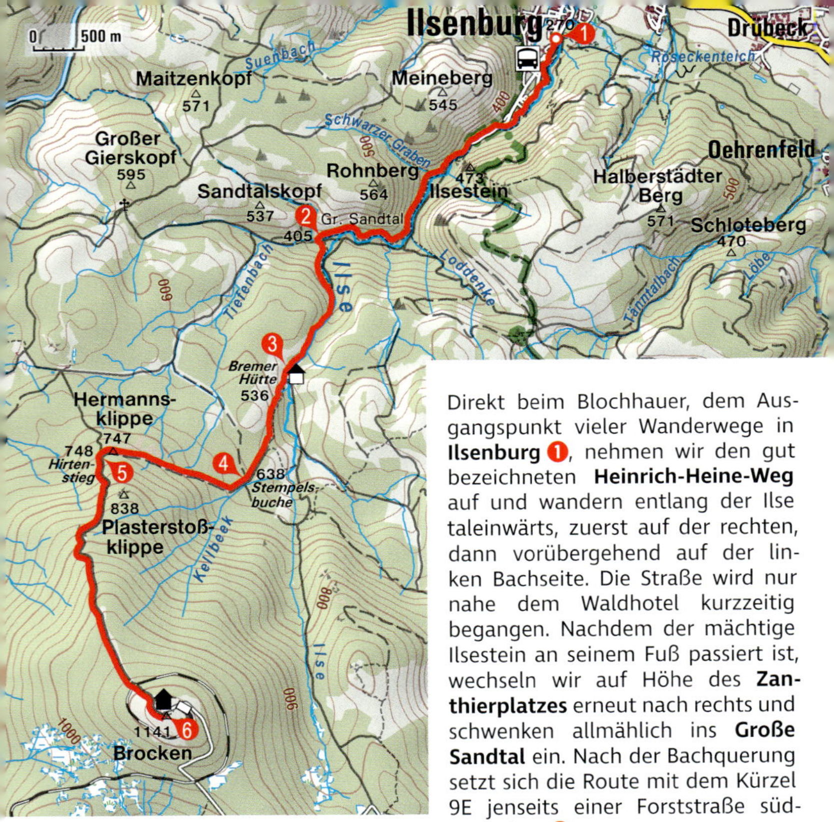

Direkt beim Blochhauer, dem Ausgangspunkt vieler Wanderwege in **Ilsenburg** ❶, nehmen wir den gut bezeichneten **Heinrich-Heine-Weg** auf und wandern entlang der Ilse taleinwärts, zuerst auf der rechten, dann vorübergehend auf der linken Bachseite. Die Straße wird nur nahe dem Waldhotel kurzzeitig begangen. Nachdem der mächtige Ilsestein an seinem Fuß passiert ist, wechseln wir auf Höhe des **Zanthierplatzes** erneut nach rechts und schwenken allmählich ins **Große Sandtal** ein. Nach der Bachquerung setzt sich die Route mit dem Kürzel 9E jenseits einer Forststraße südwärts fort ❷.

Am folgenden, teilweise recht kräftig anziehenden Wegabschnitt liegen die bekannten Ilsefälle, wo der Bach kaskadenartig durch seine Rin-

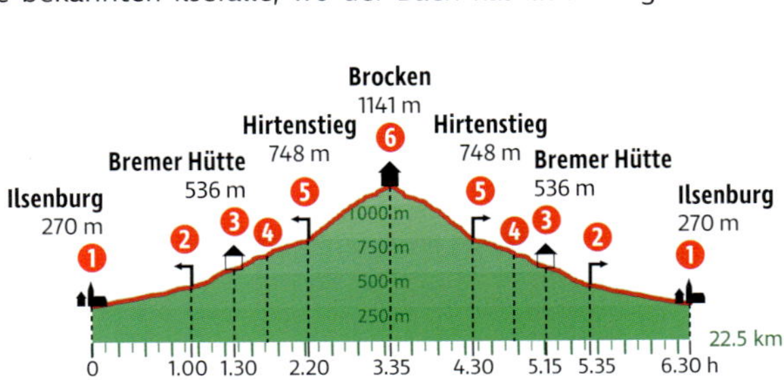

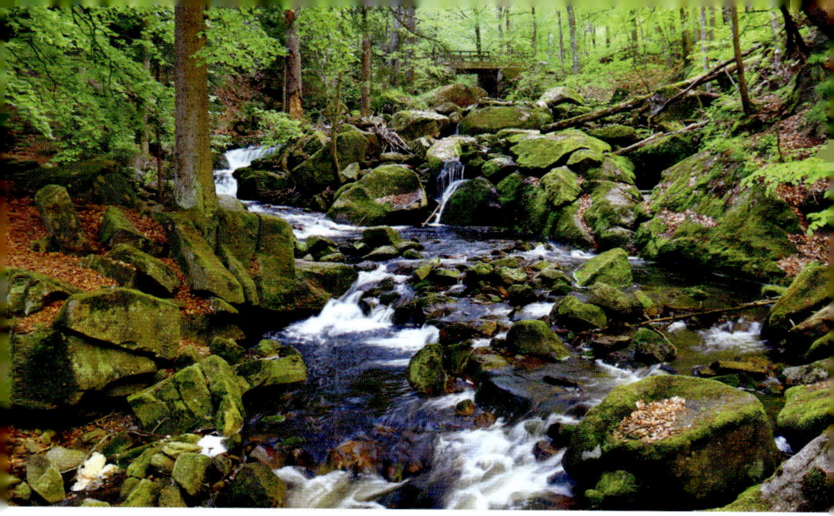

Drunten im Ilsetal geht es sofort wildromantisch los.

ne rauscht. Oberhalb kreuzen wir bei der **Bremer Hütte** ❸ erneut einen Fahrweg, durchwandern einige noch relativ intakte Fichtenbestände und kommen – in die Hermannstraße einmündend – in Richtung **Stempelsbuche** ❹ voran. Ein Stück weit westlich davon überrascht die **Hermannsklippe** mit einem tollen Blick ins Harzvorland. Wenige Schritte dahinter verbindet sich unser Heinrich-Heine-Weg mit dem von unten kommenden **Hirtenstieg** ❺ (Nr. 11C, gleichzeitig die Route des Teufelsstiegs von Bad Harzburg) und zieht nun auf einer Betonwabentrasse steil aufwärts. Mit einigen Kurven passieren wir die Geländeabstufungen an der Bismarckklippe und am Kleinen Brocken, letztere schon auf knapp über 1000 Meter Seehöhe. Allmählich rückt auch der Gipfelkomplex näher – nach Kreuzen der Brockenbahn und des Rundweges steuern wir direkt den höchsten Punkt des **Brockens** ❻, 1141 m, inmitten der »Brockenuhr« an. Für den Rückweg ist dieselbe Route vorgesehen.

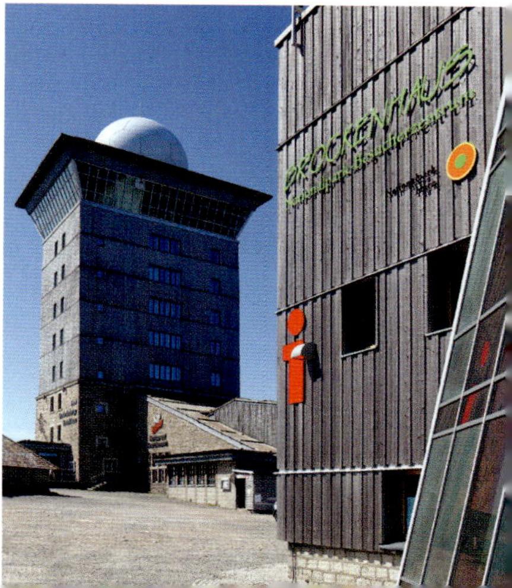

Auf dem Gipfel steht das Brockenhaus neben dem mehrstöckigen Hotelbau.

34 Über Steinerne Renne und Höllenstieg

6.45 h	23,0 km
↗850 m	↘850 m

Ausgiebige Erkundung des östlichen Brocken-Vorfeldes

Auch aus dem Einzugsgebiet von Wernigerode soll eine Tour zum Brocken vorgestellt werden, wobei auf dieser Seite das Wegenetz besonders stark verzweigt – fast schon verwirrend gesponnen – erscheint. Etliche Nebenschauplätze ließen sich einbeziehen. Wir beschränken uns auf die relativ direkte Linie, die in der wildromantischen Steinernen Renne ihren Ausgang nimmt und später über den urwüchsigen Höllenstieg vorankommt. Einziges Manko: Für die letzten vier Kilometer ist man auf die asphaltierte Brockenstraße angewiesen, die zwar nicht von der Allgemeinheit befahren werden darf, aber das gewisse Flair natürlich vermissen lässt. Radler sind hier klar im Vorteil, im Gegenzug jedoch an anderen Stellen wiederum eingeschränkter.

Ausgangspunkt: Bahnhof Steinerne Renne, ca. 310 m. Zufahrt von Wernigerode (Stadtteil Hasserode) über die Bielsteinchaussee; Parkmöglichkeit beim Wasserkraftwerk oder ein Stück weiter vorn. Die Harzer Schmalspurbahn von Wernigerode hält direkt am Ausgangspunkt. Nächstgelegene Bushaltestelle (Linie 264) am »Floßplatz«.
Anforderungen: Längere Zeit schmale, in der Steinernen Renne gut angelegte, am Höllenstieg auch mal etwas verwachsene Naturpfade (etwas Trittsicherheit erforderlich). Ab Brockenbett bis zum Gipfel allerdings Hartbelag. Hin und zurück eine anstrengende, absolut tagfüllende Tour für Ausdauernde.
Einkehr: Hotel Steinerne Renne (täglich 10–18 Uhr geöffnet). Auf dem Brocken (siehe Tour 30).
Variante: Alternativer Abstieg auf der Hexen-Stieg-Route nach Drei Annen Hohne (siehe Tour 5) und von dort mit der Harzer Schmalspurbahn wieder zum Ausgangspunkt.
Stempel: Nr. 28 (Gasthaus Steinerne Renne), Nr. 22 (Gelber Brink/Brockenbett), Nr. 9 (Brockenhaus).

Vom **Bahnhof Steinerne Renne** ❶ bzw. dem Wasserkraftwerk aus überschreiten wir die Gleise und begeben uns im Geländeeinschnitt der Holtemme taleinwärts. Nach knapp einem Kilometer gabelt sich die Route. Beide Stränge könnten im Prinzip genutzt werden, doch verläuft der direkte und mehrheitlich begangene Zugang (Nr. 11E) links. Auf felsdurchsetz-

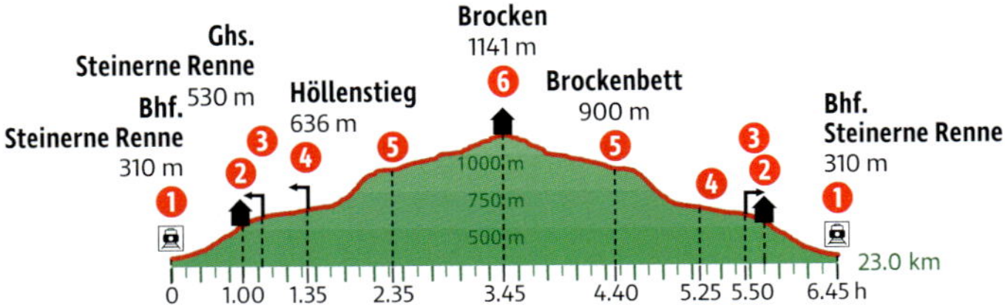

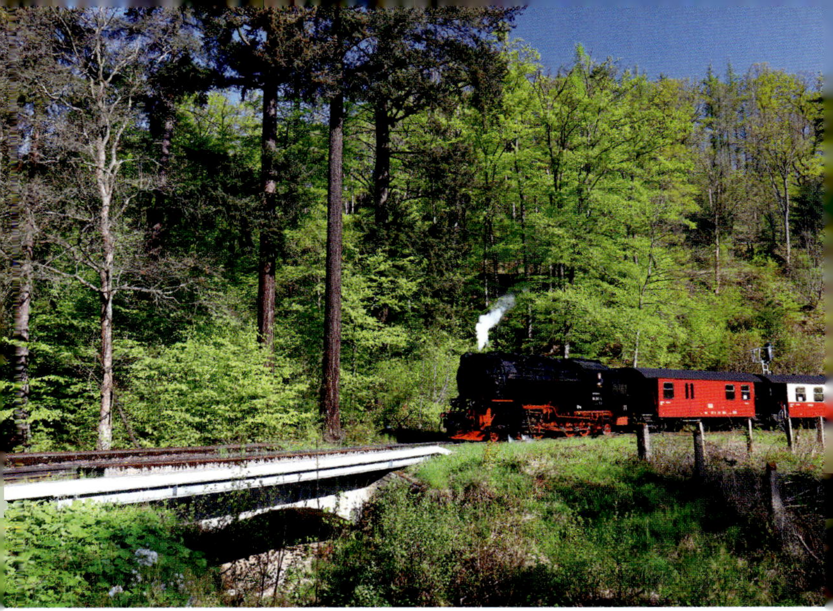

Nostalgisch: Dampfzug in der Steinernen Renne.

tem Steig gewinnen wir an Höhe, ehe uns im oberen Teil jenseits einer Brücke das **Gasthaus Steinerne Renne** ❷ empfängt. Bereits seit 1869 thront es stolz über dem schluchtartigen Graben und liefert eines der bekanntesten Harzer Fotosujets überhaupt.

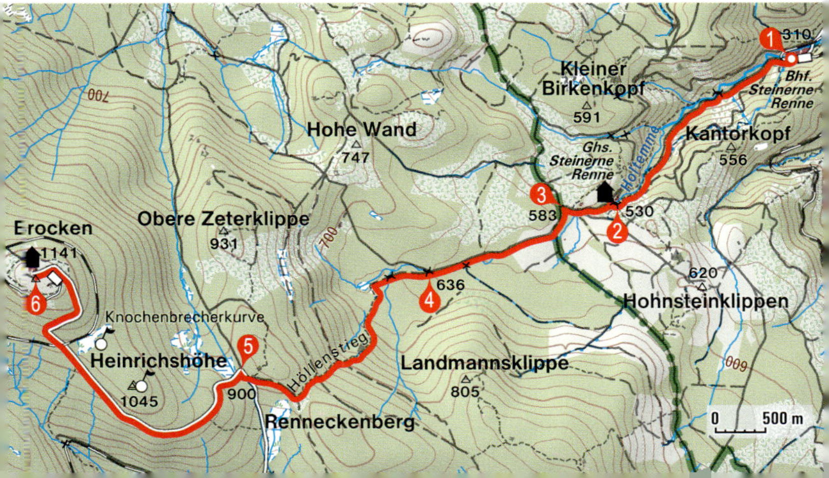

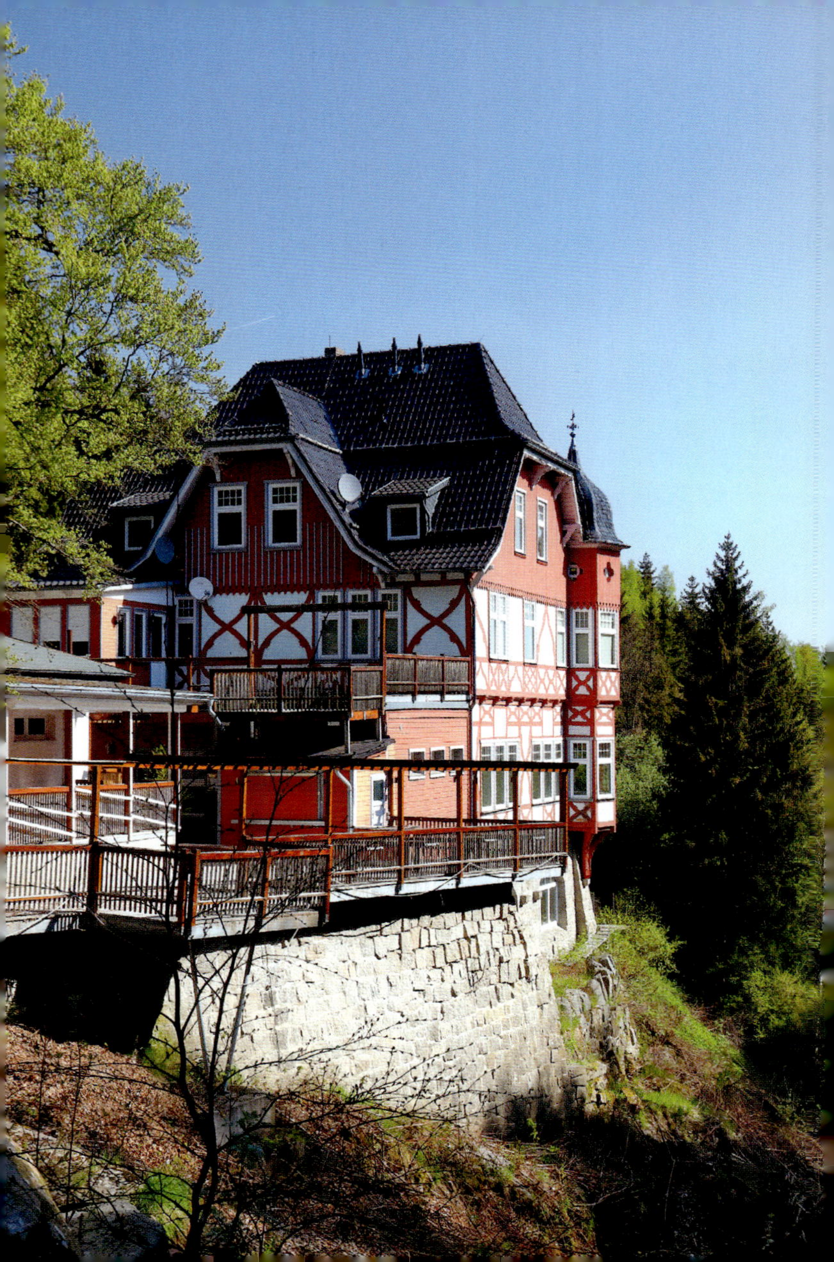

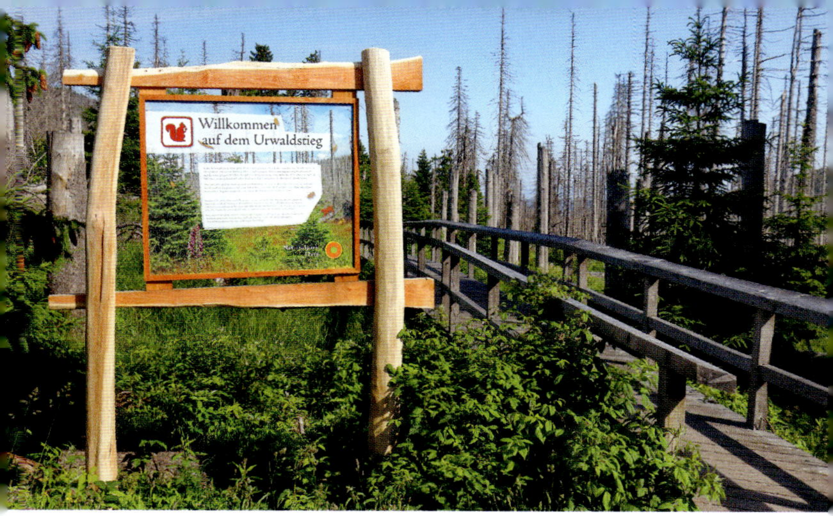

Der kurze Urwaldstieg vermittelt ökologisches Wissen.

Über die Bielsteinchaussee erhalten wir an einem Forsthaus vorbei Anschluss zur Eschwegestraße im **Hanneckenbruch** ❸ und setzen mit Nr. 11D zunächst nach links fort, kurz darauf bei der Y-Gabelung rechts. Ein gutes Stück legt man auf einer breiten, eher flachen Forststraße zurück und geht, wo diese sich im Bereich »Blumentopf« mehr nach rechts in Richtung Molkenhausstern wendet, geradeaus am **Höllenstieg** ❹ weiter. Nach einem Linksknick im Totenmoor steilt das Gelände allmählich auf. Weiter oben kreuzen wir Viktor-von-Scheffel- sowie Forstmeister-Sietz-Weg und erreichen nach einem verschlungenen Pfadverlauf die Kammhöhe mit dem Glashüttenweg und dem gleichlaufenden Hexen-Stieg.
Am **Brockenbett** ❺ wird schließlich die breite *Brockenstraße* erreicht. Nach der ersten Steigung lohnt sich ein kurzer Abstecher auf den Urwaldstieg, der uns den derzeitigen Waldwandel vor Augen führt. Derartige Eindrücke prägen auch das restliche Stück, das mit einer knappen Beschreibung auskommt: Es geht stets auf dem Asphaltband weiter, von links münden später Eckerlochstieg und Goetheweg ein, ehe die Knochenbrecherkurve und der finale Linksbogen bis zum Gipfelkomplex des **Brockens** ❻, 1141 m, vollzogen werden. Hier wird man sich wie immer noch in individueller Art und Weise umsehen. Retour ist vorbehaltlich einer Alternativstrecke in Richtung Drei Annen Hohne (siehe Tour 5) derselbe Kurs vorgesehen, ab **Gasthaus Steinerne Renne** ❷ später eventuell auch durch die Kleine Renne hinab.

Das Gasthaus Steinerne Renne zählt zu den berühmtesten Harzer Motiven.

Harzer BaudenSteig

Hinsichtlich des Bekanntheitsgrades kann sich der Harzer BaudenSteig wohl kaum mit dem populären Hexen-Stieg messen, doch landschaftlich braucht er sich keinesfalls zu verstecken. Der BaudenSteig wurde 2010 offiziell ausgerufen und beschränkt sich trotz seiner vergleichbaren Gesamtstrecke auf den niedersächsischen Westharz, genauer gesagt auf dessen südlichere Bereiche. Die Eckpfeiler heißen Bad Grund und Walkenried – dazwischen werden die Ortschaften Lerbach, Sieber, Bad Lauterberg, Bad Sachsa, Wieda und Zorge berührt. Einige größere Schleifen, die auf den flüchtigen Blick bei einer Gebietsdurchquerung nicht viel Sinn ergeben mögen, kennzeichnen den Verlauf, doch ist dies dem Ziel geschuldet, möglichst viele attraktive Punkte dieser Gegend mitzunehmen. Im Mittelpunkt stehen dabei eine Handvoll Berggipfel, die von Ausflugsgaststätten – im Harz gern »Bauden« genannt – gekrönt sind, etwa der Iberg bei Bad Grund, die Hanskühnenburg, der Große Knollen oder der Ravensberg bei Bad Sachsa. Übernachtungsmöglichkeiten sind dort aber leider nirgends gegeben – man bezieht stets in den Talorten Quartier.

Das Etappenschema ist beim BaudenSteig deutlich starrer als beim Hexen-Stieg, auch fehlen ausgewiesene Varianten. Die oben erwähnten Orte bilden die jeweiligen Zielpunkte (wobei Zorge im Rahmen der sechsten und letzten Etappe üblicherweise übersprungen wird). Dabei entstehen mehr-

Blick ins Lerbacher Tal, wo die erste Etappe endet.

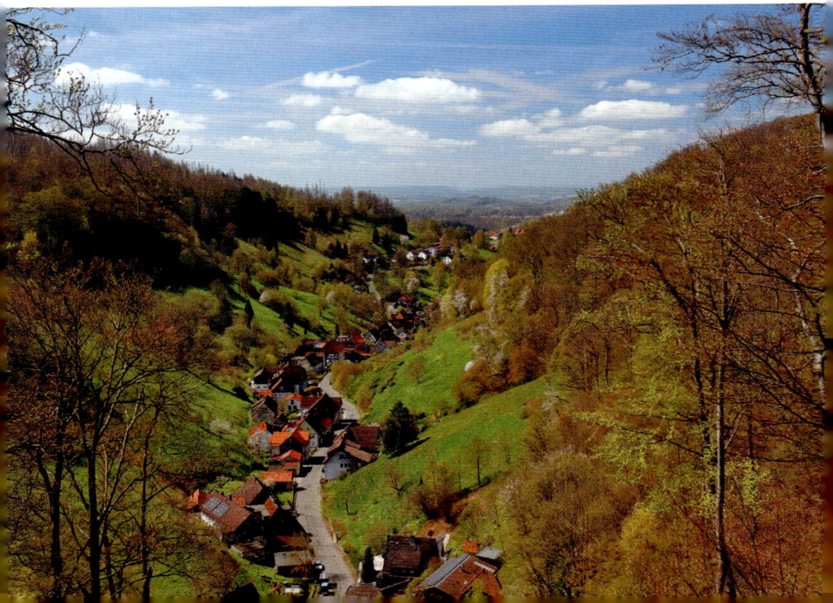

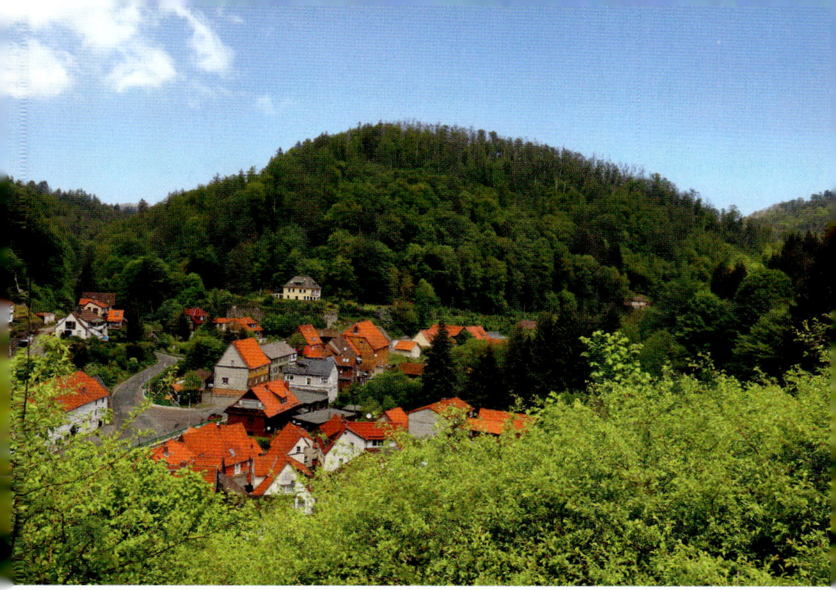

Zorge liegt auf dem letzten Abschnitt des BaudenSteigs.

fach lange Tagesmärsche, was uns eine gute Grundkondition abverlangt. Im Übrigen sei auch hier dazu angeregt, die eine oder andere gesonderte Erkundung in der Umgebung zu unternehmen. Für Tageswanderer sind vor Ort auch spezielle Rundtouren ausgewiesen worden.

In puncto »beste Jahreszeit« gilt in leicht abgeschwächter Form das schon beim Hexen-Stieg Gesagte, mit dem Hinweis, dass am BaudenSteig eine maximale Höhe von »nur« 811 Metern (Hanskühnenburg) erreicht wird, gegenüber 1141 Metern auf dem Brocken. In durchschnittlichen Wintern sollte die Route im April komplett schneefrei werden, in milden wahrscheinlich sogar früher. Auch für den BaudenSteig ist natürlich ein eigenes Logo entworfen worden, welches auf allen Wegweisern Anwendung findet: zwei Bauden an einem stilisierten Wanderweg auf rotbraunem Grund. Die Markierung ist im Allgemeinen zuverlässig und ausreichend.

Meinem persönlichen Eindruck zufolge hat der BaudenSteig aktuell noch nicht unter solch starker Entwaldung zu leiden, wie dies auf weiten Strecken des Hexen-Stiegs der Fall ist. Abgesehen von bestimmten Hotspots (namentlich den Bauden) darf insgesamt auch mit einem dünneren Besucheraufkommen gerechnet werden. Das mögen nur zwei Argumente sein, die diese Tour vielleicht in einem interessanten Licht erscheinen lassen und zu einem wertvollen »Bonus« in diesem Wanderführer machen. Probieren Sie's einfach aus …

35 Bad Grund – Lerbach

5.40 h | 21,0 km
↗600 m | ↘590 m

Vom Iberg über Taternplatz, Kaysereiche, Prinzenteich und Kuckholzklippe

Mit 21 Kilometern ist die erste Etappe des Harzer BaudenSteigs sogleich die längste. Es sei nicht verschwiegen, dass auch »Durststrecken« auf relativ eintönigen Wirtschaftswegen dabei sind, doch hat dieser Tag einiges zu bieten. Schon der Auftakt zählt zum Reizvollen, wenn wir bei Bad Grund etwas verschlungen hinauf zum Iberg unterwegs sind. Dort empfängt uns die erste Baude samt 33 Meter hohem Aussichtsturm. Sind die Wälder um Bad Grund noch recht dicht, so ergeben sich später öfters Fernblicke über die Harzhöhen oder hinaus ins Vorland. Als landschaftliches Highlight darf wohl der stattliche Prinzenteich bei Buntenbock gelten. Die Ortschaft lassen wir allerdings links liegen und drehen südwärts in Richtung Lerbach ab. Insbesondere die letzte Wanderstunde ab der Kuckholzklippe erweist sich nochmals als sehr spannend und wanderfreundlich.

Ausgangspunkt: Bad Grund, Parkplatz im Hübichweg, ca. 315 m. In der Nähe befindet sich die Bushaltestelle »Gesundheitszentrum« (Linie 460 zwischen Osterode bzw. Bahnhof Gittelde und Clausthal-Zellerfeld).
Endpunkt: Lerbach, ca. 325 m. Buslinie 440 in Richtung Osterode oder Clausthal-Zellerfeld.
Anforderungen: Zu Beginn am Iberg und gegen Ende beim Abstieg von der Kuckholzklippe nach Lerbach oft naturbelassene Wege und Pfade (hier auch die steilsten Passagen), dazwischen jedoch mehrheitlich breite Forstwirtschaftswege. Nicht immer ganz zuverlässige Beschilderung des BaudenSteigs, speziell zwischen Kaysereiche und Prinzenteich. Die Gesamtdistanz ist beachtlich und verlangt Ausdauer.
Einkehr: Museumscafeteria im HöhlenErlebnisZentrum (geöffnet 10–17 Uhr). Iberger Albertturm (wegen bevorstehender Sanierung derzeit geschlossen). Alte Ziegelhütte (geöffnet ab 17 Uhr, am Wochenende ab 10 Uhr, Mo/Di Ruhetag). Hotel Sauerbrey in Lerbach (Restaurant geöffnet ab 18 Uhr).
Unterkunft: Zahlreiche Hotels und Pensionen in Bad Grund. Hotel Sauerbrey in Lerbach, Tel. +49 5522 50930, hotelsauerbrey.de. Weitere Unterkünfte im

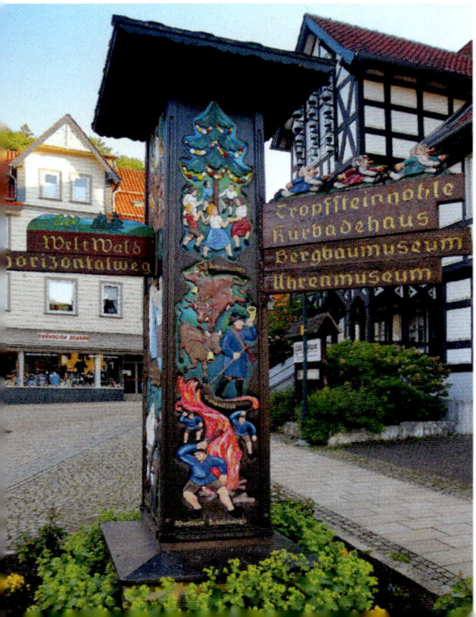

Im Zentrum von Bad Grund, dem Ausgangsort des BaudenSteigs.

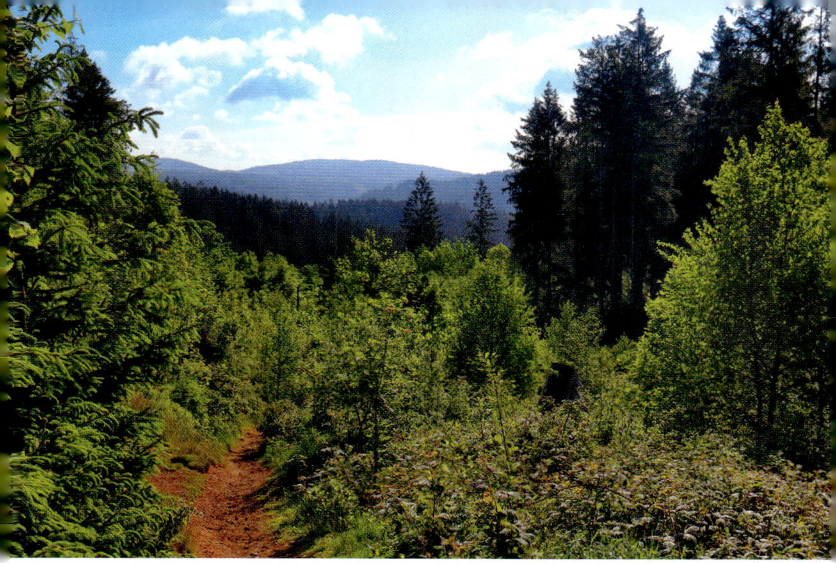

Schmaler Pfadverlauf am Iberg.

unweit gelegenen Osterode.
Information: Tourist-Information im Gesundheitszentrum, Elisabethstraße 1, 37539 Bad Grund, Tel. +49 5327 700710, bad-grund.de. Kultur, Stadtmarketing und Tourismus, Eisensteinstraße 1, 37520 Osterode am Harz, Tel. +49 5522 318333, osterode.de.
Varianten: 1. Zu Beginn kann via Sportpark direkt ins Märchental aufgestiegen werden und vom HöhlenErlebnisZentrum in wenigen Minuten direkt zur Kreuzung Schweinebraten (ca. 30 Min. Zeitersparnis).
2. Wer hinter der Kaysereiche auf der Hahnebalzer Straße bleibt, kommt zur Lasfelder Tränke, wo sich der ehemalige Bundespräsident Karl Carstens mit einem Fußabdruck auf einem Gedenkstein verewigt hat. Hier dann links aufwärts und später weiter wie beschrieben.
3. Am Prinzenteich ist der Karrenweg unmittelbar am Nordufer entlang eigentlich schöner. Man könnte vorher auch das Südufer tangieren und etwas weiter südlich die B241 kreuzen.
Tipp: HöhlenErlebnisZentrum mit Führungen durch die sehenswerte Iberger Tropfsteinhöhle. Alle wichtigen Infos dazu unter hoehlen-erlebnis-zentrum.de.
Stempel: Nr. 130 (Iberger Albertturm), Nr. 131 (Kaysereiche), Nr. 141 (Oberer Hahnebalzer Teich, verlegt von der Lasfelder Tränke!), Nr. 139 (Kuckholzklippe).

Vom Parkplatz in **Bad Grund** ❶ gehen wir rückseitig durch den *Rathsweg* und schlagen bei der Pizzeria Oase die *Bergstraße* ein, folgen dieser aber nur rund 150 Meter und achten auf den Hinweis links in den Waldhang hinein. Unser Pfad vollzieht einen allmählich ansteigenden Bogen um den Schurfberg und bleibt dann knapp unterhalb der *B242*. Wir kommen ins Märchental und zum **HöhlenErlebnisZentrum** ❷ unmittelbar auf der an-

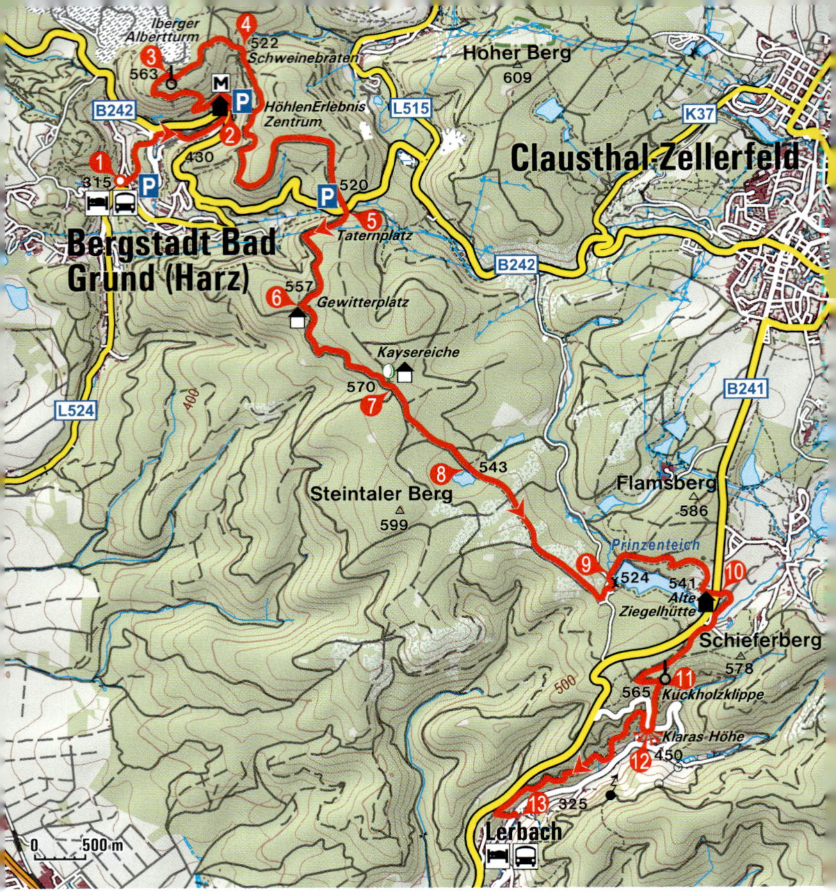

deren Seite der Bundesstraße. Der Eingang der berühmten Tropfsteinhöhle befindet sich am Südhang des Ibergs, wo sich der BaudenSteig nun bis zum **Albertturm** ❸ hinaufschraubt. Knapp über den Baumkronen ergibt sich ein weiter Blick ins Harzvorland. Angeschlossen ist auch eine Waldgaststätte, die derzeit aber wegen dringenden Renovierungsbedarfs geschlossen ist. Wir setzen den Weg nordostwärts fort (auch eine kleine Schleife am Kalksteinbruch »Winterberg« vorbei ist lohnend; dafür der Markierung des Karstwanderwegs folgen) und achten auf den Rechtsabzweig hinab zum **Schweinebraten** ❹, wo sich zahlreiche Wege kreuzen. Wir nehmen die sehr angenehme Trasse, die quasi horizontal am noch recht dichten Waldhang

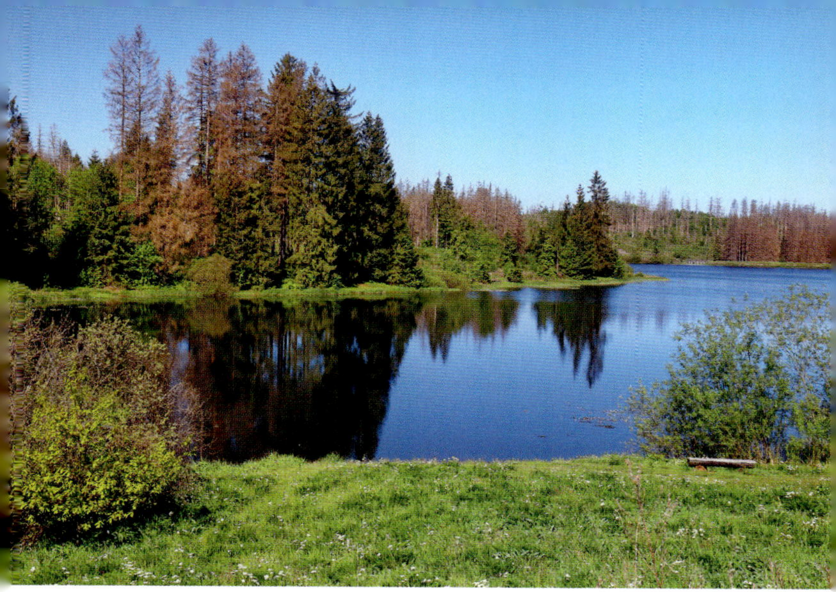

Idylle am Prinzenteich.

entlangzieht. Nachdem ein kleiner Einschnitt ausgegangen ist, schwenken wir bei der Kitzenwiese links und absolvieren auf einer typischen Forststraße einen deutlichen Linksbogen, anschließend zweimal Rechtsknicke, ehe beim **Taternplatz** ❺ die *B242* geradeaus überschritten wird. Rechts haltend sind wir nun an einem entwaldeten Hang unterwegs, was zumindest den Vorteil einer Fernschau mit sich bringt.

Am **Gewitterplatz** ❻ sind zwei Routen in Richtung Kaysereiche ausgeschildert – wir bleiben auf dem BaudenSteig, der sich inzwischen auch mit dem Harzer Försterstieg verbunden hat. Beim Stempelkasten **Kaysereiche** ❼, die auf eine in den 1860er-Jahren getätigte Anpflanzung zurückgeht, befindet sich auch eine Köte. Im Anschluss gibt die Hahnebalzstraße die Richtung vor, allerdings führt die optimierte Route seit Kurzem nicht mehr über die **Lasfelder Tränke**. Vielmehr zweigen wir etwa 350 Meter hinter der

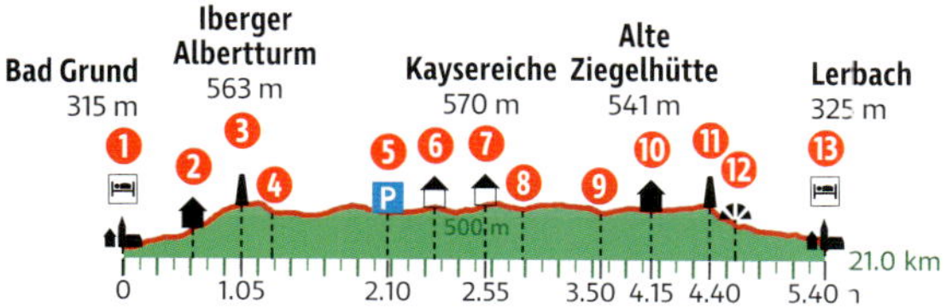

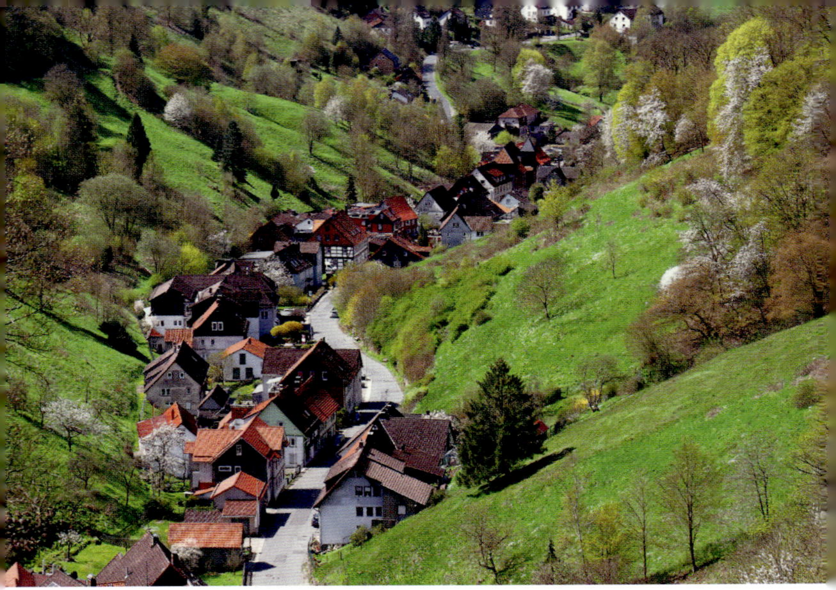

Lerbach zählt zu den am schönsten gelegenen Harzdörfern.

Kaysereiche halblinks ab und tangieren den **Oberen Hahnebalzer Teich** 8 mit seiner hierher verlegten Stempelstelle. Hinter der Geländesenke gewinnt man leicht an Höhe, ehe sich dieser Naturweg wieder mit der Originalroute verbindet. Nach einem markanten Linksschwenk treffen wir auf den **Prinzenteich** 9 – am nahen Parkplatz beachte man den kleinen Pfad, der zum Staudamm leitet. Wir überschreiten diesen, halten uns rechts und nähern uns dem **Restaurant Alte Ziegelhütte** 10 bzw. der Pension Tannenhof an der *B241*.

Man wechselt auf die andere Seite und begleitet die Bundesstraße ein Stück weit in südwestlicher Richtung (kurzzeitig nur ein Trampelpfad, später wieder breit trassiert), ehe etwas abgerückt wird und der scharfe Linksknick zum Aussichtsturm auf der **Kuckholzklippe** 11 erfolgt. Dort befinden wir uns schon über dem Lerbacher Tal. Der schönere Blick ergibt sich aber erst nach einem Steilabstieg zu einem Querweg und 300 Metern an der Leitplanke entlang bis zu **Klaras Höhe** 12: ein kleiner Pavillon mit herrlicher Perspektive auf Lerbach! Auf dem Eisenstein-Lehrpfad, der an verschiedenen Stollen aus der Bergbauzeit vorbeiführt, lassen wir die erste Etappe des BaudenSteigs schließlich auslaufen. Man bewegt sich an einer sonnseitig ausgerichteten Buchenwaldflanke, teils querend, teils abwärts und zuletzt mit einer ausgeprägten Linksbiegung hinunter ins Dorf **Lerbach** 13, wo wir unmittelbar beim Hotel Sauerbrey herauskommen.

5.30 h	19,4 km
↗700 m	↘700 m

Lerbach – Sieber 36

Über die Sösetalsperre zur Hanskühnenburg

Mit der Hanskühnenburg erreicht der Harzer BaudenSteig seinen absolut höchsten Punkt. Es ist aber keine »Burg«, die wir dort oben auf dem Ackerkamm zwischen den Tälern der Söse und Sieber erwarten dürfen, sondern eine stattliche Baude samt Aussichtsturm, welche diesen Fleck schon Ende des 19. Jahrhunderts zu einem Dreh- und Angelpunkt im Oberharzer Wanderverkehr machte. Bevor wir den langen Aufstieg über den Nassen Weg absolvieren, erfolgt sozusagen als Vorlaufprogramm der Übergang von Lerbach zum Sösestausee. Die Talsperre ist die älteste der Harzwasserwerke, errichtet zwischen 1928 und 1931. Kurz darauf baute man auch eine Fernwasserleitung, die bis nach Bremen reicht. Der überregionalen Trinkwasserversorgung kommt im Harz also eine große Bedeutung zu.

Ausgangspunkt: Lerbach, beim Hotel Sauerbrey, ca. 325 m. Nächstgelegene Bushaltestelle »Liethweg« (Linie 440 von Osterode).
Endpunkt: Sieber, beim Freibad im Tiefenbeek, ca. 330 m. Hier auch Bushaltestelle der Linie 451 von Herzberg.
Anforderungen: Bis Hanskühnenburg oft schmale und zuweilen holprige Wanderwege, wobei je nach Witterung auch mit feuchten Passagen gerechnet werden muss. Im Abstieg nach Sieber hauptsächlich breite Forststraßen. Aufgrund der Distanz und einiger steiler Abschnitte gute Kondition erforderlich.
Einkehr: Hanskühnenburg (Mi Ruhetag, sonst geöffnet 9–17 Uhr, im Winter bis 16 Uhr). Gaststätte Dachstübchen (täglich ab 17.30 Uhr), Hotel Zum Pass und Natürlich Café (Fr–So ab 14 Uhr) in Sieber.
Unterkunft: Harz Hotel Iris, Hotel Zum Pass, B&B Dellermann und Klein Holland Harz in Sieber, weitere in Herzberg.
Information: Tourist-Information, Marktplatz 32, 37412 Herzberg am Harz, Tel. +49 5521 852111, touristinformation-herzberg.de.
Stempel: Nr. 140 (Eselsplatz), Nr. 143 (Schindelkopfköte), Nr. 144 (Hanskühnenburg).

Die Sösetalsperre hat ein Fassungsvermögen von mehr als 25 Millionen Kubikmetern.

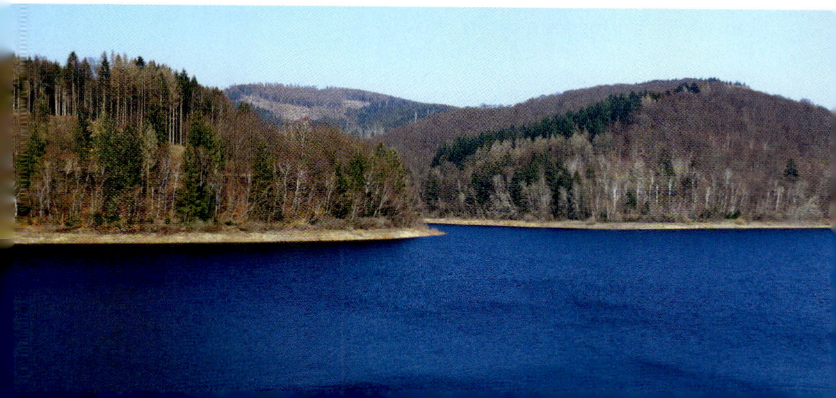

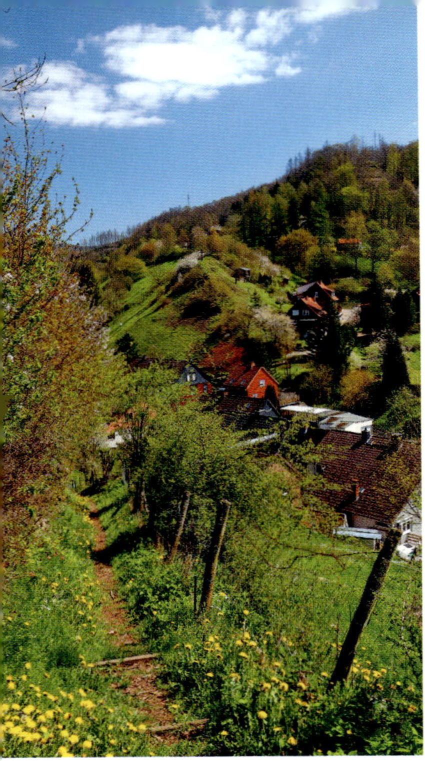

Im malerischen Lerbach startet die zweite Etappe des Bauden-Steigs.

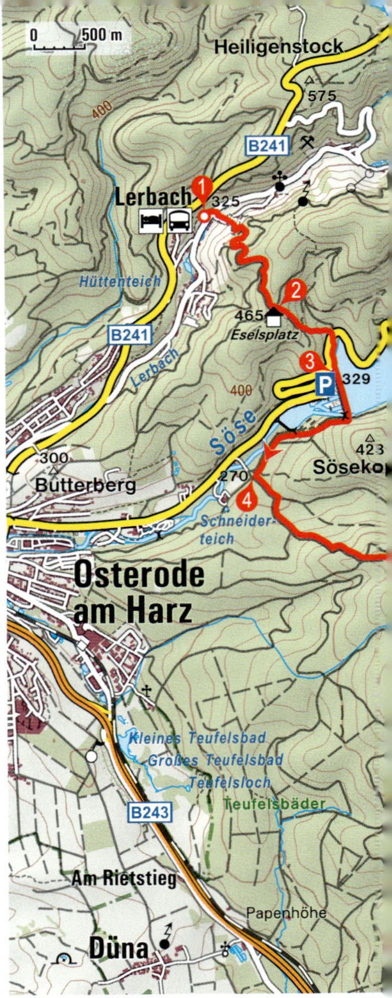

In **Lerbach** ❶ beginnt der Aufstieg vom Hotel Sauerbrey aus ca. 50 Meter talaufwärts an der rechten Seite. Es ist sofort ein steiler Aufstieg zu bewältigen, ehe man auf eine Forststraße kommt, die auch zum Harzer-Hexen-Stieg gehört. Auf dieser nach rechts via Körnigs Eck zu einer Gabelung und links aufwärts zur Köte und Stempelstelle am **Eselsplatz** ❷, einer Mehrwegekreuzung. Abgesehen von einem möglichen Abstecher zum nahe gelegenen Aussichtspunkt am Scheerenberg (Sackgasse) wählen wir den schmalen Steig südostwärts hinunter zur *Sösetalstraße (B498)*. Wenige Minuten später erreichen wir schon die **Sösetalsperre** ❸ und wechseln auf die andere Seite.

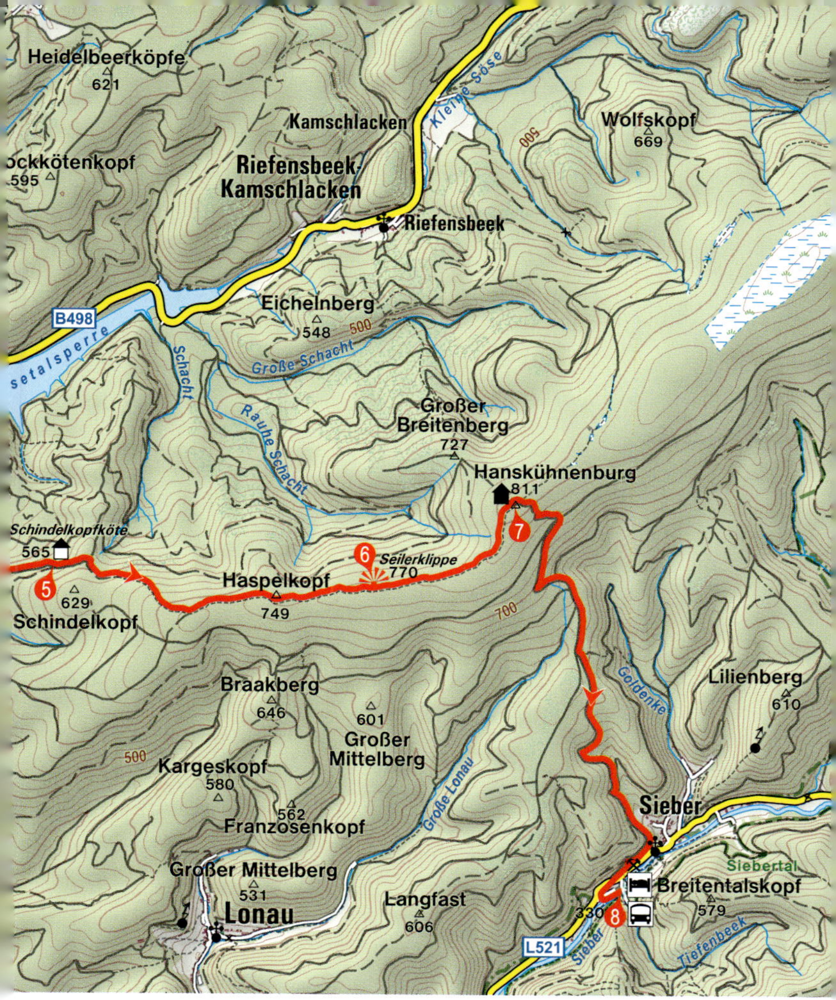

Dort wendet man sich nach rechts, also talwärts! Die Markierung des Harzer BaudenSteigs wird hier von einem roten Dreieck begleitet; wo man die nach Osterode führende Route verlässt und bergwärts abdreht 4, weist schließlich ein gelbes Dreieck den Weg. In Kürze zweigt man vom Sträßchen rechts ab und steigt kräftig bergauf. Wir stoßen auf den **Nassen Weg** von Osterode und kommen allmählich immer weiter gen Osten voran. Bei

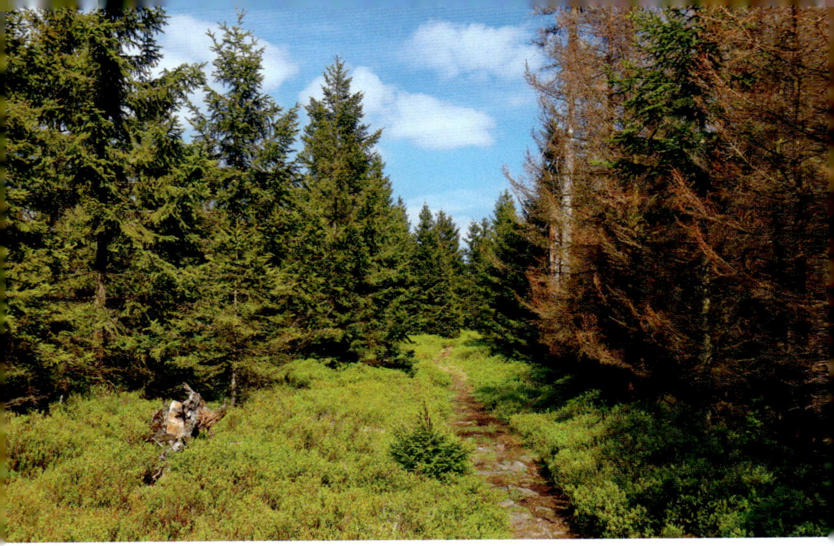

Zwischen dicht stehenden Fichten: So stellt man sich einen Wanderweg im Oberharz gemeinhin vor.

der **Schindelkopfköte** 5 (Stempelstelle) hat sich die Aussicht über das Sösetal bereits ziemlich geweitet. Bald darauf wird die befestigte Trasse von einem Steig abgelöst. Dieser zieht ordentlich an und tritt in Kammnähe unweit des Haspelkopfes in den Nationalpark ein.

Die Umgebung präsentiert sich mehrheitlich bewaldet, öffnet sich zwi-

Vom Aussichtspunkt nahe dem Eselsplatz überblickt man die Waldwellen.

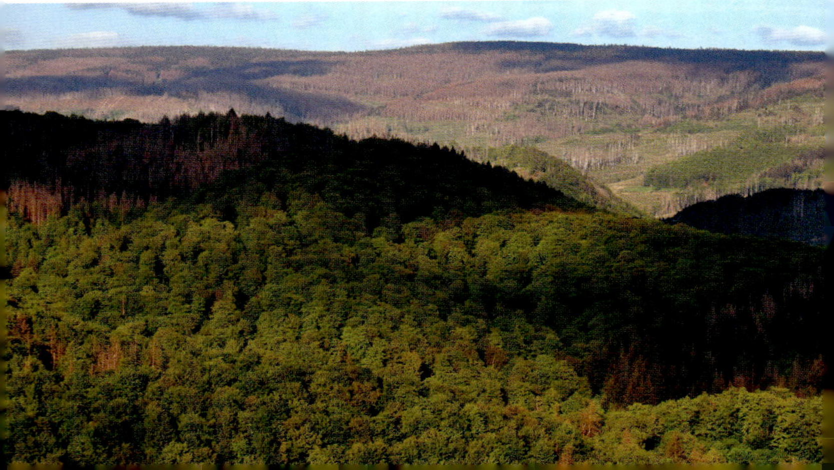

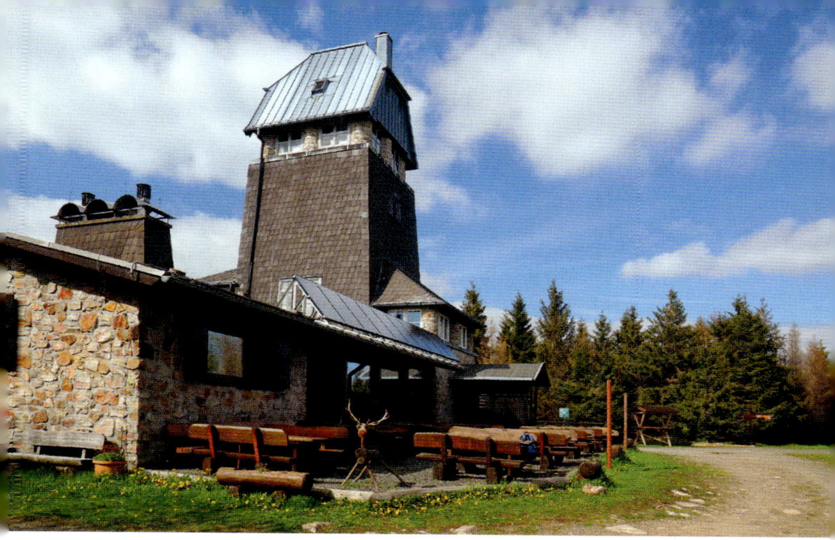

Die Hanskühnenburg zieht Wanderer aus allen Richtungen an.

schendurch aber auch mal, besonders im Bereich der **Seilerklippe** 6, die einen minimalen Seitensprung wert ist. Zuweilen etwas verschlungen führt der Nasse Weg (auch Fastweg) noch leicht aufwärts bis zum Scheitelpunkt der Etappe bei der viel besuchten **Hanskühnenburg** 7, 811 m. Einige Serpentinen bringen uns ein Stück tiefer zur Ackerstraße, die beim sogenannten Teilungspfahl jedoch nur gekreuzt wird. Für uns sind neben dem BaudenSteig die Harzklub-Nummern 14B und 13B maßgebend, welche sich nach einer Links-rechts-Kombination gabeln. Nr. 14B zieht rechts in Richtung Lonau weg, ebenso wie eine zweite Route über die Höhen am Schneiderhai. Unser Weg verliert indessen weiter an Höhe, schmiegt sich dem Einschnitt des Wellbeektals an und dreht später markant nach rechts ab. Dann dauert es nicht mehr lang und wir erreichen den Ort **Sieber** 8 in der Talsohle, wo der offizielle Endpunkt der Etappe im *Tiefenbeek* liegt.

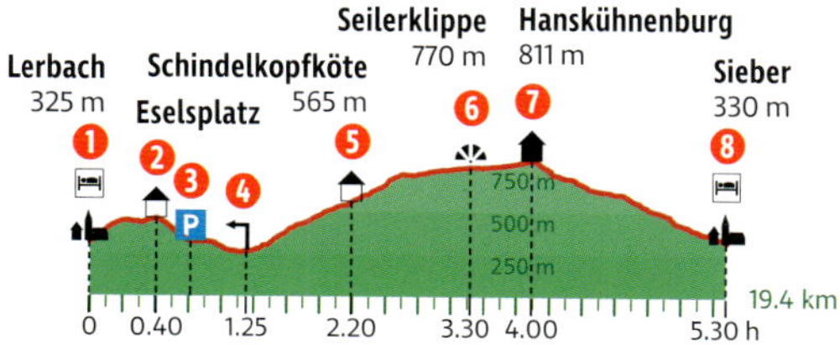

37 Sieber – Bad Lauterberg

4.30 h	14,9 km
↗ 680 m	↘ 720 m

Dreimal Bergglück mit Genuss

Der Übergang aus dem Siebertal bis an den südlichen Harzrand bei Bad Lauterberg darf als besonders abwechslungsreich bezeichnet werden. Buchstäbliche Highlights sind die Aussichtstürme auf dem Großen Knollen und dem Kummelberg (Bismarckturm), beide mit angeschlossener Bergbaude. Dazu kommt der ebenfalls von einer Gaststätte gekrönte Bad Lauterberger Hausberg direkt am Stadtrand. Bis knapp unterhalb verkehrt übrigens einer der seltenen Sessellifte, die im Harz dem Sommertourismus dienen, in diesem Fall mit etwas nostalgischem Touch.

Ausgangspunkt: Sieber, Parkplatz und Bushaltestelle im Tiefenbeek, ca. 330 m. Buslinie 451 vom Bahnhof Herzberg.
Endpunkt: Bad Lauterberg, beim Kurhaus, ca. 296 m. Der zugehörige Bahnhof befindet sich ein gutes Stück entfernt im Stadtteil Barbis. Aus dem Zentrum Buslinie 450 zum Bahnhof Herzberg.
Anforderungen: Wechsel von Forststraßen und naturbelassenen Wegen, welche sogar einen relativ großen Anteil ausmachen und phasenweise recht steil verlaufen. Die Etappe erfordert also grundsätzliche Geschicklichkeit auch in nicht ganz einfachem Gelände, ist aber nicht übermäßig lang.
Einkehr: Knollenbaude (täglich außer Mo 9–17 Uhr geöffnet). Waldgaststätte Bismarckturm (täglich 9–18 Uhr). Restaurant auf dem Hausberg (täglich außer Mo 10.30–18 Uhr). Diverse Möglichkeiten im Stadtgebiet von Bad Lauterberg.
Unterkunft: Zahlreiche Quartiere in Bad Lauterberg.
Information: Tourist Information Haus des Gastes, Ritscherstraße 4, 37431 Bad Lauterberg im Harz, Tel. +49 5524 853-190, badlauterberg.de.
Varianten: 1. Zu Beginn kann über den Otto-Hermann-Weg aufgestiegen werden (auf der rechten Seite des Tiefenbeek).
2. Gegen Ende ließe sich abkürzen, indem man den Bismarckturm auslässt und von Kupferhütte gleich den Hausberg ansteuert. Wäre aber schade drum ...
Stempel: Nr. 150 (Großer Knollen), Nr. 152 (Knollenkreuz), Nr. 115 (Bismarckturm).

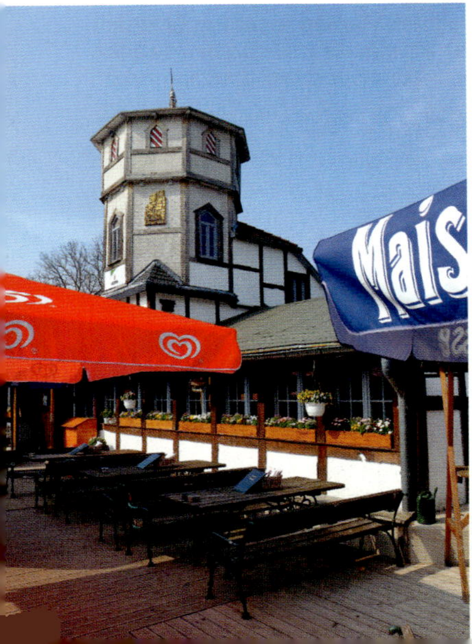

Berggaststätte auf dem Hausberg.

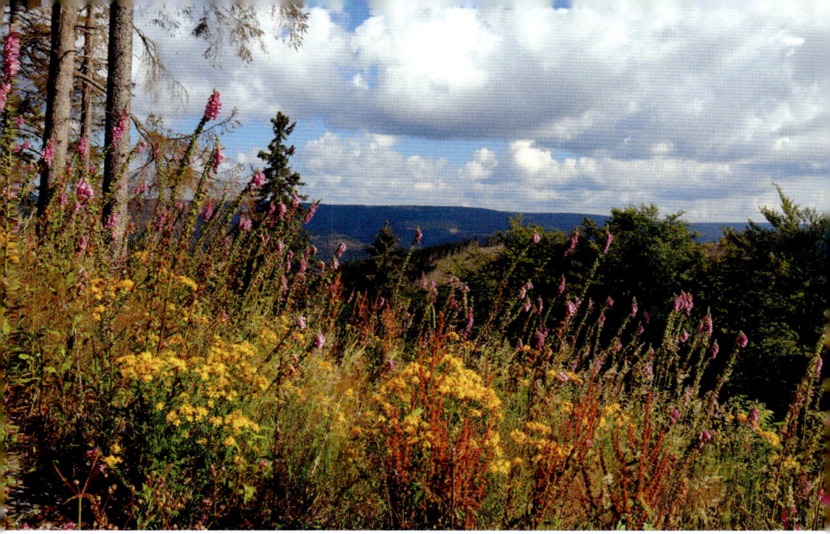

Sommerimpression vom Großen Knollen.

Von **Sieber** ❶ wandern wir am Schützenhaus vorbei ins Breitental hinein und achten nach gut 10 Minuten auf den Abzweig des Harzer Bauden-Steigs. Die Forststraße wird hier also nach rechts aufwärts verlassen, um im Bereich des Gatzemannstals einem steil anziehenden, schmalen und mitunter sogar etwas überwachsenem Pfad zu folgen. Eine knappe halbe Stunde später trifft man wieder auf einen breiten Wirtschaftsweg mit der **Otto-Hermann-Hütte** ❷ als Unterstand. In der Folge geht es wesentlich gemächlicher dahin, einschließlich einiger Kurven in Grundrichtung Süd, ehe die Steigung nach einer Gabelung gipfelwärts nochmals etwas zunimmt. Mit einer markanten Schleife erreichen wir die Baude und den Aussichtsturm auf dem **Großen Knollen** ❸, 687 m.

Über die oberste Kurve begibt man sich auch wieder abwärts, dann leitet Nr. 13D nach einem kurzen Steilstück über eine Mehrfachverzweigung hinweg gen Süden. Wir folgen nun im Bereich der Großentals- und Scheffelstalsköpfe einem naturbelassenen Pfad im Wechsel zwischen einigen Blößen und noch dichteren Laubwaldbeständen. Am **Knollenkreuz** ❹ wird ein Rastplatz mit Stempelstelle passiert, ehe es etwas tiefer von einer Art Sattel vollends ins Tal der Lutter hinuntergeht. Bei **Kupferhütte** ❺ beginnt ein paar Schritte taleinwärts das nächste kräftige Bergauf. Der Pfad verschmälert sich und zieht mit einer längeren, allmählich ansteigenden Traverse durch den Hang des Kummelbergs. Weiter oben stößt man auf die Zufahrt zur Waldgaststätte am **Bismarckturm** ❻, 536 m, und kürzt die letzte Schleife dorthin nochmals ab. Während der Öffnungszeiten kann

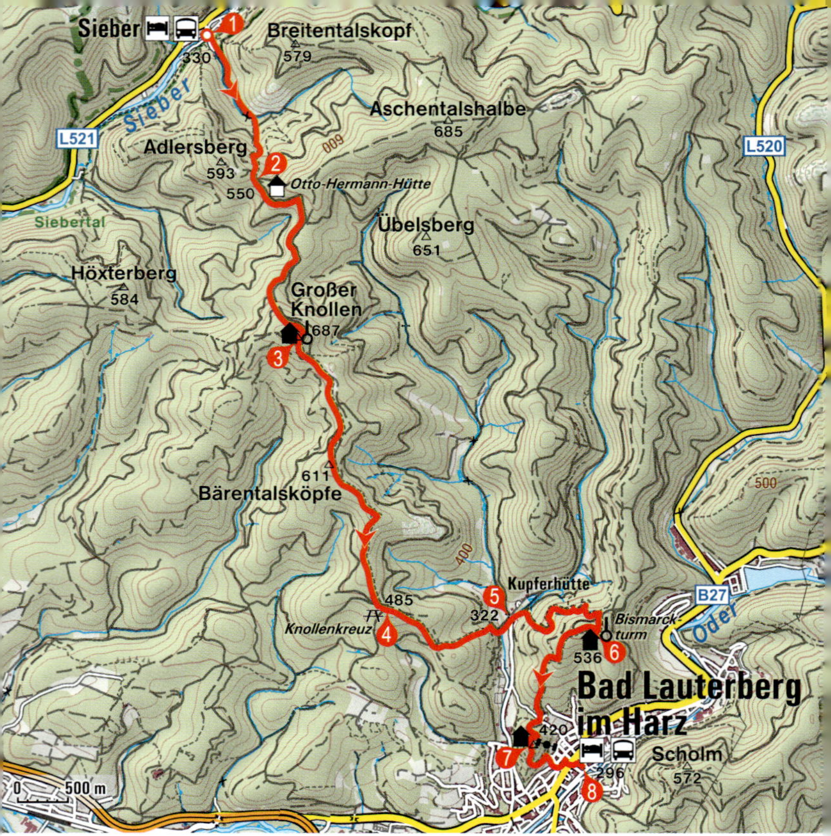

auch der 1904 erbaute Turm bestiegen werden. Der Abstieg in Richtung Bad Lauterberg erfolgt auf gut ausgebauten Waldwegen zunächst bis zur Straße *Weinberg*. Hier lassen wir es uns nicht nehmen, auch noch dem

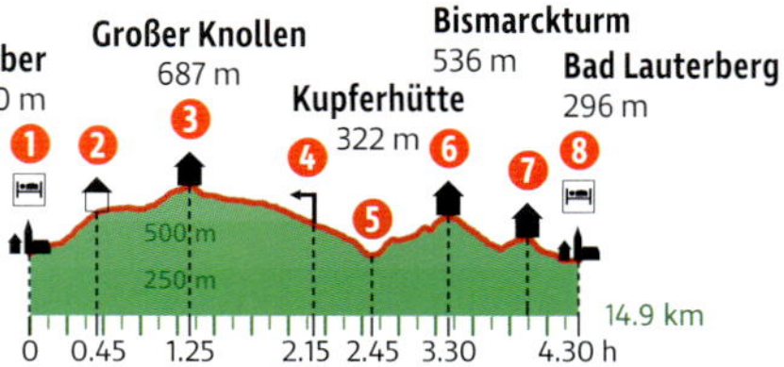

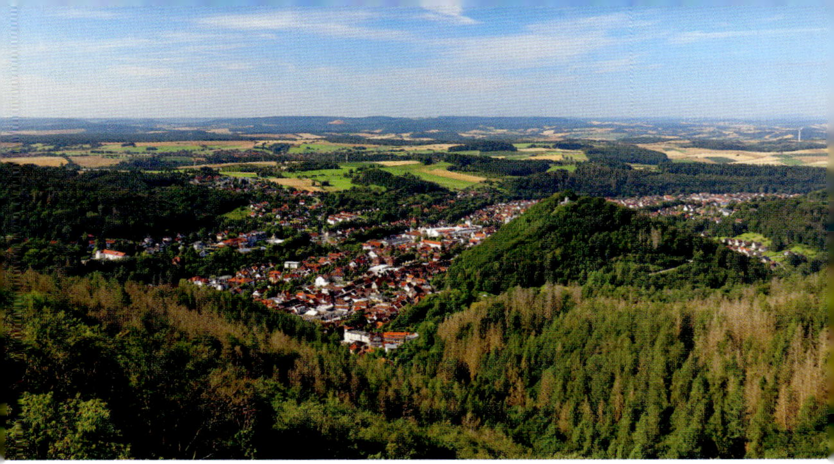

Bad Lauterberg vom Bismarckturm aus gesehen; rechts vorgelagert der Hausberg.

Hausberg 7 einen Besuch abzustatten: Nach drei ausgeprägten Serpentinen passieren wir die Bergstation des Sessellifts und treffen kurz darauf schon beim Gipfelrestaurant ein. Die Perspektive auf die Kurstadt ist wie schon vom Bismarckturm aus absolut sehenswert. Am steilen Hang schraubt sich unser BaudenSteig schließlich hinab nach **Bad Lauterberg**, passiert die Andreaskirche und endet vorläufig beim Kurhaus in der *Ritscherstraße* 8.

Kurhaus in Bad Lauterberg gegen den Hausberg.

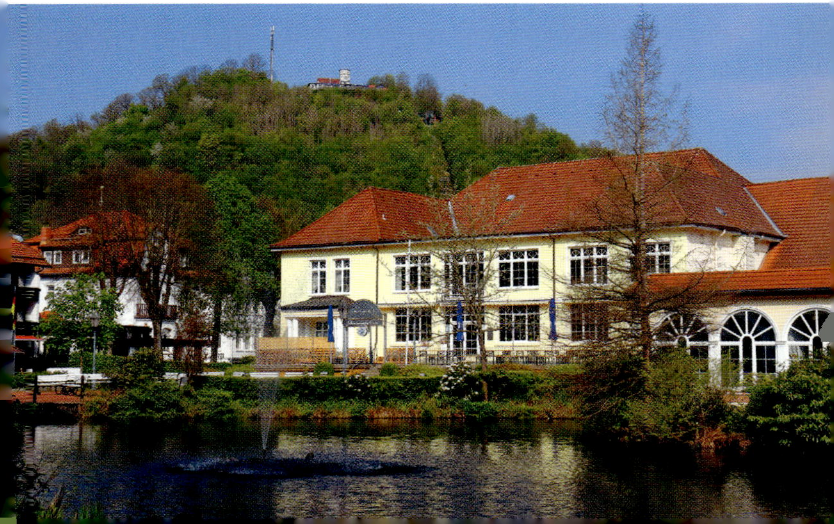

38 Bad Lauterberg – Bad Sachsa

3.45 h	13,3 km
↗ 540 m	↘ 500 m

Über den Wiesenbeker Teich zum Ravensberg

Mit seinem ehemaligen »Horchposten« ist der Ravensberg eine der auffälligsten Landmarken am Harzsüdrand und zudem der Hausberg des Kurortes Bad Sachsa. Die Aussicht reicht weit ins Thüringische hinein und natürlich auch über die Geländewellen des Harzes bis zum Brocken, der sich gut 20 Kilometer entfernt im Norden erhebt. Der Ravensberg ist übrigens aus Ryolith aufgebaut und stellt ein Zeugnis permischer Vulkanaktivitäten dar. Bereits seit Mitte des 19. Jahrhunderts findet auf dem Gipfel eine touristische Bewirtschaftung statt – der in der heutigen Form seit 1964 bestehende Berghof ist somit ein wichtiger Meilenstein im Sinne des BaudenSteig-Mottos. Wir nähern uns dem Ravensberg über den malerischen Wiesenbeker Teich, dessen Anlage im frühen 18. Jahrhundert auf das Lauterberger Kupferbergwerk zurückgeht. Inzwischen liegt einer der attraktivsten Campingplätze weit und breit an diesem grün umsäumten Landschaftsjuwel. Am bergseitigen Rand von Bad Sachsa empfängt uns mit dem Schmelzteich im sogenannten Vitalpark eine weitere Perle, wo sich zum Ende der Tour nochmals schön verweilen lässt.

Ausgangspunkt: Bad Lauterberg, beim Kurhaus, ca. 296 m. Kostenpflichtige Parkplätze im Zentrum, Busverbindung (Linie 450) vom Bahnhof Herzberg.

Endpunkt: Bad Sachsa, Tourist-Information am Kurpark, ca. 340 m. Der Bahnhof liegt etwas außerhalb des Stadtgebiets und ist mit Bussen angeschlossen.

Hinter Bad Lauterberg geht es reizvoll am Wiesenbeker Teich entlang.

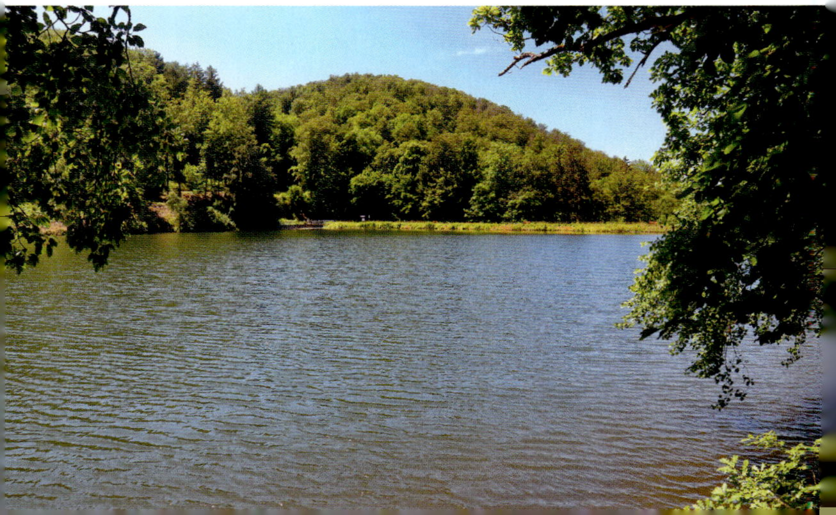

Anforderungen: Wechsel von befestigten und schmaleren unbefestigten Wegen mit einer längeren Steigung aus dem Steinatal hinauf zum Ravensberg. Besonders bei allfälligen Umleitungen ist Aufmerksamkeit bei der Routenverfolgung gefordert.
Einkehr: Dombrowsky's Baude am Wiesenbeker Teich (Di Ruhetag). Berghof Ravensberg (geöffnet Do–So 11–17 oder 18 Uhr). Zahlreiche Gaststätten in Bad Sachsa.
Unterkunft: Viele Unterkünfte in Bad Sachsa.
Information: Tourist Information, Am Kurpark 6, 37441 Bad Sachsa, Tel. +49 5523 474990, bad-sachsa.de.
Varianten: 1. Aufgrund von Totholzbereichen wird zwischen Försterteich und Parkplatz Dreiherrenstein von offizieller Seite ein Ausweichen empfohlen: Man geht ab Hoher Tür südwärts an der Talsperre Steinatal vorbei und zweigt dann auf den Nesselweg (Forststraße) ab.
2. Gesperrt ist derzeit auch der steile Einstieg ins Spuketal unmittelbar bei der Philippsgrußhütte. Falls diese aufgehoben wird, ergibt sich wieder ein deutlich optimierter Verlauf hinunter zum Märchengrund. Statt der beschilderten Umleitung zu folgen, kann man auch merklich kürzer weiter westlich über die Kanzel oder durchs Kukanstal gehen.

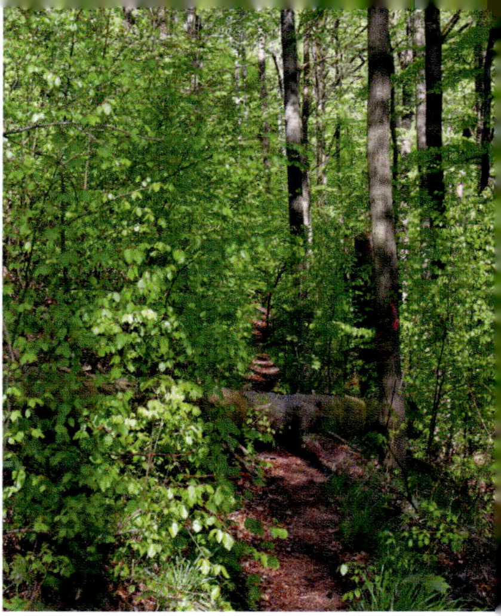

Schmaler Waldpfad am Ravensberg-Westhang.

Tipp: Vor Bad Sachsa befinden sich der Greifvogelpark Harzfalkenhof (in der Sommersaison außer Mo 10–17 Uhr geöffnet) sowie der Märchengrund (Do–So von 10–17 Uhr), am Endpunkt das Grenzlandmuseum und das NatUrzeitmuseum.
Stempel: Nr. 43 (Hohe Tür), Nr. 220 (Philippsgrußhütte).

In **Bad Lauterberg** ❶ gehen wir am Kurhaus vorbei zur Oderbrücke, jenseits hinauf zum *Kirchberg*, beim Café Petermann scharf links und mit einem Bogen in die Straße *Kirchtal*. Dort achte man hinter dem letzten Haus auf die Abkürzungsmöglichkeit (der originale BaudenSteig holt unnötig weit aus). Bei der Schutzhütte »Bremer Ruh« ist die erste Steigung geschafft. Wir setzen unsere Wanderung auf dem unteren, nicht befestigten Waldweg fort und gelangen mit der *Teichstraße* zum idyllischen **Wiesenbeker Teich**. Hier nach rechts über die Staumauer und ins Campingareal, wo die **Wiesenbek-Baude** ❷ Getränke und Speisen bereithält. Anschließend begleiten wir das Südufer und rücken ins Wiesenbektal, und zwar mit einem ansteigenden Waldpfad hinauf zur **Hohen Tür** ❸, wo sich eine Stempelstelle befindet. Nochmals leicht abwärts kreuzt man beim kleinen **Försterteich** das innere Steinatal und beginnt mit einer längeren, beständigen Steigung in Richtung Ravensberg.

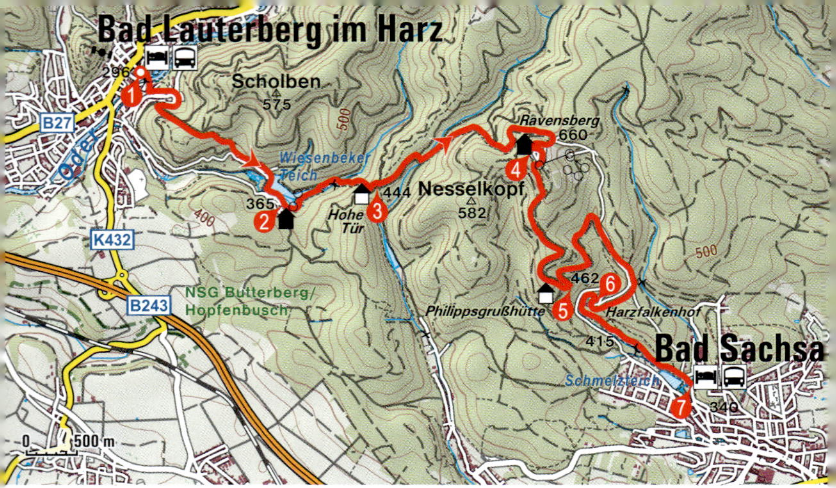

Die Originalroute vollzieht diese auf einem schmalen Naturweg im direkten Schräganstieg, zwischendurch eine Forststraße kreuzend und später nach Ausgehen einer Hangbucht hinauf zum Parkplatz Dreiherrenstein, von wo es über den Eselsweg (abseits der Bergstraße) nicht mehr weit ist bis zum **Ravensberg** 4, 660 m, mit dem Berghof.
Etwas unscheinbar führt der BaudenSteig im Abstieg an der rechten Bergseite gen Süden weiter, nahe dem Parkplatz für die motorisierten Gipfelbe-

Die Fernschau vom Ravensberg reicht nordwärts bis zum Brocken.

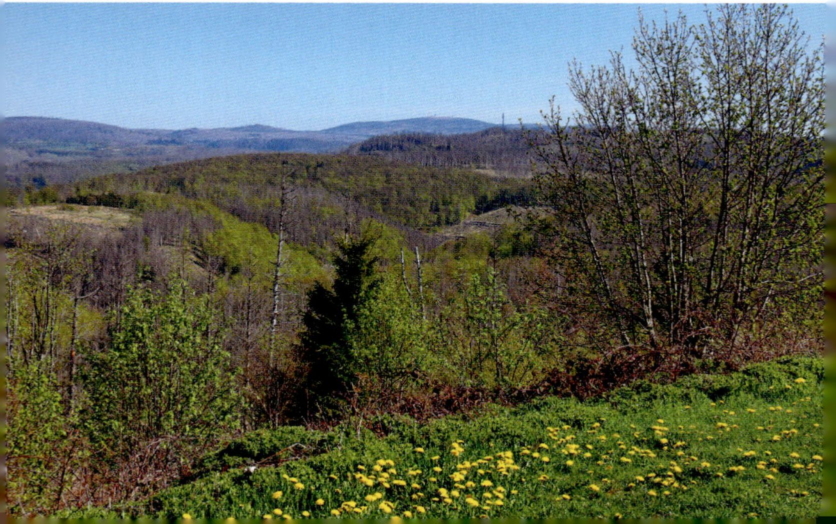

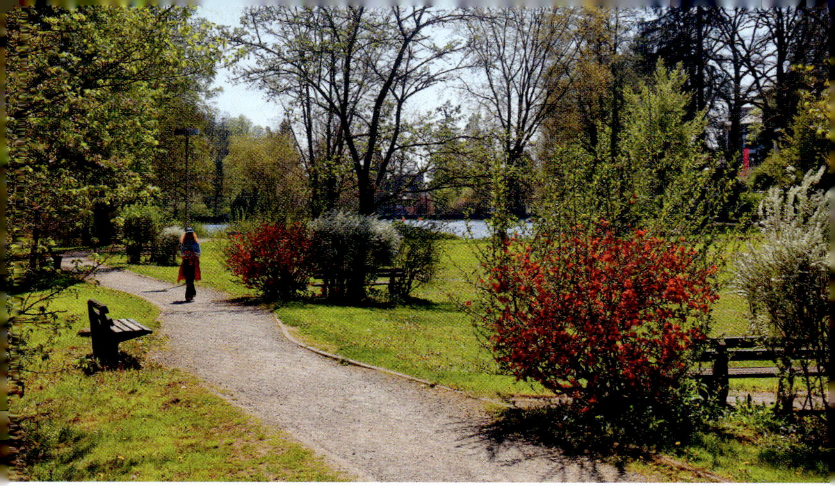

Kurz vor Bad Sachsa treten wir in eine parkähnliche Umgebung ein.

sucher. Man kommt zur Vereinigung mit dem Ede-Baller-Weg, passiert die Käthe-Schulken-Hütte und verliert bei häufig weitreichender Aussicht via »Fuchsbau« und »Dornbusch« sukzessive an Höhe. Nach einigen Bögen gilt es achtzugeben, um den scharfen Linksschwenk zur **Philippsgrußhütte** 5 (Stempelstelle) nicht zu verpassen – obgleich wegen der momentanen Umleitung auch ein Fortsetzen nach rechts gegen das Kukanstal durchaus sinnvoll wäre. Der steile Abschnitt vom Aussichtspunkt hinunter in den Märchengrund ist nämlich gesperrt. Die Markierung des BaudenSteigs leitet indes ein gutes Stück in den Winkel des Katzentals hinein – also gefühlt von Bad Sachsa weg – und gegenüber wieder hinaus.
Man kommt zur Kreuzeckhütte an der Bergstraße und nach einem weiteren Pfadabschnitt zum Greifvogelpark beim **Harzfalkenhof** 6. Gleich unterhalb befindet sich der Märchengrund. Knapp abseits der Straße wird die Etappe mit einer idyllischen Wanderung durchs Wiesentälchen beschlossen, ganz am Schluss durch den Vitalpark mit dem Schmelzteich bis zum nominellen Endpunkt bei der Tourist-Information in **Bad Sachsa** 7.

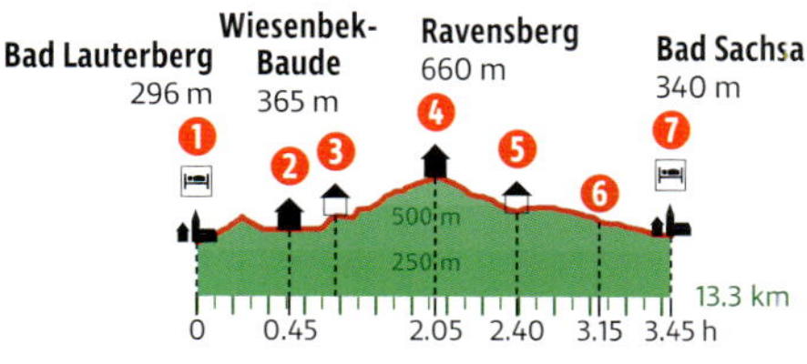

39 Bad Sachsa – Wieda

4.00 h	15,1 km
↗ 440 m	↘ 420 m

Über den Stöberhai

Eigentlich liegt der nominelle Endpunkt Walkenried ja nur noch wenige Kilometer von Bad Sachsa entfernt, doch einmal mehr schlägt unser BaudenSteig gewaltige Kapriolen und wendet sich zunächst wieder eine ganze Weile gen Norden, um mit dem Stöberhai den höchsten Berg im Südharz zu integrieren. Einst stand dort oben ein Hotel und sorgte für einen ausgesprochen regen Ausflugsverkehr. Diese Ära geriet allerdings in den 1960er- und 1970er-Jahren ins Wanken. 1980 brannte das mittlerweile verwaiste Bauwerk sogar komplett ab. Heute ist davon ebenso nichts mehr zu erkennen wie vom 2005 gesprengten Aufklärungsturm der Bundeswehr. So hat die Natur in kurzer Zeit wieder Besitz vom Stöberhai ergriffen und beschert uns einen ruhigen Fleck mit toller Aussicht über die Höhen des Harzgebirges. Beim Abstieg in den Talort bewegt man sich dann streckenweise auf der ehemaligen Schmalspurtrasse der Südharz-Eisenbahn, die 1963 stillgelegt und abgebaut worden ist. Der einstige Bahnhof Stöberhai fungiert heute als Waldgaststätte.

Ausgangspunkt: Bad Sachsa, Tourist-Information am Kurpark, ca. 340 m. Per ÖPNV erreichbar mit der Bahn von Herzberg bzw. Nordhausen, Busanschluss ins engere Stadtgebiet und zum Kurpark.
Endpunkt: Wieda, Bushaltestelle beim Rathaus, ca. 360 m. Buslinie 472 zwischen Bad Sachsa-Kurpark (bzw. Bahnhof Walkenried) und Braunlage.
Anforderungen: Überwiegend befestigte Wege ohne jegliche Problemstellen, konditionell durchschnittliche Etappe.

Am Schmelzteich in Bad Sachsa.

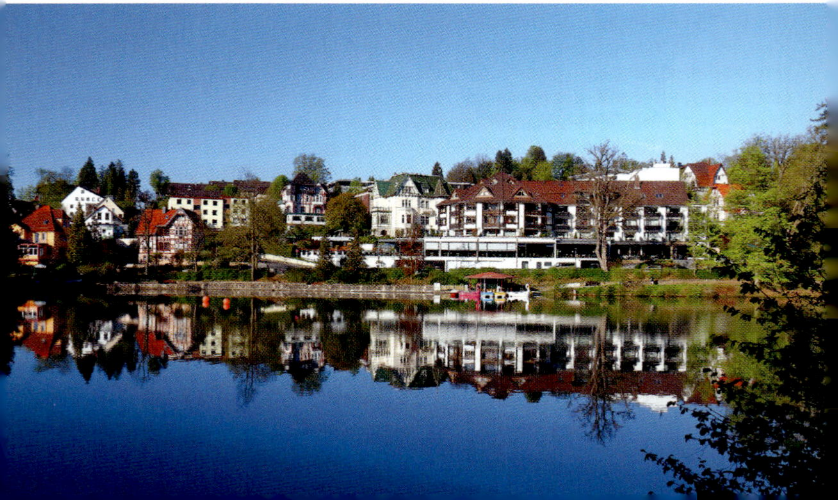

Einkehr: Waldgasthaus »Bahnhof Stöberhai« (Mo/Di Ruhetag, sonst ab 16 Uhr). In Wieda Hotel Zur Post, Schützenhaus El Greco (Mo Ruhetag) und Café Wiedetal.
Unterkunft: Hotel Zur Post, Hotel-Pension Zur Schanze und Wiedaer Hütte.
Information: Tourist-Information, Steinweg 4, 37445 Walkenried, Tel. +49 5525 998900, walkenried-tourismus.de.
Varianten: 1. Nach dem ersten Anstieg an der Flanke des Pfaffenbergs geht man über den Richtstieg in Richtung Stephanshütte weiter (dieser verläuft etwas kürzer im Bereich eines Geländerückens). 2. Vom Stöberhai kann mit Nr. 31B ebenfalls kürzer in Richtung Wieda abgestiegen werden.
Tipp: Glas- und Hüttenmuseum in Wieda (geöffnet nur am Mi sowie jeden ersten So im Monat, jeweils 15–17 Uhr, sonst nach Absprache).
Stempel: Nr. 161 (Stephanshütte), Nr. 159 (Stöberhai).

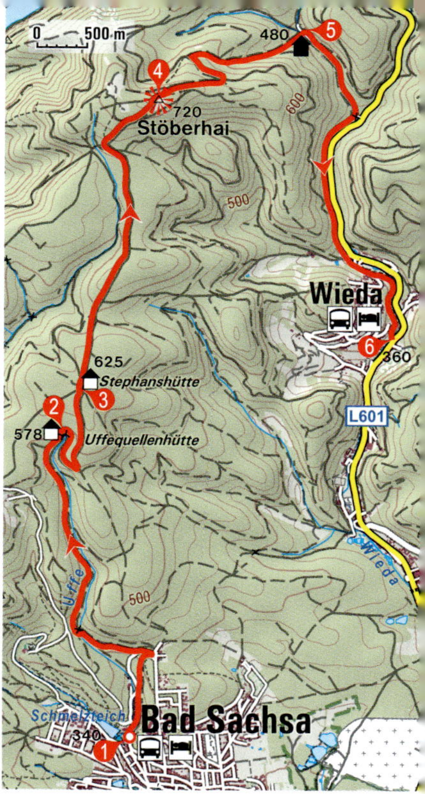

In **Bad Sachsa ❶** starten wir in der Straße *Am Kurpark* und nehmen alsbald den rechts abzweigenden Waldweg, der zu einer Einrichtung der Harz-Weser-Werke hinaufzieht. Hier dreht man deutlich nach links in das von der Uffe durchflossene Ostertal ab, überschreitet den Bachlauf nach links und bewältigt die Steigungsstrecke bis zur **Uffequellenhütte ❷**. Die Forststraße gabelt sich hier und vollzieht für uns nach rechts eine ausgeprägte Schleife, um sich danach mit dem Richtstieg (Nr. 12K) zu verbinden. Knapp einen Kilometer weiter erreichen wir die Stempelstelle bei der **Stephanshütte ❸**, die nach Heinrich von Stephan, Organisator des deutschen Postwesens im 19. Jahrhundert, benannt ist.

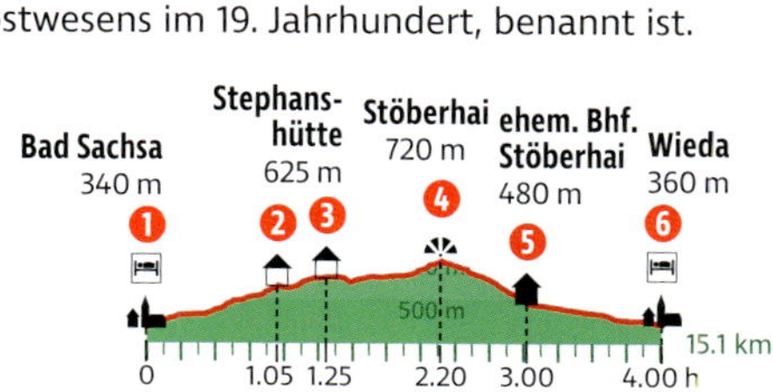

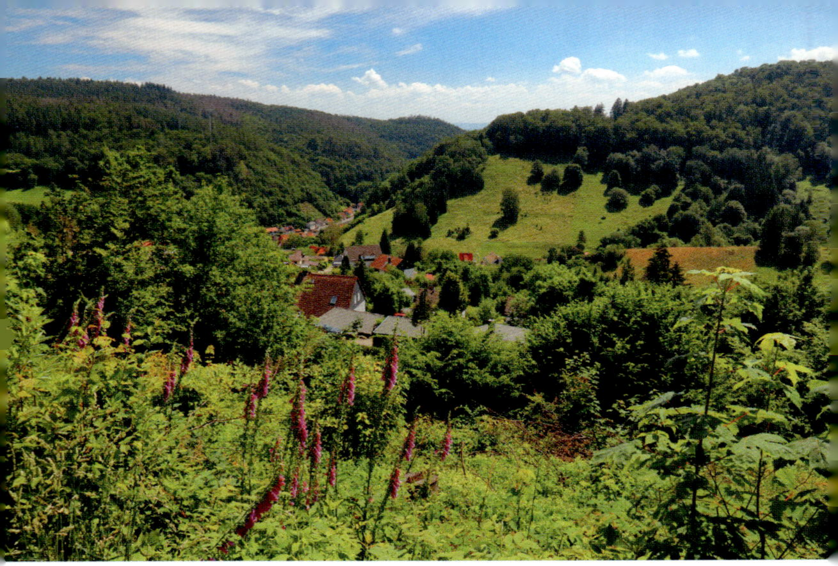

Der BaudenSteig macht auch in Wieda Station.

Auf den kahl gewordenen Hochflächen geht es nordwärts weiter an der Dr.-Hampe-Hütte vorbei und später mit einem Rechtsschwenk nochmals deutlich ansteigend bis auf den **Stöberhai** ❹, 720 m. Am Rande der Wiesenfläche befindet sich eine Schutzhütte mit freiem Blick nach Norden. Ein paar Schritte nach Westen versetzt schlagen wir scharf rechts den Nordhäuser Stieg (Nr. 12M) ein. Nach einer Links-rechts-Kombination geht es deutlich abwärts bis zu jener Stelle, wo sich Großes Steintal und Weinglastal vereinigen. Gegenüber befindet sich die Gaststätte im **ehemaligen Bahnhof Stöberhai** ❺. Die Fortsetzung des BaudenSteigs bleibt allerdings auf der rechten Talseite und bringt uns entlang der alten Südharz-Bahntrasse – heute als Rad- und Wanderweg genutzt – in Grundrichtung Süd nach **Wieda**. Am nördlichen Ortseingang orientieren wir uns kurz in die *Bergstraße* und nehmen dann den unmittelbar rechts vom Bach verlaufenden Weg. Nach rund einem Kilometer wechselt man über die Brücke zum Endpunkt in der *Otto-Haberlandt-Straße* ❻ (Bushaltestelle beim Rathaus).

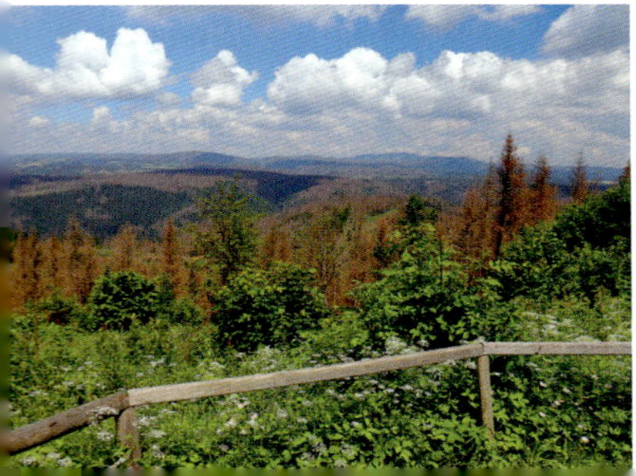

Blick vom Stöberhai über das Harzgebirge.

4.15 h	16,3 km
↗ 430 m	↘ 520 m

Wieda – Zorge – Walkenried

Über Zorge bis zur bedeutenden ehemaligen Zisterzienserabtei

Von Wieda geht es nochmals »über den Berg« ins Nachbartal nach Zorge, das wie fast alle Harzorte historisch eine Gründung von Bergleuten ist. In einem verwinkelten Verlauf nehmen wir dort einige der schönsten Fleckchen mit, genießen die Ausblicke vom Pavillon am Pferdchen sowie vom Glockenturm und entfernen uns harzauswärts. In Richtung Walkenried durchschreiten wir ein bereits tiefer gelegenes Mischwaldgebiet und wandern schließlich am Rande der »Aue« entlang, einer Wiesenlandschaft, die früher unmittelbar zum Grenzstreifen gehörte. Den kulturellen Schlussakzent setzt das Zisterzienserkloster Walkenried, das nach seiner Gründung im 12. Jahrhundert rasch zum regionalen Wirtschaftsmotor avancierte und nicht zuletzt auch im Harzer Bergbau ordentlich mitmischte. Ein Besuch im Museum rundet die Wanderung stilvoll ab.

Ausgangspunkt: Wieda, Bushaltestelle beim Rathaus, ca. 360 m, wo auch der Weg ins Borntal abzweigt. Linie 472 zwischen Bad Sachsa/Walkenried und Braunlage.
Endpunkt: Kloster Walkenried, ca. 270 m. Der Bahnhof Walkenried (Regionalstrecke zwischen Northeim und Nordhausen) befindet sich rund 1 km entfernt; zu Fuß am schönsten jenseits der Gleise am Röseteich vorbei zu erreichen.

Im Bergwald zwischen Wieda und Zorge.

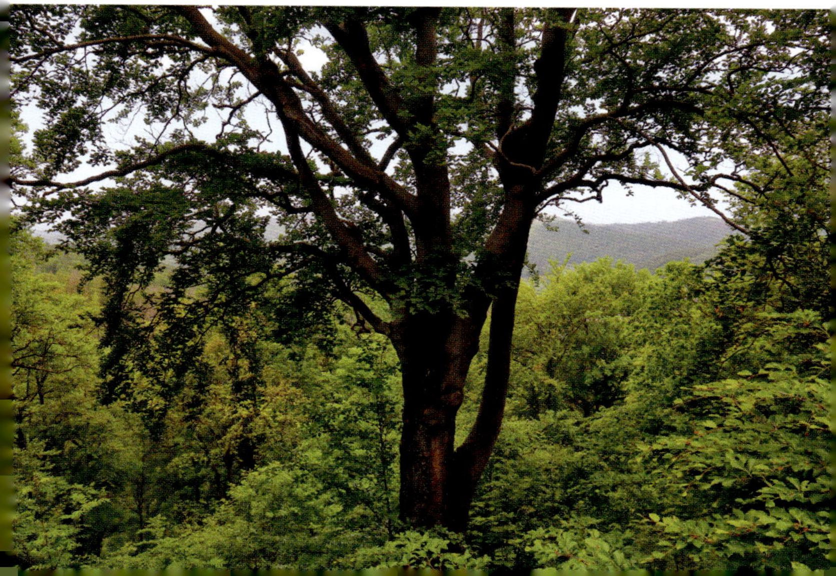

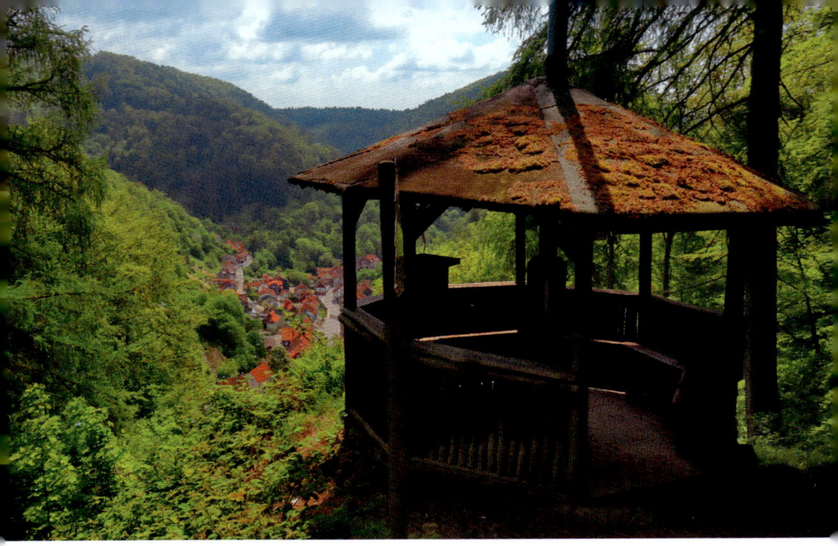

»Pferdchen« heißt dieser feine Aussichtspunkt oberhalb von Zorge.

Anforderungen: Zunächst meist breite Forstwege, um Zorge auch öfters naturbelassener Untergrund, danach ein längerer Abschnitt auf Hartbelag, ehe gegen Ende nochmals naturnahe Wege dominieren. Durchschnittlich lange Tagesetappe.
Einkehr: Café Werner (Mo und jeweils über Mittag geschlossen), Landgasthof Kleine Kommode (ab 17 Uhr, Mo/Di Ruhetag) und Hotel Bergschlösschen (täglich ab Mittag geöffnet), alle drei in Zorge. Am Klostereck (Mo Ruhetag), Restaurant »Wolke7« im Klosterhotel, KlosterCafé (nur im Sommer), Klosterschänke und McDöner (Di Ruhetag), alle fünf in Walkenried.
Unterkunft: Diverse Hotels und Pensionen in Zorge und Walkenried.
Information: Tourist Information, Steinweg 4, 37445 Walkenried, Tel. +49 5525 998900, walkenried-tourismus.de.
Variante: Auf dem Kaiserweg südwärts abkürzen, später wieder gemeinsam mit der Hauptroute. Der Bereich um Zorge wird dabei abgeschnitten, die Gesamtdistanz reduziert sich auf gut 10 km.
Tipps: 1. Heimatmuseum Zorge nur nach telefonischer Vereinbarung.
2. Die Whiskey-Destillerie »Hercynian Distilling« in Zorge (beim Parkplatz Elsbach) kann wochentags 10–17 Uhr (samstags bis 15 Uhr) besichtigt werden.
3. Das Zisterzienser Museum Kloster Walkenried ist täglich außer Mo 10–17 Uhr geöffnet, das Welterbe-Infozentrum ebenfalls (außer Mo/Di).
Stempel: Nr. 160 (Helenenruh), Nr. 58 (Pferdchen). Hinweis: Nr. 163 wurde von der Bremer Klippe Richtung Wagnerskopf verlegt (Abstecher von der Helenenruh via Kaiserweg).

Schräg gegenüber dem Rathaus in **Wieda** ① steigen wir ins Borntal auf. Bei der ersten Gabelung rechts haltend geht es mit einigen markanten Kurven weiter zur Verbindung mit dem **Kaiserweg** ②. Dieser wird jetzt auf rund anderthalb Kilometern nordwärts begangen. Wer achtsam ist, entdeckt

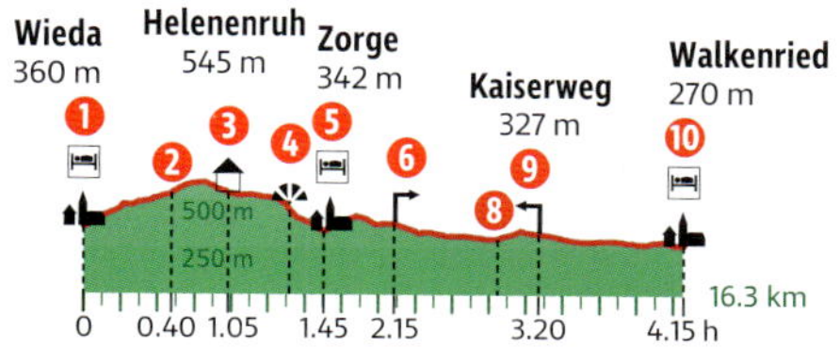

dabei anfangs eine unbezeichnete Pfadspur am Steilhang: Zugang zur Bremer Klippe, die allerdings heutzutage keine Aussicht mehr bietet und inzwischen touristisch abgerüstet wurde (auch der Stempel Nr. 163 wurde deutlich versetzt). Nachdem der höchste Punkt der Etappe im Bereich der Jeremiashöhe überschritten ist, gelangen wir zu einer großen Kreuzung

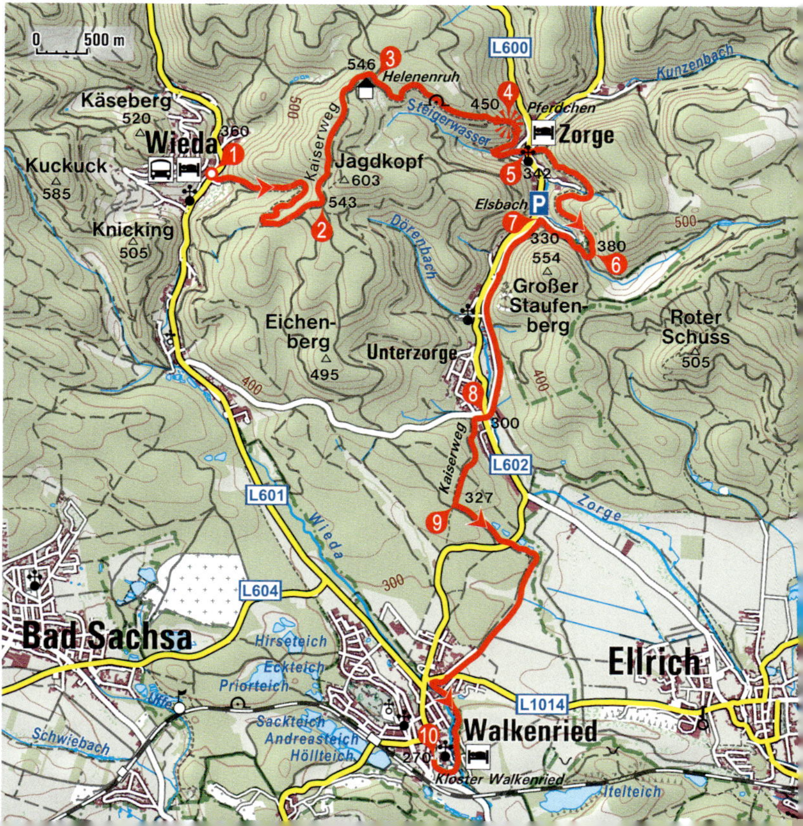

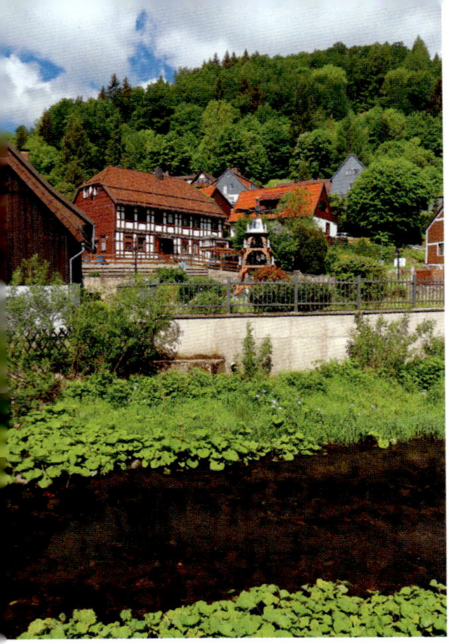

Zorge lag früher unmittelbar am »Eisernen Vorhang«.

und nach rechts in Kürze zur Stempelstelle Nr. 160 bei der Schutzhütte **»Helenenruh«** ❸. Kurz darauf verzweigt sich die Forststraße – beide Äste führen als BaudenSteig nach Zorge. Wir sollten aber möglichst links gehen, um nach einer Hangtraverse mit einem steilen Pfadabschnitt im Bergab am herrlichen Aussichtspunkt **»Pferdchen«** ❹ vorbeizukommen. Es ist wohl der lauschigste Fleck des Tages und auch für Stempeljäger wieder relevant. Der Pfad schraubt sich dann elegant zum Steigerwasser hinunter, worauf wir den Kurpark durchqueren und unmittelbar bei der Tourist-Information in **Zorge** ❺ die Straße kreuzen.

Gegenüber beginnt der teils treppenartige Aufstieg zum Glockenturm, wo man nochmal einen schönen Blick auf die Dächer des Ortes genießt. Ein paar Meter weiter oben verläuft der »Lange Weg«. Wir bie-

In der Aue bei Walkenried.

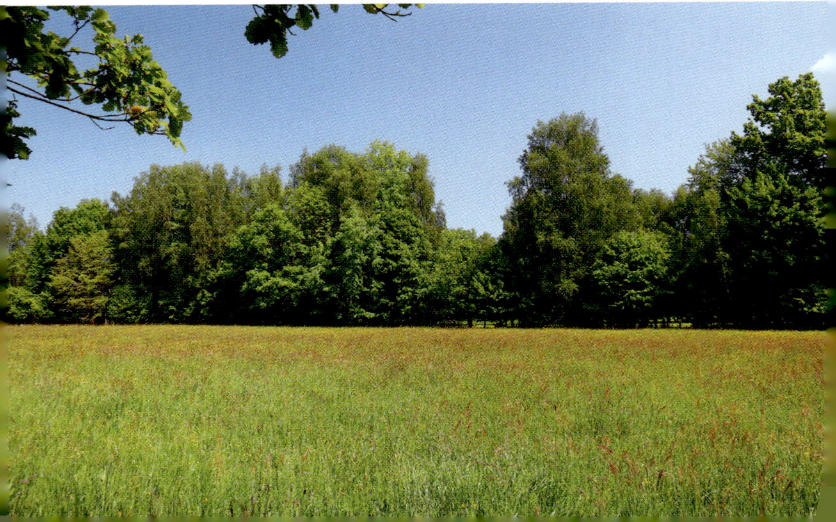

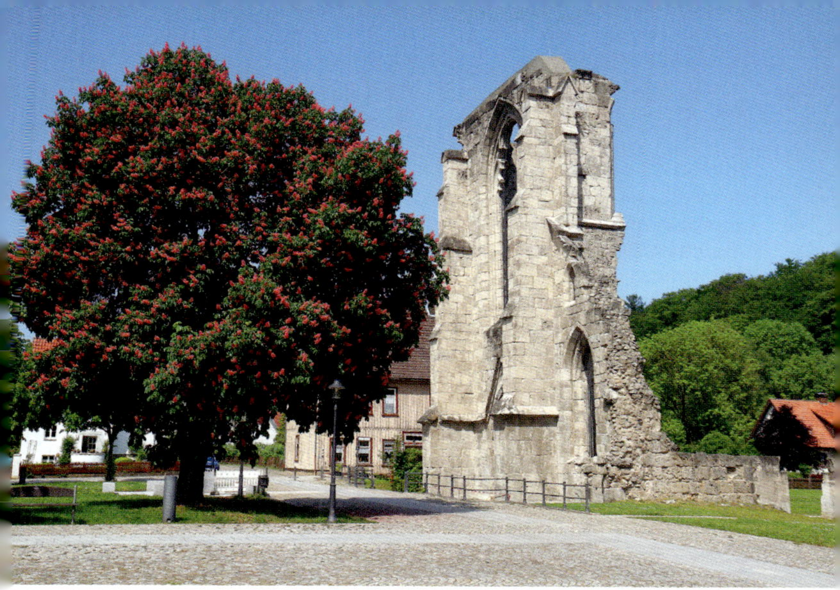

Walkenried wird stark vom ehemaligen Zisterzienserkloster geprägt.

gen nach rechts ab, gehen das Rabenstal und den nächsten vorspringenden Hangrücken aus und kommen damit ins **Elsbachtal** 6 voran. Achtung: hier ganz scharf rechts auf den unbefestigten Weg! Weiter unten abermals ins Siedlungsgebiet und zum großen **Parkplatz »Elsbach«** 7. Bei der nahen Whiskey-Destillerie nehmen wir den Radweg auf und laufen parallel zum Flüsschen Zorge gen Süden. Später sind wir in der *Staufenbergstraße* unterwegs und lassen den Ortsteil Unterzorge hinter uns, ehe mit Kreuzen der *L602* 8 die Durststrecke auf Hartbelag ein Ende findet. Nach 130 Metern an der Straße in Richtung Wieda zweigt linker Hand nämlich ein Waldweg ab (jüngst schlecht beschildert). Dies ist der sogenannte Eseltreiberweg, den wir so lange nutzen, bis der **Kaiserweg** kreuzt 9.
Jetzt mit diesem nach links und zur *L603*. Auf der anderen Seite führt ein Trampelpfad daneben kurz nach links, bevor wir von der Straße abrücken können. Man kommt an den Rand der ausgedehnten Aue und wandert nun recht idyllisch am Saum zwischen Gehölz und Wiesenflächen dahin. Damit geht es nach **Walkenried** hinein, wo wir aus dem Aueweg in die *Ellricher Straße* einbiegen. Kurz vor der großen Kreuzung scharf links (*»Unter den Schießeichen«*) und zum Abschluss nochmals recht romantisch am Flüsschen Wieda entlang, bis dieses hinüber zum Klosterparkplatz überschritten wird. Den Eingang zum **Kloster Walkenried** 10 finden wir auf der Westseite des Komplexes.

41 WeltWald Harz bei Bad Grund

2.30 h	8,3 km
↗ 350 m	↘ 350 m

Wo man eine Menge über Bäume lernen kann

Mit insgesamt rund 600 Gehölzen aus den Ursprungsgebieten Nordamerikas, Asiens und Europas befindet sich bei Bad Grund ein bemerkenswertes Arboretum. Die Sammlung verschiedenartiger, teils auch exotischer Bäume bzw. Sträucher wurde ab 1975 vornehmlich aus wissenschaftlichem Interesse geschaffen, um herauszufinden, wie die einzelnen Arten, aber auch ganze Waldgesellschaften an das hiesige Klima angepasst sind. Unter dem Namen »WeltWald« hat sich das öffentlich zugängliche Gelände längst auch bei Wanderern und Ausflüglern einen Namen gemacht. Ganz besonders im späten Frühjahr und zur Laubfärbung im Herbst – dem »Indian Summer« – lohnt sich ein Besuch. Das Wegenetz im WeltWald ist ziemlich verzweigt und erlaubt individuelle Gestaltungsmöglichkeiten für kürzere oder längere Runden. Wir steigen direkt von Bad Grund zu, begehen zunächst den Blockhausweg, anschließend die Schleife auf dem Erlebnispfad, hängen den Blütenweg mit seinen stattlichen Rhododendren an und schließen über den Appalachenweg zum Parkplatz bei Hübichenstein auf. Die schlanke Felsnadel soll ebenfalls noch erklommen werden, bevor wir auf lauschigen Waldwegen den Kreis in den Talort schließen. Aber dieser Vorschlag darf mehr als sonst nur als beispielhaft angesehen werden ...

Ausgangspunkt: Bad Grund, Parkplatz im Hübichweg, ca. 315 m. In der Nähe die Bushaltestelle »Gesundheitszentrum« (Linie 460 zwischen Osterode bzw. Bahnhof Gittelde und Clausthal-Zellerfeld).

Anforderungen: Recht steiler Aufstieg bis in den WeltWald; dort gut gepflegte Wege, mitunter (wie beispielsweise am Entdeckerpfad) aber durchaus schmal angelegt. Mit der wiederholt aufgestellten Übersichtstafel gelingt die Orientierung in dem Areal sehr gut. Schöne Halbtagestour.

Einkehr: Zahlreich in Bad Grund (z. B. Oase, Europa, Parkhotel Flora, Café Flora, Café Antique, Altes Backhaus, Fuchsbau).

Varianten: Schon beim Zustieg gibt es Alternativen, etwa über den Horizontalweg, im WeltWald selbst ist das Wegenetz sehr verzweigt und der Routenverlauf individuell zusammenstellbar.

Stempel: Nr. 129 (Betriebsgebäude im Arboretum).

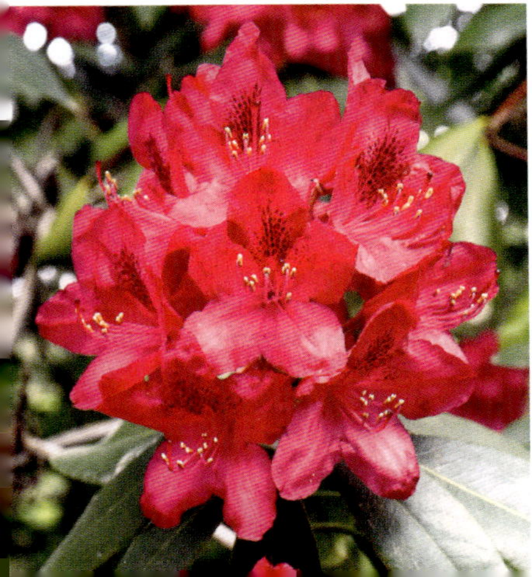

Im Mai stehen die Rhododendren in voller Pracht.

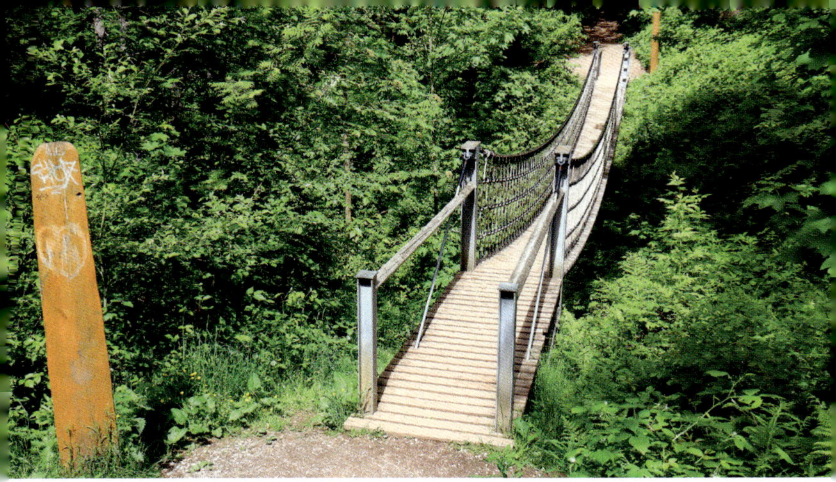

Die Wege im WeltWald sind wunderschön angelegt.

In **Bad Grund** ❶ begeben wir uns vom *Markt* ins *Kelchtal*, ehe die rechts abzweigende Straße *Am Königsberg* bergwärts vom Heuweg abgelöst wird. Wo der Beginn des WeltWaldes signalisiert ist, zweigen wir rechts ab, schließen mit einigen steilen Kehren zum Blockhausweg auf und erreichen die **Blockhaushütte** ❷ am höchsten Punkt. Indem wir die Schleife auf dem Blockhausweg (jetzt abwärts) beenden, gelangen wir zum Parkplatz P1 und treten gegenüber in den größeren nordwestlichen Teil des WeltWaldes ein. Ein kurzer Abstieg bringt uns zu einer Hängebrücke, dahinter links haltend zum **Entdeckerturm** ❸. Bei der großen Kreuzung in der Nähe des Betriebsgebäudes links hinab zum Info-Pavillon und gleich dahinter scharf nach links, um die Indianer-Erlebnispfad-Schleife zu schließen (teils schmaler trassiert).

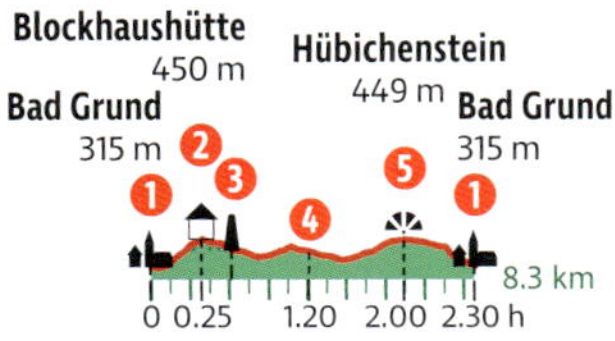

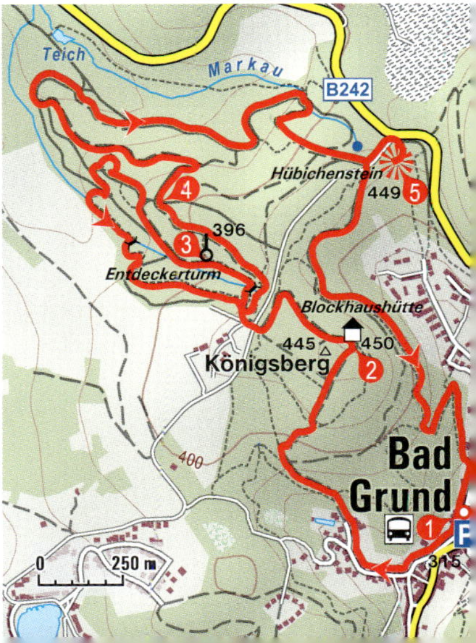

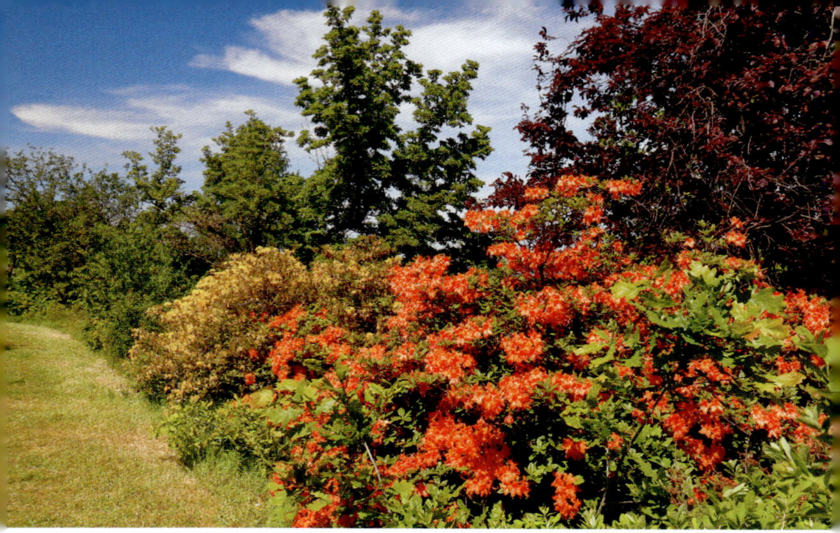

Besonders farbenfroh ist die Zeit der Rhododendronblüte.

Alternativ kann man das Rabental wählen. Wieder zurück am Totempfahl nahe der Hängebrücke kommt der Mammutbaumweg an die Reihe. Damit gehen wir nun direkt zum **Betriebsgebäude** ❹, wo wir eine Stempelstelle finden. Nach einem kurzen Stück auf dem Himalayaweg schlagen wir den Japanischen Blütenweg ein, später nach einem markanten Rechtsbogen den Rhododendronweg. Weiter geht es ins Markautal, von dort rechts auf den Appalachenweg und hinauf zum Parkplatz P2. Wenige Schritte weiter vorn zur *B242* hin erfolgt der Einstieg zum **Hübichenstein** ❺, 449 m. Den Zacken zu erklimmen, dauert nicht lang, der Aufstieg ist aber sehr steil und quasi treppenartig ausgebaut. Anschließend nehmen wir rückseitig den Horizontalweg auf, wechseln auf den Verlobungsweg und steigen nach einer Waldhangtraverse zum *Hübichweg* in **Bad Grund** ❶ ab.

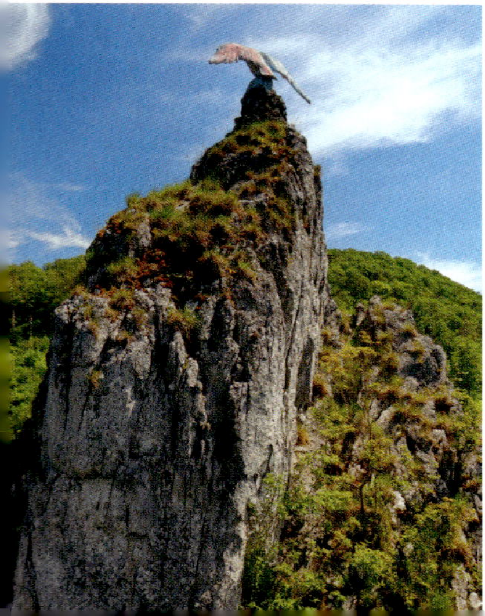

Kühne Felsnadel aus Riffkalk: der Hübichenstein.

2.45 h	9,1 km
↗ 380 m	↘ 380 m

Rund um Lerbach

42

Von Aussichtspunkt zu Aussichtspunkt

Fährt man von Osterode in Richtung Clausthaler Hochfläche hinauf, lässt man das Dorf Lerbach fast unbemerkt rechts liegen. Es schmiegt sich in einen markanten Taleinschnitt und zeigt sich von gewissen Aussichtspunkten ausgesprochen malerisch. Einige davon können wir auf dem abwechslungsreichen, neun Kilometer langen »Rundwanderweg Lerbach« verbinden. Das buchstäblich herausragende Ziel ist der Turm auf der Kuckholzklippe, aber auch an Klaras Höhe, Mühlenteich und Marienblick finden wir feine Rastplätze.

Ausgangspunkt: Lerbach, beim Hotel Sauerbrey, ca. 325 m. Nächstgelegene Haltestelle »Lerbach Liethweg« (Linie 440 von Osterode).
Anforderungen: Oft nur kleinere Waldwege, zur Kuckholzklippe und beim Abstieg zum Mühlenteich recht steile Passagen. An praktisch allen Verzweigungen ordentlich beschildert, nicht immer jedoch als »Rundweg«.
Einkehr: Hotel Sauerbrey in Lerbach

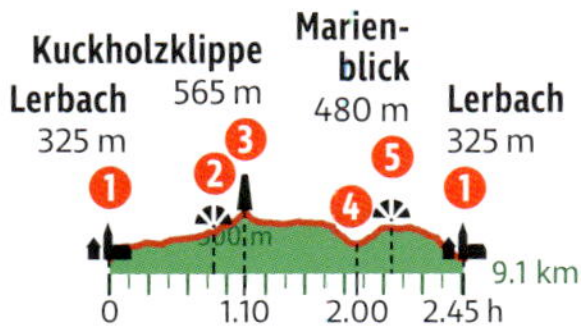

(Restaurant geöffnet ab 18 Uhr).
Stempel: Nr. 139 (Kuckholzklippe).

Frühlingserwachen in Lerbach.

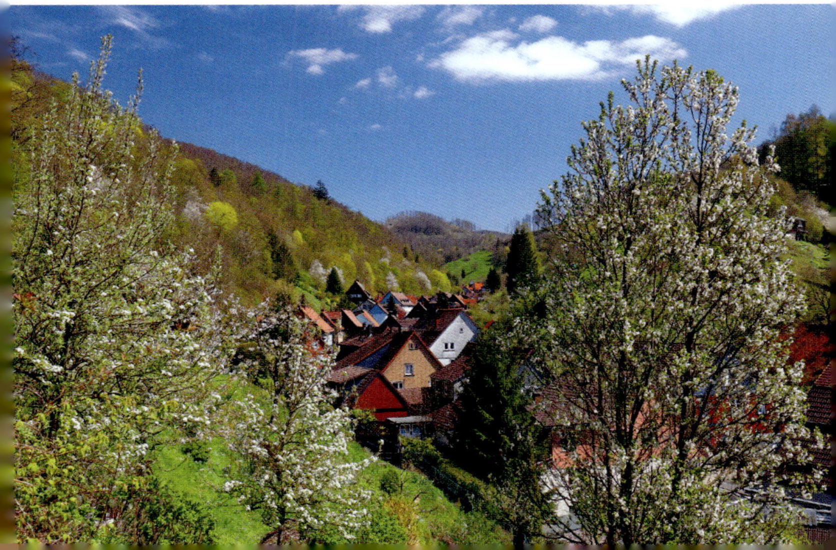

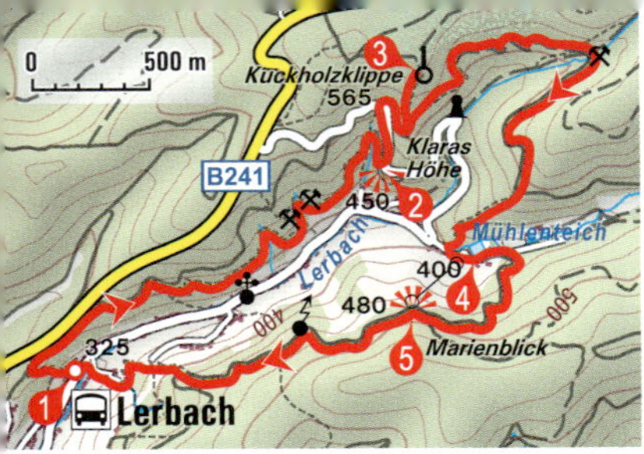

Vom Hotel Sauerbrey in **Lerbach** ❶ beginnt wenige Schritte ortsaufwärts auf der linken Seite der Einstieg in den Hang. Man erreicht rasch den Sommerbergweg, rückt vorübergehend nah an die *B241* heran und folgt der auch als BaudenSteig sowie als Eisenstein-Lehrpfad gekennzeichneten Route quer durch den Hang. Die Concordiaklippe bietet wegen des dichten Waldkleids leider keine Aussicht mehr. Nach einigen markanten Kurven erhaschen wir von **Klaras Höhe** ❷ jedoch einen exzellenten Blick zurück ins Lerbacher Tal. Neben der hier vorbeiführenden Straße (Leitplanke) gelangt man wieder zum Anschluss des originalen BaudenSteigs und beachtet etwas höher das kräftige Bergauf zum Aussichtsturm und der Ernst-Nordmeyer-Hütte auf der **Kuckholzklippe** ❸, ca. 565 m. Der höchste Punkt dieser Tour! Stempelsammler finden das Objekt ihrer Begierde knapp 100 Meter weiter an der nächsten Kreuzung.
Wir kehren dann allerdings zu unserem quer verlaufenden Weg zurück, der sich bald verbreitert und diverse kleine Hangstrukturen sowie einen größeren Einschnitt ausgeht. Pfiffig ist der anschließende Abstieg auf kleinem, zuweilen etwas verwachsenem Pfad ins Oberdorf, wo wir nahe dem **Mühlenteich** ❹ herauskommen. Dies erspart uns nämlich eine weitere Schleife der Forststraße. Wir passieren den Teich und schlagen gleich dahinter nach rechts den Zugang zum Hexen-Stieg ein. Beim **Marienblick** ❺ erreicht man dessen Route und folgt ihr rund 1,2 Kilometer in Richtung Osterode, bis sich die Möglichkeit des direkten Abstiegs zu unserem Ausgangspunkt in **Lerbach** ❶ ergibt.

Am Mühlenteich finden wir ein lauschiges Fleckchen zum Rasten.

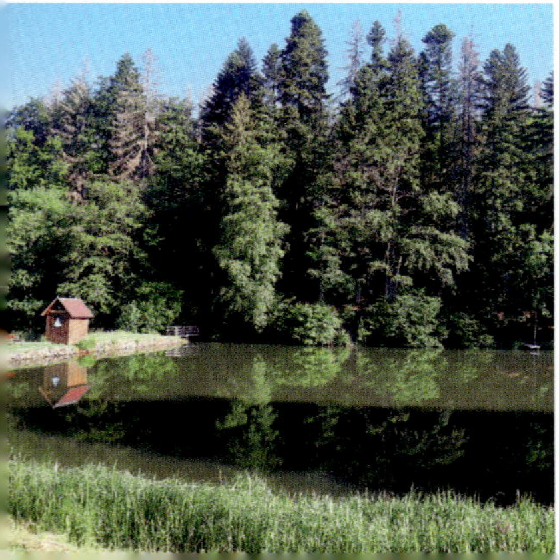

Lerbach liegt gleichsam im bergigen »Hinterland« von Osterode.

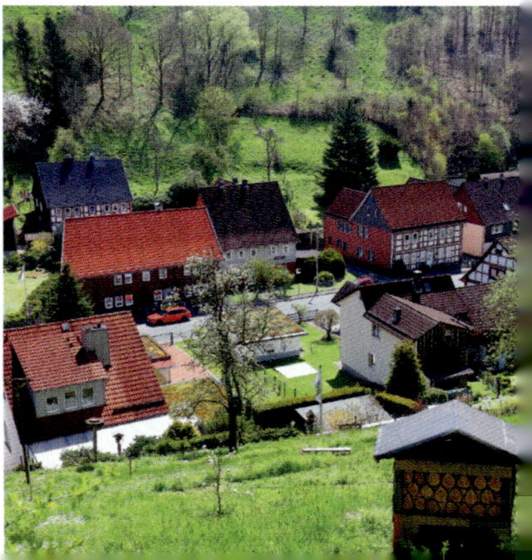

2.20 h	8,1 km
↗ 270 m	↘ 270 m

Naturerlebnispfad Sieber

Ein Weg zum Spielen, Schauen und Verstehen

Naturerlebnispfade sind ja vielerorts in Mode. Meistens sind sie recht kurz, doch rund um Sieber hat man – obwohl man sich nie sehr weit von der Ortschaft entfernt – durchaus eine ordentliche Strecke abzulaufen. Zuweilen findet man auch die Bezeichnung »Panoramaweg« und diesbezüglich gleich im ersten Abschnitt an der südlichen Talseite die schönsten Perspektiven auf Sieber. Der Weg an sich ist oft spannend und lässt mit seinen zahlreichen Infotafeln, Erlebnisstationen und Rastplätzen keine Langeweile aufkommen. Die angegebene Gehzeit ist also nur als Orientierungswert zu verstehen – gerade Familien mit Kindern finden hier reichlich Beschäftigung. Und gelernt hat man am Ende auch noch etwas, vor allem im Zusammenhang mit Waldökosystemen.

Ausgangspunkt: Sieber, Parkplatz beim Freibad im Tiefenbeek, ca. 330 m (dort auch Bushaltestelle der Linie 451 von Herzberg).
Anforderungen: Meistens kleinere, naturbelassene Wege, zwischendurch auch kurze Straßenabschnitte in der Ortslage. Die Markierung ist einheitlich – an wenigen Stellen würde man sich einen Hinweis mehr wünschen.
Einkehr: Hotel Zum Pass, Café Dachstübchen (geöffnet ab 17.30 Uhr) und Natürlich Café (geöffnet Sa/So 14–19 Uhr) in Sieber.
Stempel: Keine.

Bester Ausgangspunkt ist der Parkplatz beim Freibad in **Sieber** ❶, wo wir mit wenigen Schritten den Beginn des Erlebnispfades erreichen. Teils durch Waldabschnitte, teils an offenen Hängen zieht er zunächst an der südlichen Talflanke entlang und punktet sogleich mit schönsten Ausblicken. Auf Grasnarbe senkt sich die Route allmählich zu

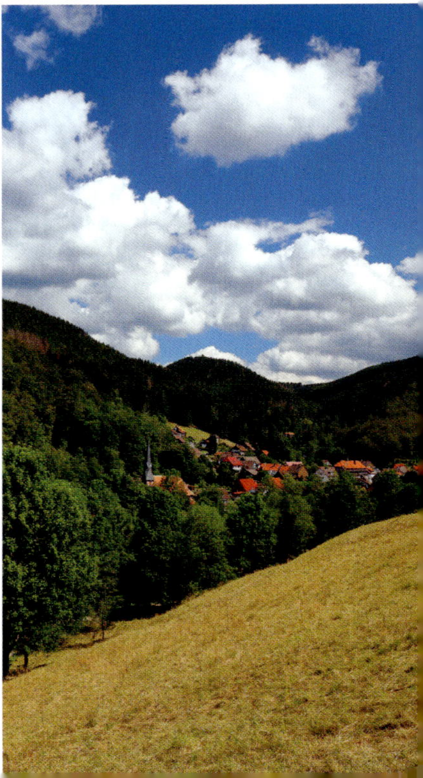

Vor allem der erste Abschnitt bietet herrliche Perspektiven auf Sieber.

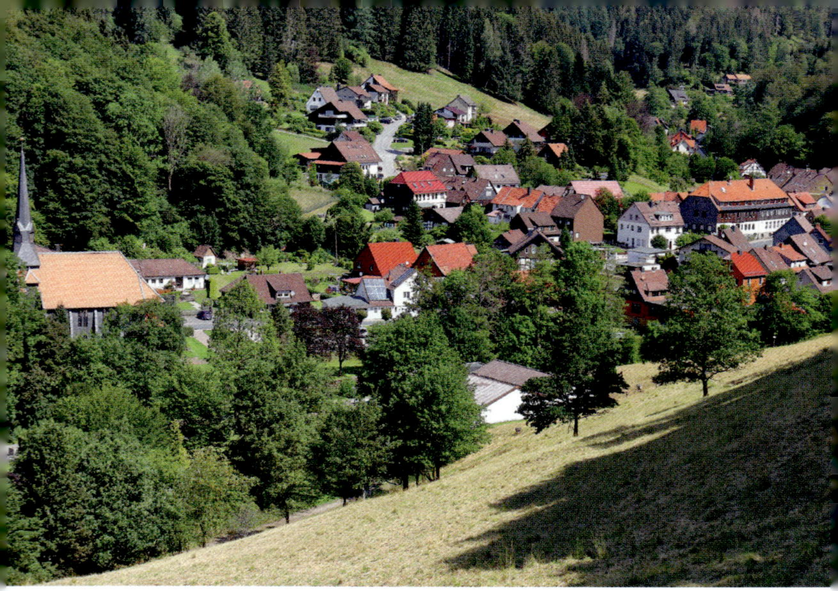

Wie Lerbach liegt auch Sieber in einem nach Südwesten offenen Tal.

einem Sträßchen, das die Sieber überquert. Hinter der Brücke nach rechts zum Parkplatz respektive Bushalt **Obersieber** ❷. Mit einer Schleife geht es wenige Meter oberhalb am Fuß des Waldhanges genau in die entgegengesetzte Richtung, bevor man bei einer Rasthütte ins Tal der Goldenke einschwenkt. Man kommt zur gleichnamigen Straße und hinter den Häusern zur Freizeitanlage **Goldenke** ❸ mit Wassertretanlage, Spiel- und Grillplatz. Rund 250 Meter weiter hinten wenden wir uns links in den Waldhang, gewinnen merklich an Höhe und achten dann auf die korrekte Fortsetzung an einer »Bucht« (ehemaliger Unterstand für Waldarbeiter) vorbei in den Einschnitt des **Wellbeekstals**. Dort empfängt uns in Kürze eine Köte ❹, wie sie aus Zeiten der Köhlerei rekonstruiert wurde. Mit einem

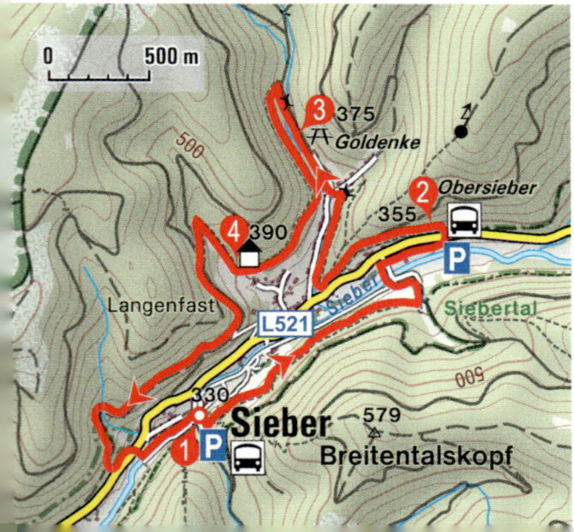

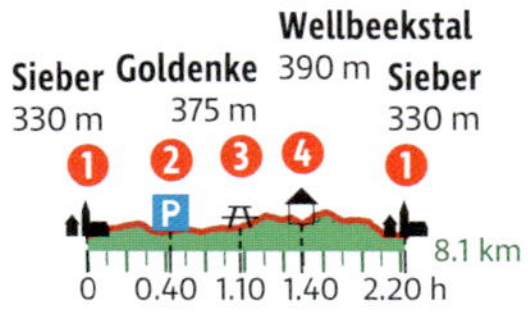

Linksbogen geht es auf die andere Seite und zu einer Forststraße, die nun eine ganze Weile verfolgt wird und bald parallel oberhalb des Siebertals verläuft. Nachdem ein kleiner Geländeeinschnitt ausgegangen ist, zweigt in Richtung Talsohle ein unscheinbarer Pfad ab. Nicht tragisch, wenn man diesen verpasst: Dann geht man weiter fast bis zur Straße und folgt parallel zu dieser der freigeschnittenen Spur durch die Buschvegetation hin zu jener Stelle, wo auch die steilere Abkürzung herauskommt. Damit sind wir schon am Ortseingang von Sieber, wechseln alsbald nach rechts auf die andere Seite des Flusses und nutzen den idyllischen Pfad daneben für das letzte Stück zurück zum Parkplatz in **Sieber** ❶.

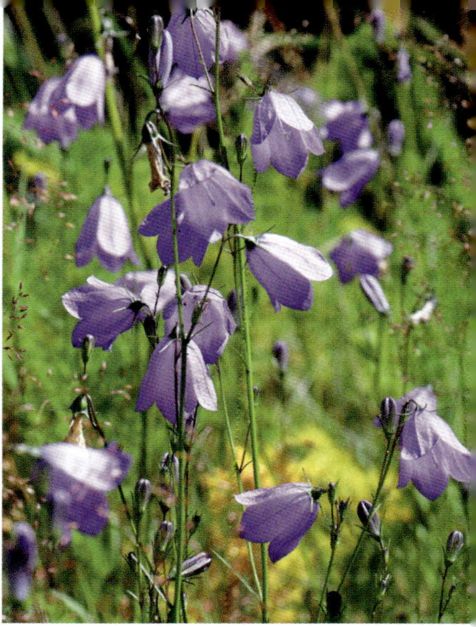

Rautenblättrige Glockenblume.

Bewaldete Köpfe um Sieber.

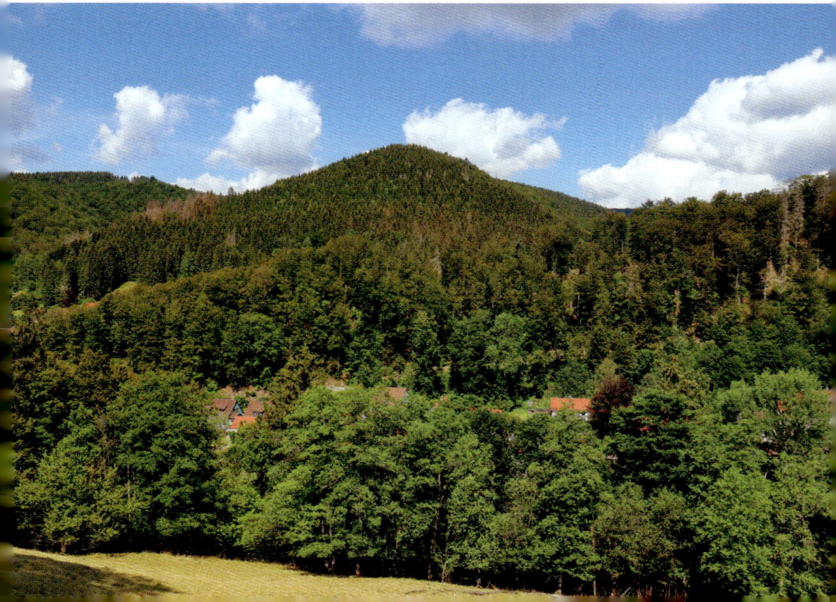

44 St. Andreasberg – Bad Lauterberg

5.15 h | 21,3 km
↗ 240 m | ↘ 550 m

Am Oderstausee entlang

Wer eine Brücke zwischen Hexen-Stieg (Brockenumgehung) und Bauden-Steig schlagen möchte, könnte die nachfolgend vorgestellte Verbindung zwischen Sankt Andreasberg und Bad Lauterberg in Erwägung ziehen. Davon abgesehen ist diese Streckenwanderung aber auch eine interessante Extratour, bei der wir den Oderstausee auf ganzer Länge abschreiten. Über 30 Millionen Kubikmeter Wasser vermag dieser zu speichern. Da Sankt Andreasberg deutlich höher liegt als Bad Lauterberg, ist die Marschrichtung von Nord nach Süd tendenziell weniger anstrengend und vorzuziehen.

Ausgangspunkt: St. Andreasberg, Bushaltestelle »Am Glockenberg«, ca. 605 m (hier auch Parkmöglichkeit).
Endpunkt: Bad Lauterberg, beim Kurhaus, ca. 296 m. Etwa 400 m entfernt befindet sich die nächste Bushaltestelle »Postplatz« (Linie 450 verkehrt direkt nach St. Andreasberg).
Anforderungen: Im ersten und letzten Abschnitt teilweise kleinere Waldpfade, sonst auf weiter Strecke breite, befestigte Wege. Marschpensum für Ausdauernde.
Einkehr: Auf der Route die Glockentalhütte beim Campingplatz (derzeit vorübergehend geschlossen), größeres Angebot in St. Andreasberg und Bad Lauterberg.
Variante: Route Nr. 28K setzt sich ab Breitenberg rechts haltend fort; das Ziel Bad Lauterberg ist hier (kürzer) in diese Richtung ausgewiesen. Die landschaftliche Attraktivität erscheint jedoch geringer, zumal man dabei nicht unmittelbar an den Oderstausee herankommt.
Stempel: Keine.

Einladender Rastplatz am Oderstausee.

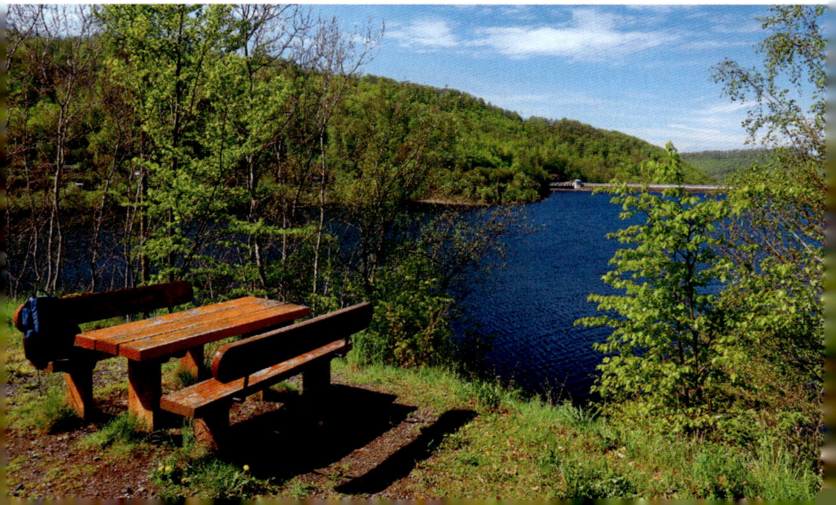

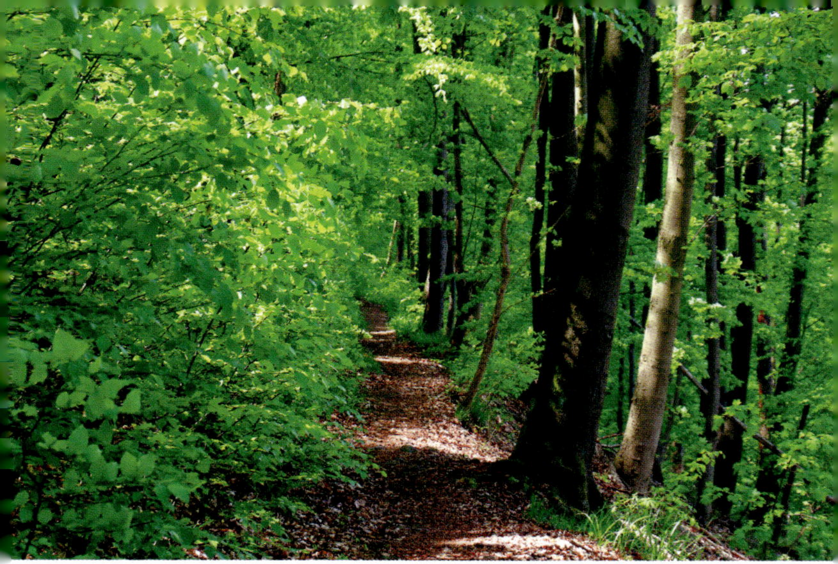

Das letzte Teilstück bei Bad Lauterberg führt durch dichten Buchenwald.

Wir starten *Am Glockenberg* in **St. Andreasberg** ①, wenden uns in den *Wäschegrund* und verlieren bis zur großen Rechtskehre am Fuß des Matthias-Schmidt-Berges einige Höhenmeter. Dann links aufwärts zur Grube »Roter Bär« und hier mit dem Bergbaulehrweg scharf rechts auf einen Pfad, der an mehreren Infostellen und einem Rastplatz vorbeiführt. Wir gelangen an den Rand der Wiesenhänge, die im Winter dem Skivergnügen dienen, passieren einen Speicherteich und setzen unsere Wanderung auf der Geländehöhe wenige Schritte links versetzt mit Nr. 28K fort. Die Route geht in ein Gefälle über. Wir beachten den Hinweis zur »Schwefelquelle« und tangieren kurz darauf die beiden **Engelsburger Teiche** ② im oberen Breitenbeektal. Sie wurden bereits 1662 angelegt.
Nach Kreuzen einer Forststraße folgt ein Wegstück, das vor Ort als »schwierig« ausgewiesen ist. Freilich muss man solcherlei im Harz kaum fürchten – es handelt sich um einen normalen, wenngleich schmalen Naturpfad.

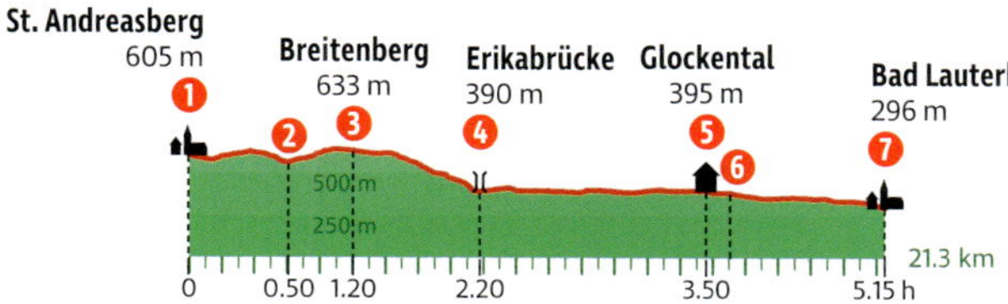

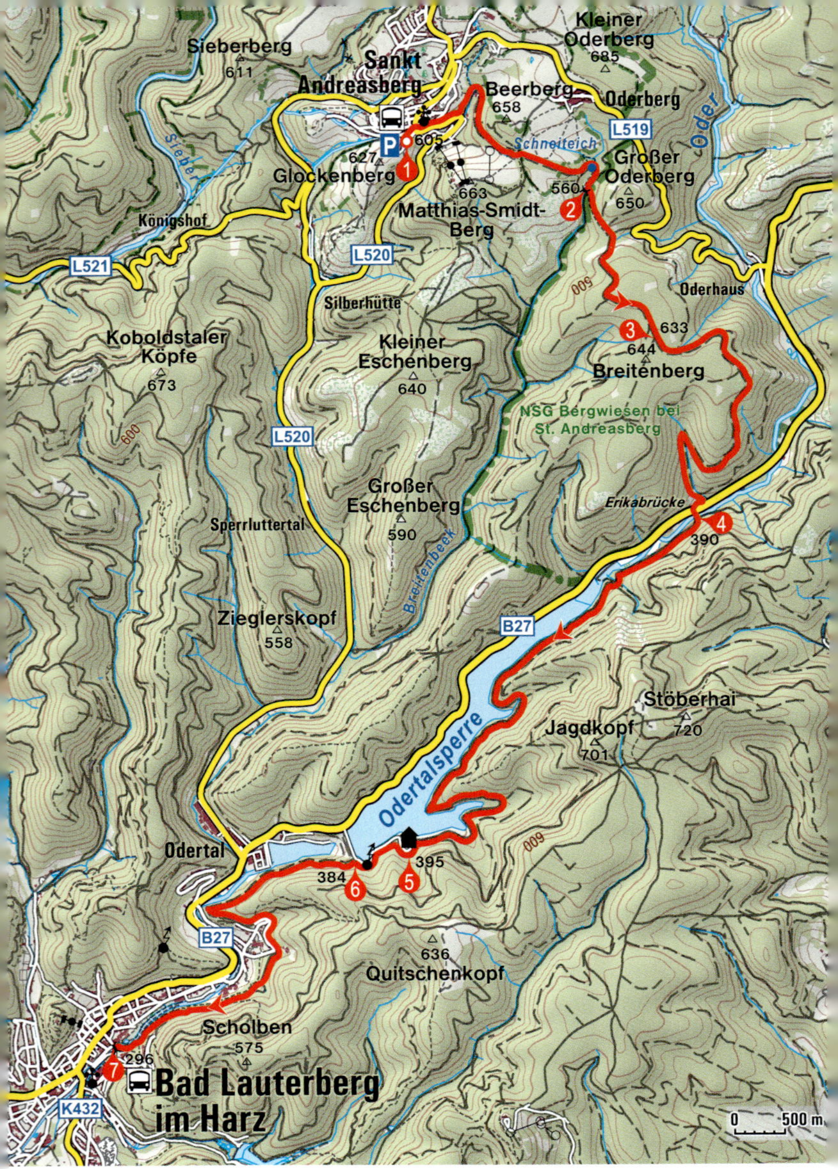
Sieberberg
611
Sankt
Andreasberg
Kleiner
Oderberg
685
Beerberg
658
Oderberg
605
627
Glockenberg
Schneiteich
L519
Großer
Oderberg
650
560
663
Matthias-Smidt-
Berg
Königshof
L521
L520
Silberhütte
Oderhaus
633
644
Breitenberg
Koboldstaler
Köpfe
673
Kleiner
Eschenberg
640
NSG Bergwiesen bei
St. Andreasberg
L520
Großer
Eschenberg
590
Erikabrücke
390
Sperrluttertal
Breitenbeek
B27
Zieglerskopf
558
Stöberhai
720
Jagdkopf
701
Odertalsperre
Odertal
395
384
636
Quitschenkopf
B27
Scholben
575
296
Bad Lauterberg
im Harz
K432
0
500 m

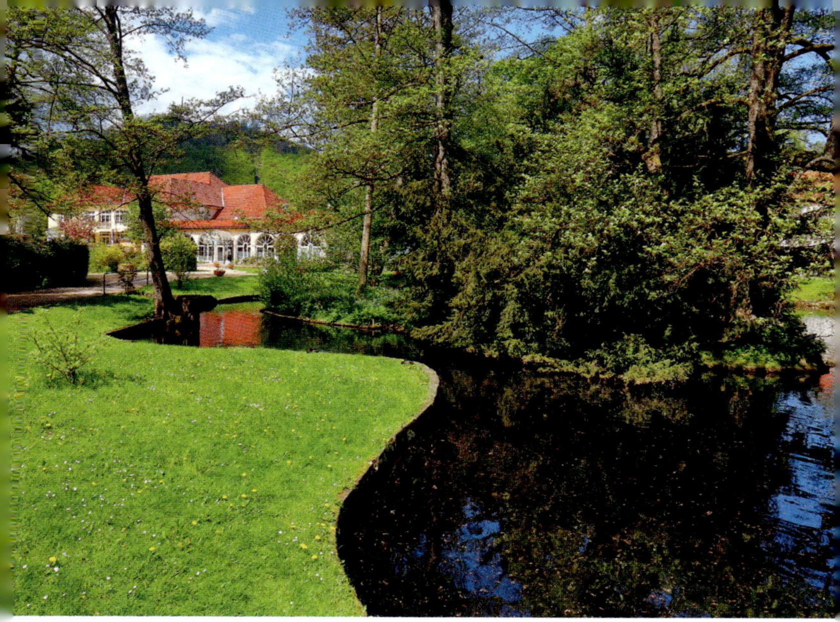

Ziel ist der Kurpark in Bad Lauterberg.

Nach rund 500 Metern stößt man auf eine breite Forststraße und gewinnt mit einigen lang gezogenen Kurven die Höhen im Bereich des **Breitenbergs**. Bei einer Gabelung 3 gehen wir geradeaus weiter, auch wenn Bad Lauterberg hier nach rechts ausgeschildert ist (siehe Variante). Allmählich setzt wieder Gefälle ein, und zwar beständig bis hinunter ins Odertal, wobei die Route einige markante Bögen schlägt.

An der *B27* angelangt, finden wir die wichtige **Erikabrücke** 4 kaum 200 Meter weiter rechts und kommen damit auf den Uferweg entlang des Oderstausees, der bis zur Staumauer über sieben Kilometer misst und komplett flach verläuft. Allerdings sind bei der Theenbeksecke und stärker noch bei der Herzbeksecke zwei Einschnitte auszugehen. Danach passieren wir das Campingareal **»Glockental-Herzbek«** und finden weiter vorn auch eine kleine Gastwirtschaft (derzeit geschlossen) 5. Auf der Zufahrt gelangen wir zur **Odertalsperre** 6, die jedoch nicht überschritten wird. Wir bleiben links und steigen neben dem Ausgleichsbecken auf schönem Naturweg ein Stück weit ab (Nr. 12G), später abflachend. Um ein markantes Geländeeck setzt der Giebische Weg ein. Nachdem das Dietrichstal ausgegangen ist, wird am besten auf einen tieferen Parallelpfad gewechselt (Hinweis »Kurhaus« beachten). Zum Schluss nutzen wir eine der Brücken in den Kurpark von **Bad Lauterberg** 7 hinein.

45 Bad Sachsa – Walkenried

2.30 h	9,2 km
↗100 m	↘170 m

Mit Abstecher zum Sachsenstein

Wer sich den großen BaudenSteig-Schlenker über Wieda und Zorge schenken möchte, kann zwischen Bad Sachsa und Walkenried ein Kurzprogramm abseits der eigentlichen Harzberge absolvieren, das durchaus eigenständige Reize offenbart. Man wandert hier nämlich durch ein unter Naturschutz gestelltes Gipskarstgebiet, das geologisch zum Südharzer Zechsteingürtel gehört und interessante Relieferscheinungen aufweist, etwa die Front der bis zu 30 Meter hohen Sachsensteinklippen über den Uffetal oder etliche Erdfälle und Quellhöhlen, die auch als »Zwergenlöcher« bezeichnet werden. Im Zuge des Bergbaus entstand zudem eine ausgedehnte Teichwirtschaft, die heute das engere Umfeld Walkenrieds prägt.

Ausgangspunkt: Bad Sachsa, Tourist-Information im Kurpark, ca. 340 m. Busverbindung vom Bahnhof Bad Sachsa (an der Strecke Northeim – Nordhausen).
Endpunkt: Kloster Walkenried, ca. 270 m. Der Ort liegt an derselben Bahnstrecke.
Anforderungen: Zu Beginn Stadtgebiet, später naturnahe Wege mit geringen Höhendifferenzen, manchmal nur schmal gepfadet. Lockeres Halbtagespensum.
Einkehr: Reichliches Angebot besteht sowohl in Bad Sachsa als auch in Walkenried.
Variante: Man kann nach Kreuzen der L604 auch am Priorteich vorbeiwandern. Am Nordufer befindet sich ein Naturbad. Dies ist der direkteste Kurs zum Bahnhof Walkenried.
Stempel: Nr. 166 (Sachsensteinhütte).

Der Abbruch am Sachsenstein bietet einen herrlichen Blick Richtung Bad Sachsa.

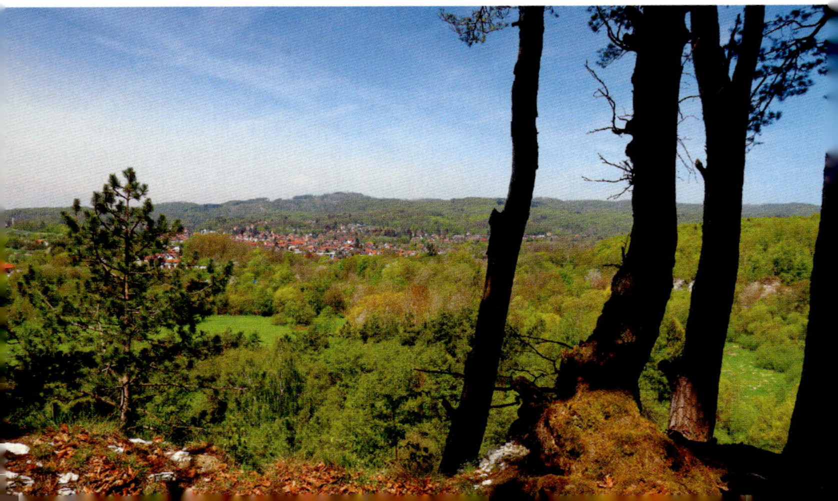

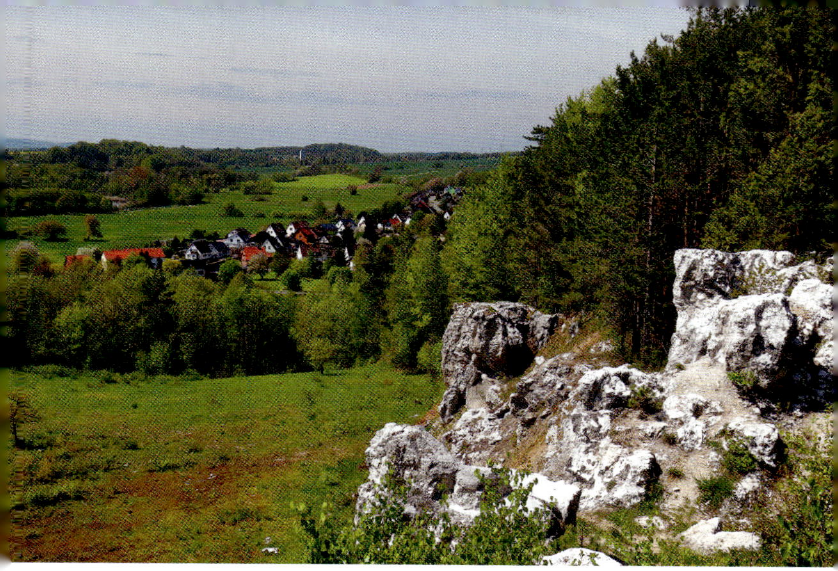

Südlich des Sachsensteins liegt der Ort Neuhof.

Vom Kurpark in **Bad Sachsa** ❶ geht es über den Kreisel in die *Hindenburgstraße*, beim nächsten Kreisel im Stadtzentrum links in die *Uffestraße*, die das gleichnamige Flüsschen bis zum *Uffeplatz* begleitet. Nun nach links versetzt in die *Steinstraße*, die am **Sportplatz** ❷ vorbei ostwärts aus dem Siedlungsgebiet Bad Sachsas herausführt. Wir kommen zum Friedwald und kreuzen die nahe *L604* auf die südliche Seite. Einige Teiche bleiben unmittelbar rechts, ehe der kurze Stichweg zur Ruine der **Sachsenburg** ❸ ausgewiesen ist. Die Anlage wurde 1074 zerstört.
Parallel zur Bahnstrecke geht es anschließend ein paar Minuten in Richtung Walkenried, um bei der nächsten Gelegenheit die Gleise zu queren. Jenseits sofort nach rechts (links ergibt sich eine deutliche Abkürzung zur Spatenbornwiese) und mit einem Linksknick bis zur Helbinghütte. An dieser Stelle sollte man den Abstecher zur Abbruchkante der **Sachsensteinklippen** ebenso wenig versäumen wie jenen zur weiter südlich gelegenen

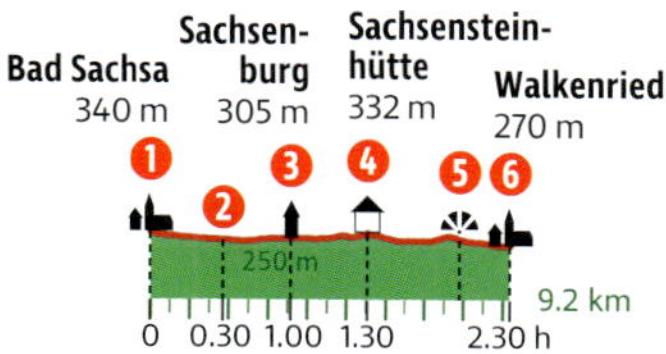

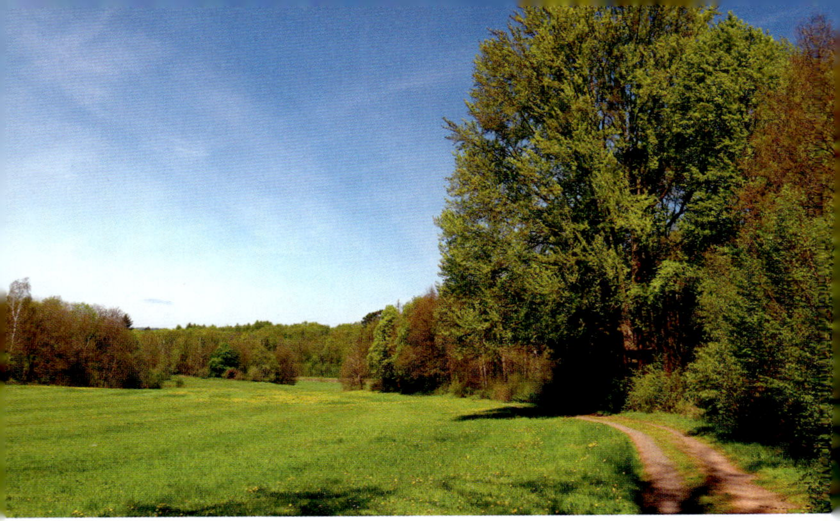

Auf der Spatenbornwiese.

Sachsensteinhütte ❹, wo sich der Blick über Neuhof öffnet und außerdem ein Stempel eingeheimst werden kann.

Von der Helbinghütte kommt man dann rasch zum Südeck der Spatenbornwiese, folgt stets dem Weg am Waldrand entlang und tritt ostwärts wieder ins Gehölz ein. Nach wenigen Schritten entdecken wir dort die 850 Jahre alte Sachseneiche als geschütztes Naturmonument.

Kurz vor Ende passieren wir den Höllteich.

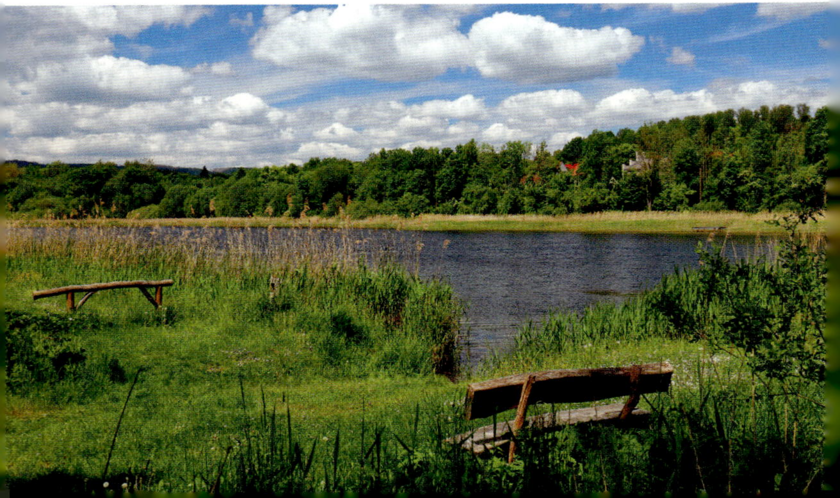

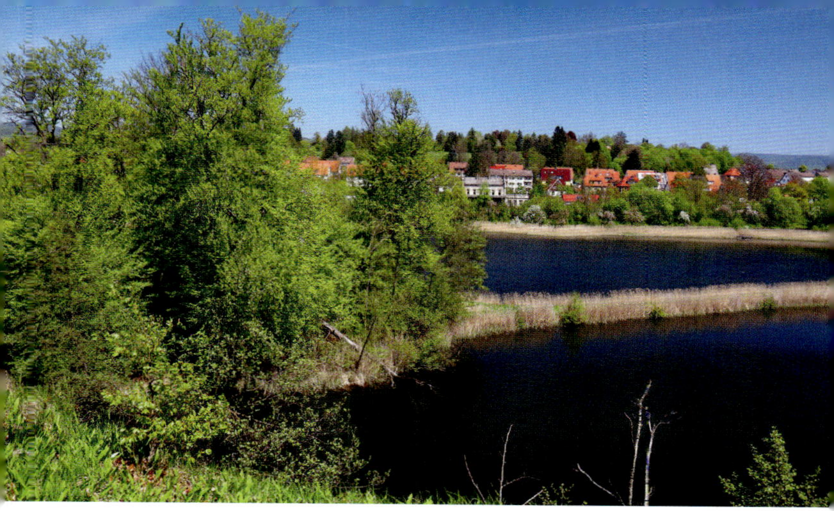

Am Höllstein stehen wir direkt über der Walkenrieder Teichlandschaft.

Unser Pfad schlängelt sich sehr reizvoll durchs Gelände, gewinnt bis zum Aussichtspunkt am **Höllstein** ❺ ein paar Höhenmeter (schöner Blick über Höll- und Andreasteich auf Walkenried) und kreuzt hinter dem **Höllteich** die *L603*. Wer sogleich zum nahen Bahnhof möchte, wendet sich hingegen nach links, ansonsten wird auch der Röseteich südlich passiert und gut 300 Meter dahinter die Bahnlinie überquert. Dann sind es nur noch ein paar Schritte bis zum **Kloster Walkenried** ❻.

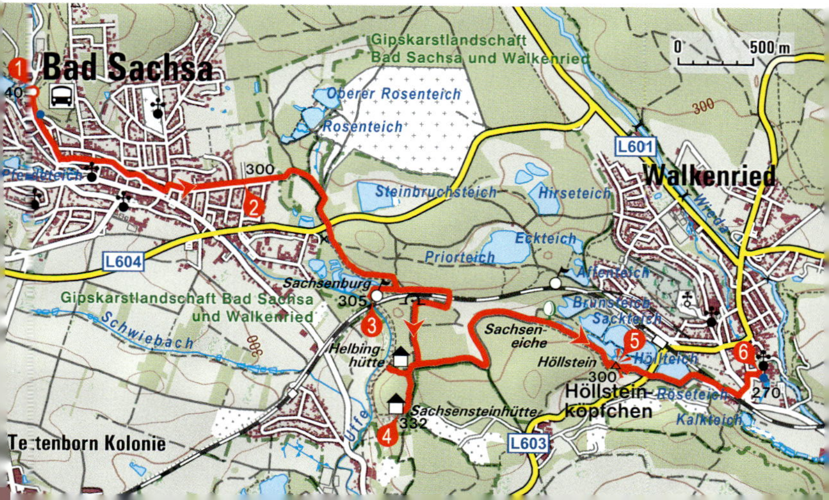

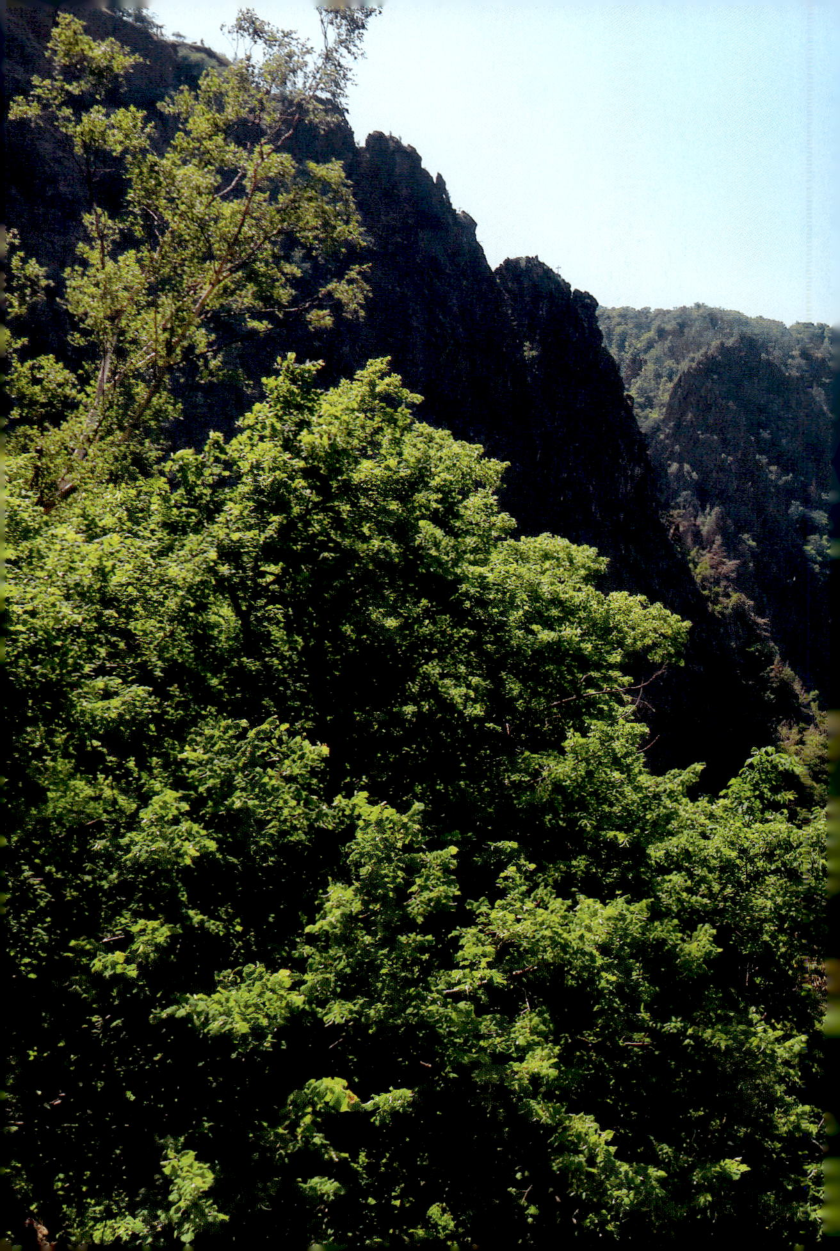

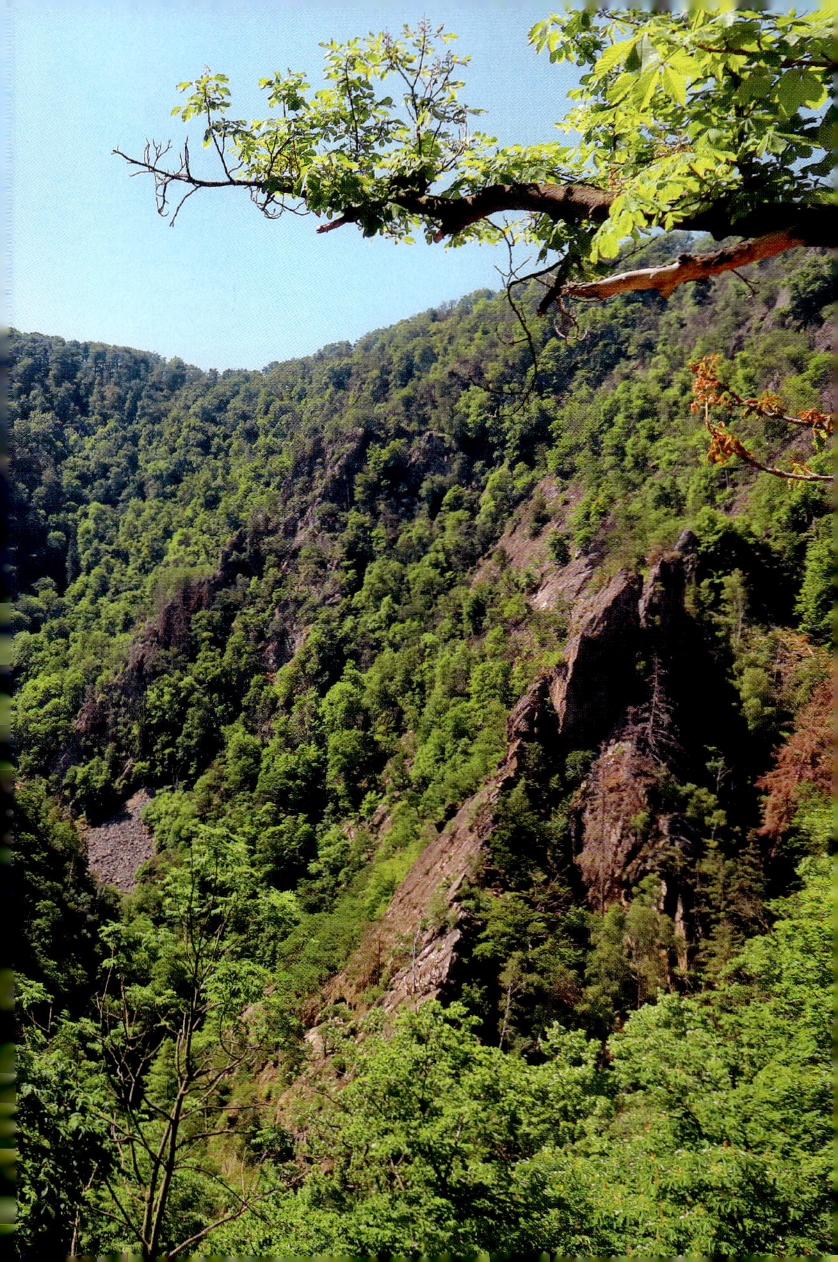

STICHWORTVERZEICHNIS

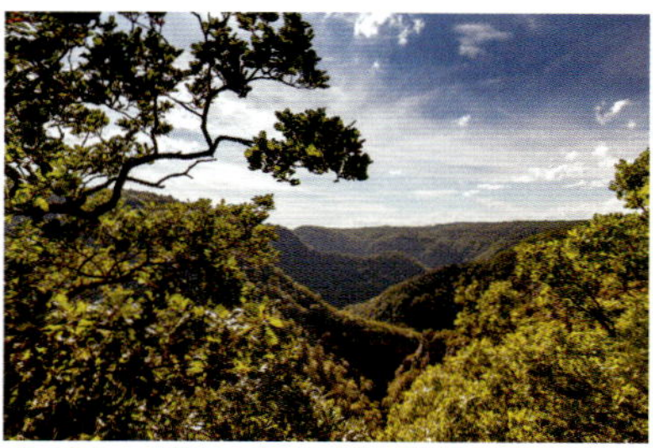

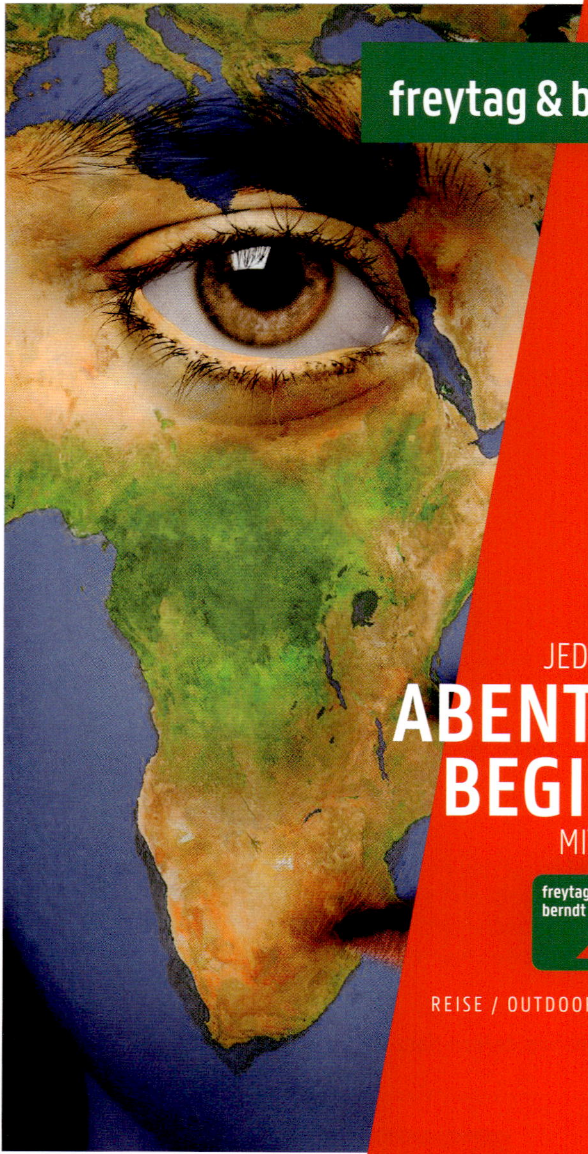

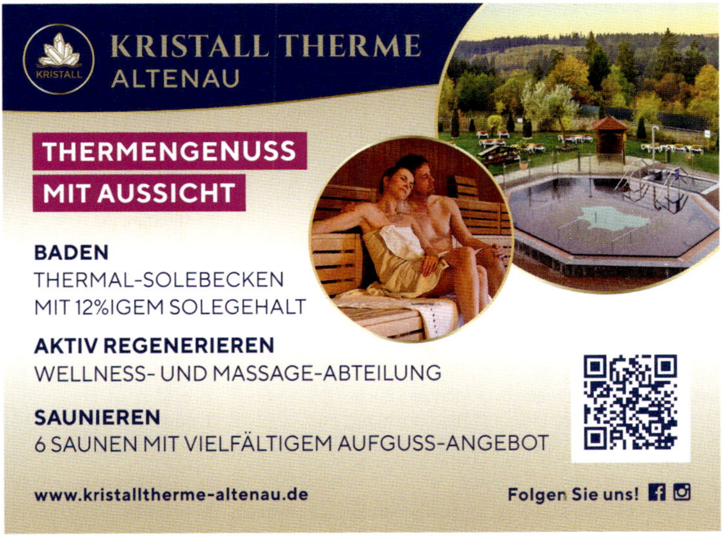
KRISTALL
KRISTALL THERME
ALTENAU
THERMENGENUSS
MIT AUSSICHT
BADEN
THERMAL-SOLEBECKEN
MIT 12%IGEM SOLEGEHALT
AKTIV REGENERIEREN
WELLNESS- UND MASSAGE-ABTEILUNG
SAUNIEREN
6 SAUNEN MIT VIELFÄLTIGEM AUFGUSS-ANGEBOT
www.kristalltherme-altenau.de
Folgen Sie uns!

Umschlagbild: Für seine skurrilen Felsklippen ist der Harz bekannt.

Bild im Innentitel: Hasenbacher Teich bei Clausthal-Zellerfeld.

Bild Seite 18/19: Von Torfhaus führt die Brockenumgehung am hübschen Oderteich vorbei.

Bild Seite 184/185: Die Bodeschlucht wird auch als »Grand Canyon des Harzes« bezeichnet.

Alle 182 Fotos vom Autor.

Kartografie:
45 Wanderkärtchen im Maßstab 1:25:000 / 1:50.000 / 1:75.000
Geodaten © OpenStreetMap und Mitwirkende, kartografisches Design: SHOCart (CZ), www.shocart.cz
sowie 2 Übersichtskärtchen im Maßstab 1:415.000 und 1:700.000
© Freytag & Berndt, Wien

Werk-Nr.: 4753

1. Auflage 2024

ISBN 978-3-7633-4753-7

MIX
Papier | Fördert gute Waldnutzung
FSC® C147178

Wir freuen uns über jeden Korrekturhinweis zu diesem Wanderführer!
Bitte per E-Mail an: **leserzuschrift@rother.de**

ROTHER BERGVERLAG · Keltenring 17 · D-82041 Oberhaching
Tel. +49 89 608669-0 · rother.de